Collection « DECOUVRIR L'ARCHITECTURE DES VILLES »
dirigée par Léon de Coster

Dans la même collection :
Venise
Florence
Berlin
Vienne
Londres

Léon de Coster et Xavier de Coster

14 PROMENADES DANS
PRAGUE

Préface de Son Excellence Monsieur Jaroslav KVAČEK,
Ambassadeur de la République socialiste tchécoslovaque en Belgique

collection « découvrir l'architecture des villes »

EDITIONS UNIVERSITAIRES

Ouvrage réalisé avec le concours de

L'INSTITUT SUPERIEUR D'ARCHITECTURE SAINT-LUC DE BRUXELLES

Conception graphique et
mise en pages :   Léon de Coster
                        et Xavier de Coster
Lecture :   Jean-Luc Depotte
                        Jan Rubeš
Cartes, plans et dessins :
                        Léon de Coster (⌐)
                        ou Xavier de Coster (×▷<),
                        sauf mention contraire
Ont également contribué à la réalisation de cet ouvrage :
Liliane Van Camp, Pierre Dugailliez, Roland Matthu, Marie-Françoise Bernard et Fabienne Dath.

Couverture :   Franz X. Sandmann, *Malá Strana et le Château*,
                    aquarelle, 1850

Consultant :   SOLIBEL EDITION
                    Benoît de Patoul
                    Bénédicte Jeunehomme

© Editions Universitaires, Begedis, 1988.
ISBN : 2-7113-0371-3
Dépôt légal : 4e trimestre 1988
Imprimé en Belgique.

à Chantal Rousselle

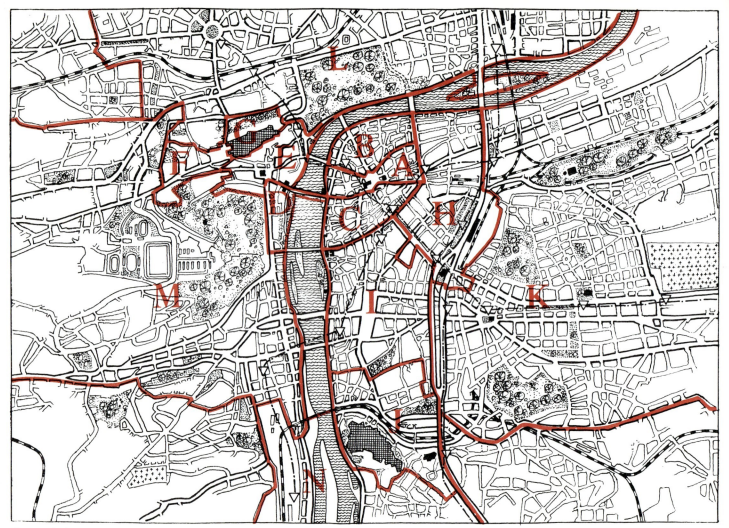

Carte générale des parcours

TABLE DES MATIERES

Préface de Son Excellence Monsieur Jaroslav KVAČEK, Ambassadeur de la République socialiste tchécoslovaque en Belgique 9
Remerciements 10
Préambule 11
Tableau synoptique des grandes périodes de l'histoire de Prague 16
Evolution de la ville 30
Les grandes périodes de l'architecture pragoise 34
Ces formes et couleurs qui font Prague 48
Petit lexique élémentaire d'architecture et d'urbanisme 53
Les parcours :
  A. STARÉ MĚSTO (VIEILLE-VILLE)-CENTRE : La Voie royale, de la Tour poudrière au Pont Charles 55
  B. STARÉ MĚSTO (VIEILLE-VILLE)-NORD : La cité juive et le vieux quartier Na Františku 91
  C. STARÉ MĚSTO (VIEILLE-VILLE)-SUD : Autour de l'ancienne cité Saint-Gall 113
  D. LE PONT CHARLES, MALÁ STRANA-SUD 135
  E. LE CENTRE DE MALÁ STRANA 155
  F. HRADČANY 179
  G. PRAŽSKÝ HRAD (LE CHATEAU DE PRAGUE) 195
  H. NOVÉ MĚSTO (NOUVELLE-VILLE)-NORD : De Na příkopě à Na poříčí 225
  I. NOVÉ MĚSTO (NOUVELLE-VILLE)-SUD : Autour de la place Charles 249
  J. VYŠEHRAD 273
  K. PRAGUE-EST : Vršovice, Vinohrady, Žižkov, Karlín, Vysočany 281
  L. PRAGUE-NORD : Letná, Holešovice-Bubeneč, Dejvice, Troja 293
  M. PRAGUE-OUEST : Smíchov, Petřín, Břevnov, Střešovice, Liboc, Vokovice 311
  N. PRAGUE-SUD : Podolí, Hlubočepy, Zbraslav 323
Index des lieux 331
Index des architectes 339
Orientation bibliographique 359

La Vieille-Ville, vue depuis la colline de Petřín

PREFACE

Un guide en langue française de l'architecture à Prague manquait. Aujourd'hui il existe pour la plus grande joie des amateurs d'art. Il est à la fois un large panorama ordonné des architectures les plus captivantes de la capitale tchécoslovaque et un condensé de l'histoire urbaine des multiples cités pragoises. On constatera qu'à travers tous les élans de la création architecturale et en dépit de maintes manifestations de particularisme esthétique, une constante se dégage de la ville, celle de l'enracinement au sol et de l'élan vers le ciel : constante historique qui occupe la pensée des architectes et féconde la créativité des citoyens.

Il faut espérer que ce guide d'architecture obtienne ce qu'il mérite, non seulement l'accueil, mais surtout l'attention particulière du lecteur qui trouvera tout au long des parcours proposés maintes occasions de s'enrichir et de découvrir quelques-uns des plus brillants aspects de la culture tchèque.

Au nom de notre pays, je témoigne personnellement ma reconnaissance aux auteurs de ce guide pour le travail qu'ils ont accompli.

Jaroslav KVAČEK,
Ambassadeur de la République socialiste tchécoslovaque en Belgique

Remerciements

Nous tenons à manifester notre profonde reconnaissance aux nombreuses personnes qui, par leur travail, leurs conseils ou leurs encouragements, ont apporté leur concours à la réalisation de ce guide.
Nos remerciements s'adressent plus particulièrement :
- à Son Excellence Monsieur Hugo WALSCHAP, Ambassadeur de Belgique à Prague de 1984 à 1987, et à Monsieur Yves HAESENDONCK, Premier secrétaire d'ambassade, qui ont facilité nos démarches, contacts et déplacements à Prague ;
- à Willy SERNEELS, Directeur de l'Institut Supérieur d'Architecture Saint-Luc de Bruxelles, pour l'enthousiasme qu'il témoigne à l'égard de la présente collection ;
- à Milada RADOVÁ-ŠTIKOVÁ, Jarka TUPÁ, Petr URLICH et Jan TUPÝ, pour leur accueil chaleureux à Prague ;
- à Marie-Christine THONON, Geneviève BLONDIAU et Marina PUISSANT-BAEYENS, bibliothécaires de l'Institut Saint-Luc de Bruxelles, pour leurs patientes recherches ;
- aux architectes Marianne BRAUSCH, Eric HANCE et Georges VRANCKX, ainsi qu'à Bruno QUEYSANNE, Carole MURRAY et Michel SUPPES, qui nous ont aimablement prêté leurs livres et documents précieux ;
- à Francine HANCE sans qui, pour nous, beaucoup de portes ne se seraient pas ouvertes à Prague.

PREAMBULE

Comment se servir de ce guide

Ce guide est conçu pour permettre au visiteur de faire son choix parmi différentes possibilités de visites :
- **Si on choisit un parcours :**
La carte générale en page 6 groupe sous les lettres A, B, C, etc. les 14 promenades proposées, qui composent les chapitres de ce guide. A la fin de chacun d'eux se trouve la carte partielle, en regard de laquelle s'ouvre un volet, pouvant servir de signet pendant la promenade, qui comprend la liste des lieux à visiter.
- **Si on choisit un architecte :**
Situé en fin de volume, l'index des architectes ayant œuvré à Prague mentionne leurs réalisations qui figurent dans ce guide, suivies chacune de l'indice renvoyant à sa place dans un des parcours, où l'on trouve commentaire et illustrations.
- **Si on choisit une époque ou un style :**
Le pictogramme, inscrit dans le cartouche de chaque lieu à visiter, permet de repérer rapidement les œuvres appartenant à une même époque ou à un style particulier. Le répertoire des styles figurant ci-après (p. 34) donne au visiteur le moyen de mémoriser rapidement ces pictogrammes.
- **Si on choisit un aspect architectural :**
Croquis, plans, coupes et façades figurent chaque fois en page de gauche, en regard des commentaires. Ils offrent un aperçu rapide des architectures proposées.
- **Si on choisit le degré d'intérêt :**
Le nombre d'étoiles indiqué dans le texte et repris, pour la plupart, dans les dépliants des cartes partielles, indique l'importance culturelle et artistique des lieux proposés à la visite.

Conventions typographiques

Sont imprimés :
- en capitales : dans le texte et les cartouches des parcours, seuls les noms d'architectes ;
- en italiques : les expressions en langue étrangère, spécialement en tchèque ;

– en grasses : les passages sur lesquels l'attention est attirée ;
– entre guillemets formés d'apostrophes (" ") : les emplois particuliers d'une expression courante ;
– entre guillemets formés de chevrons (« ») : les citations.
Sont soulignés : dans une énumération, les édifices qui font par ailleurs l'objet d'un cartouche suivi d'un commentaire.

Abréviations et symboles utilisés

● dans le texte :

Outre celles figurant dans les cartouches, sont également utilisés les abréviations et symboles suivants :

ČSSR = *Československá socialistická republika* (République socialiste tchécoslovaque).

 = *Národní galérie* (Galerie Nationale).

 = point de vue remarquable.

 = renvoi à la bibliographie figurant en fin de volume : le nom de l'auteur, suivi de la date d'édition de l'ouvrage et, éventuellement, de la (des) page(s) utile(s).

[1]/[a]   = partie d'un édifice ou d'un ensemble d'édifices :
la lettre (a, b, c, etc.) renvoie à la carte du parcours en fin de chapitre ;
le chiffre (1, 2, 3, etc.) renvoie à la carte partielle ou au plan en regard du texte.

Les renvois sont rédigés comme suit :
A.II:12   = parcours A, cartouche II, n° de police dans la rue ou sur la place ;
A.II:(12)   = parcours A, cartouche II, n° dans le quartier.

(?)   = information incertaine.

- **dans les cartes et plans :**

 = édifice faisant l'objet d'un commentaire (avec son n° d'ordre dans le parcours)

 = façade(s) remarquable(s)

 = édifice-repère

 = monuments

 = passage couvert, galerie

 = église, cimetières

 = espace herbeux, espace arboré, cours ou pièce d'eau

 = ligne de chemin de fer (et gare)

 = ligne de métro (et station)

 = station de métro : ligne (A, B, C), suivie du nom de la station

 = partie d'un édifice ou d'un ensemble d'édifices (dans les cartes des parcours/dans les plans et cartes partiels)

 = édifice situé hors de la carte

 = renvoi aux cartes des parcours limitrophes

 Les numéros figurant sur les cartes partielles sont les numéros de police.

• dans les cartouches :

a	b	c	e	f		h
		d			g	h

a	b	c	.- f	(e)	h
		d			g h

a	c	h

a. N° d'ordre :

La lettre capitale (A, B, C, etc.) indique le parcours.
Le nombre en chiffres romains (I, II, III, etc.) indique un ensemble urbain ;
 en chiffres arabes (1, 2, 3, etc.) indique un édifice.

b. Pictogramme :

Il indique le style (cf. "Les grandes périodes de l'architecture pragoise", p. 34).

c. Dénomination :

Les dénominations sont, en général, indiquées en français. L'appellation tchèque, si elle s'avère utile, ou l'affectation actuelle du bâtiment, si elle a changé, figure entre parenthèses.

d. Adresse :

De manière générale, les adresses sont indiquées en tchèque (cf. "Lexique", p. 53).
Les immeubles ont, à Prague, une double numérotation.
Exemple : 1.čp23 :   1 = n° de police (plaque émaillée bleue) ;
 23 = n° par quartier selon le brevet royal de 1770 (plaque émaillée rouge).
La barre oblique sépare des numéros affectés à un même bâtiment : 1/2.čp34 ; 1.čp2/3 ; 1/2.čp3/4 ; 1.čp23/2.čp34.
Le trait d'union sépare les numéros extrêmes d'une série continue : 1.čp23 - 4.čp56.
Les points de suspension remplacent un numéro inconnu : ...čp12 ; 34.čp...
\# = à l'angle de deux rues, ou d'une place et d'une rue.

e. Date ou époque :

av. 1234 = avant 1234.
ap. 1234 = après 1234.
déb. XXᵉs. = début du XXᵉ siècle.
1234 s. = 1234 et années suivantes.
ca 1234 = *circa* (vers, autour de) 1234.
1234-56 = dates de début et de fin d'une même campagne de construction.
1234-56 ; 1345-67 = le point-virgule sépare deux campagnes de construction distinctes.
1234...1567 = dates extrêmes entre lesquelles se situent plus de deux campagnes de construction.
1234/56 = 1234 ou 1256.

f. Architecte(s) :

attr. = attribué à (indique l'attribution la plus généralement admise).
Les noms des architectes sont séparés par des virgules s'ils collaborent, par des points-virgules s'ils travaillent à des campagnes de construction différentes.
Si leur intervention est limitée à une partie de l'ouvrage, celle-ci précède leur nom.

g. ⤴ = **invitation à entrer.**

h. Intérêt :

Les étoiles (★★★★) — quatre maximum — indiquent l'importance historique, artistique et culturelle du lieu. Le cas échéant, les étoiles situées dans la case inférieure se rapportent à l'intérieur (cf. *supra*, **g**).

TABLEAU SYNOPTIQUE DES GRANDES PERIODES DE L'HISTOIRE DE PRAGUE

POLITIQUE ET SOCIETE	URBANISME ET ARCHITECTURE	ARTS, LETTRES, SCIENCES
• Ve s. : Premières tribus slaves sur les bords de la Vltava.		
	• VIIIe-IXe s. : Etablissement d'un centre marchand au pied du rocher de Hradčany.	
	IXe s. - 1250 : ROMAN	
• 870-894(?) : **BOŘIVOJ**, premier prince authentique tchèque de la famille des Přemyslides. • 894-921 : **SPYTIHNÉV Ier** et **VRATISLAV Ier**.	• 870 : Fondation du Château de Prague (G).	• 863 : Ecrits en vieux slave des apôtres CYRILLE et MÉTHODE.
• 931-935 : **Saint VENCESLAS**, duc de Bohême, premier martyr tchèque. Consolidation de la nation tchèque.	• 920 : Fondation de la basilique Saint-Georges (G.14).	• 920 : Premier épanouissement de la civilisation chrétienne.
• 935-1002 : **BOLESLAV Ier**, **BOLESLAV II**, **BOLESLAV III** (a). • 967 : Réunion des Etats de Bohême, dont Prague devient la capitale. • 973 : Elévation de Prague au rang d'évêché, et fondation du couvent des bénédictines. • 993 : Fondation par saint ADALBERT du couvent de Břevnov. • 1002-34 : **VLADIVOJ de Pologne** ; **JAROMÍR** (a) ; **BOLESLAV III** (b) ; **BOLESLAV Ier de Pologne**, dit " le Vaillant " ; **JAROMÍR** (b) ; **OLDŘICH** (a) ; **JAROMÍR** (c) ; **OLDŘICH** (b) ; **JAROMÍR** (d).	• 965 : Construction de maisons en pierre. • 1000 : Eglise Saint-Clément (A.21).	• 965 : Récit du marchand juif IBRAHIM-IBN-JACOB, qui cite Prague comme ville commerçante aux constructions de pierre et de chaux. • Le latin est en vigueur.
• 1034-55 : **BŘETISLAV Ier** envahit la Slovaquie et la Pologne. • 1055-61 : **SPYTIHNÉV II**.	• 1041 : Fortification du Château. • 1060 : Basilique Saint-Guy, au Château.	
• 1061-92 : **VRATISLAV II** transfère son siège à Vyšehrad. • 1085 : Il devient le premier roi de Bohême, sous le nom de VRATISLAV Ier. • 1092-1125 : **BŘETISLAV II** ; **BOŘIVOJ II** (a) ; **SVATOPLUK** ; **VLADISLAV Ier** (a) ; **BOŘIVOJ II** (b) ; **VLADISLAV Ier** (b).	• 1070 : Edification de la rotonde Saint-Longin (I.27) et du Vyšehrad roman, avec la rotonde Saint-Martin (J.I[c]) et la basilique Saint-Laurent (J.I[d]). • Le Týn, la Vieille-Ville et le centre commercial du marché.	• 1085 : *Codex de Vyšehrad*, évangéliaire royal (A.21).

POLITIQUE ET SOCIETE	URBANISME ET ARCHITECTURE	ARTS, LETTRES, SCIENCES
• 1125-40 : SOBĚSLAV Ier délaisse Vyšehrad pour retourner au Château de Prague. • 1140-72 : **VLADISLAV II**. • 1172-1230 : **BEDŘICH** (a) ; **SOBĚSLAV II** ; **BEDŘICH** (b) ; **KONRÁD OTA** (a) ; **BEDŘICH** (c) ; **KONRÁD OTA** (b) ; **VENCESLAS II** ; **OTAKAR Ier PŘEMYSL** (a) ; **BŘETISLAV-JINDŘICH**. • 1197-1230 : **OTAKAR Ier PŘEMYSL** (b). • 1198 : Le titre de roi de Bohême devient héréditaire.	• Salle Soběslav, au Château (G.11[18]). • Rotonde Sainte-Croix (C.15). • 1135-82 : Reconstruction romane du Château. • Epanouissement du marché de la Vieille-Ville et du Týn. • 1142 : Basilique Saint-Georges (G.14). • 1142 : Grand incendie de la ville. • 1143 : Construction du couvent de Strahov. • 1170 : Construction du pont Judith. • 1200 : Résidence des seigneurs de Kunštát (C.21). • 1211 : AGNES, fille d'OTAKAR, fonde le couvent Saint-François.	• Début de l'artisanat du verre. • *Cantique de Saint-Venceslas*, premier texte en langue tchèque.
• 1230-53 : **VENCESLAS Ier**, roi de Bohême, entame la germanisation du royaume. • ca 1230 : Octroi d'une charte municipale à la Vieille-Ville. • 1232 : Arrivée de franciscains, de dominicains et de frères mineurs. • 1252 : Création de l'ordre militaire des Croisiers à l'Etoile Rouge. • 1253-78 : **OTAKAR II PŘEMYSL**, duc d'Autriche et électeur du Saint-Empire. Apogée des Přemyslides. • 1278-1305 : **VENCESLAS II** réunit sous la couronne de Bohême celles de Pologne et de Hongrie. • 1305-06 : **VENCESLAS III**, dernier roi Přemyslide. Il meurt assassiné. • 1306-10 : **HENRI de Carinthie** (a) ; **RODOLPHE de Habsbourg** ; **HENRI de Carinthie** (b).	**1230-1310 : PREMIER GOTHIQUE** • Ghetto juif (B). • Fortifications. • 1232 : Fondation de la cité Saint-Gall, dont l'urbanisme est dû à EBERHARD (C.II, C.III, C.IV). • 1234 : Construction du couvent d'Agnès-la-Bienheureuse (B.23). • 1257 : Fondation de Malá Strana. Fortifications. • 1270 : Synagogue Vieille-Nouvelle (B.5). • Remblayage général de la Vieille-Ville, qui enfouit sous 2 à 3 m de terre la ville romane. • 1291 et 1303 : Incendies catastrophiques de la ville.	• *Chronique* de Dalimil.

POLITIQUE ET SOCIETE	URBANISME ET ARCHITECTURE	ARTS, LETTRES, SCIENCES
	1310-1440 : GOTHIQUE RAYONNANT	
• 1310-46 : **JEAN de Luxembourg**, dit ``l'Aveugle'', épouse ÉLISABETH, fille de VENCESLAS II. Il engage des contacts avec Paris.	• ca 1320 : Pavage des rues. • 1320 : Fondation de la ville de Hradčany. • 1338 : Construction de l'hôtel de ville de la Vieille-Ville (A.9). • 1342 : Les crues de la Vltava emportent le pont Judith. • 1344 : Début de la construction de la cathédrale Saint-Guy par MATHIEU d'Arras (G.10).	• *Passionnaire de l'abbesse Cunégonde.*
• 1344 : Prague est élevée au rang d'archevêché. • 1346-78 : **CHARLES IV de Luxembourg**, roi de Bohême, est élu empereur germanique. Grand gestionnaire et urbaniste, il est considéré comme le ``Père de la Patrie''. • Prague devient capitale du Saint-Empire. • 1347 : Arrivée de bénédictins croates, d'augustins, de servites et de carmes. • Prague compte 40 000 habitants.	• 1348 : Couvent Na Slovanech, dit ``d'Emmaüs'' (I.22). • 1348 : Fondation de la Nouvelle-Ville, avec ses trois marchés : les actuelles places Charles (I.V), Venceslas (H.II) et Gorki (H.V). • 1353-99 : Apogée de Peter PARLER : cathédrale Saint-Guy (G.10), Pont Charles (D.1), chapelle de Tous-les-Saints (G.11[10]), Tour de pont de la Vieille-Ville (A.24). • 1360 : Agrandissement de Malá Strana. Nouvelles fortifications.	• 1348 : CHARLES IV fonde le Carolinum, la première université d'Europe centrale (C.6). • ca 1350 : Maître THEODORIK, peintre.
• 1378-1419 : **VENCESLAS IV de Luxembourg**, roi de Bohême et empereur germanique. • 1379 : Il fait jeter Jean Népomucène dans la Vltava. • Jan HUS lutte contre le système féodal et la corruption du clergé. • Prague compte 60 000 habitants.	• 1391 : Chapelle de Bethléem (C.17).	• 1373 : Georges et Martin de CLUJ : statue en bronze de saint Georges, au Château (G.III). • Tomáš de ŠTÍTNÝ (ca 1331- ca 1401), philosophe et théologien. • ca 1380 : *Retable de Třeboň*. • fin XIVe s. : *Madone de Saint-Guy*. • ca 1400 : *Madone de Krumlov*. • 1402-13 : Jan HUS (1369-1415), réformateur, prêche en tchèque, dont il contribue à fixer l'orthographe. • 1409-10 : Jan HUS, recteur de l'Université.
• 1409 : Victoire des hussites et Décret de Kutná Hora.		• 1410 : Mikuláš de KADAŇ : Horloge astronomique à l'hôtel de ville de la Vieille-Ville (A.9).

POLITIQUE ET SOCIETE	URBANISME ET ARCHITECTURE	ARTS, LETTRES, SCIENCES
• 1415 : Jan HUS, condamné pour hérésie au Concile de Constance, est brûlé vif. • 1419 : Révolte de la noblesse tchèque : Première Défenestration, qui déclenche les guerres hussites. • 1420 : Victoires hussites à Vítkov et à Vyšehrad. • 1420 : Accroissement du pouvoir politique des cités pragoises. • 1420-37 : **SIGISMOND de Luxembourg**, dernier roi de la famille des Luxembourg. • 1433 : Il nomme vingt gouverneurs pour diriger le pays. • 1434 : Bataille de Lipany : défaite de l'aile radicale hussite. • 1438-40 : **ALBRECHT V de Habsbourg** épouse ELISABETH de Luxembourg.	• 1419 : Destruction de Malá Strana.	• 1414 : Fonts baptismaux de Notre-Dame-du-Týn (A.13).
• 1440-57 : **LADISLAV le Posthume**. • 1442 : Exécution de Jan ŽELIVSKÝ, prédicateur hussite et protecteur des pauvres. • 1458-71 : **GEORGES de Poděbrady** rétablit la puissance économique et culturelle de l'Etat. • 1471-1516 : **VLADISLAV II Jagellon**.	**1440-1530 : GOTHIQUE FLAMBOYANT** • Cimetière juif, à l'intérieur du ghetto (B.3). • 1475-89 : M. REJSEK : Tour poudrière (A.1). • 1490-1510 : B. RIED : salle Vladislav (G.11[6]), Escalier des Cavaliers (G.11[12]).	• 1493 : Michael WOLGEMUT (1434-1519) et Wilhelm PLEYDENWURFF (? -1494) (?), graveurs allemands : la plus ancienne " vue " de Prague.
• 1515 : Congrès de Vienne : règlement des litiges entre les Jagellon et les Habsbourg. • 1516-26 : **LOUIS II**, dernier descendant mâle des Jagellon, unit la couronne de Bohême à celle de Hongrie.	**1500-1530 : PREMIERE RENAISSANCE** • B. RIED : fenêtres de la salle Vladislav, au Château (G.11[6]). • Aile Louis, au Château (G.11[7], G.11[19]). • 1520 : Fenêtre de l'hôtel de ville de la Vieille-Ville (A.9[6]).	• Janíček ZMIZELÝ : *Codex d'Iena*. • av. 1517 : *Graduel de Litoměřice*.

POLITIQUE ET SOCIETE	URBANISME ET ARCHITECTURE	ARTS, LETTRES, SCIENCES
	1530-1580 : RENAISSANCE CULMINANTE	
• 1526-64 : **FERDINAND Ier de Habsbourg** épouse Anne Jagellon, héritière de Bohême et de Hongrie. Il abandonne Prague pour Vienne.	• 1537-52 : P. della STELLA : le Belvédère, pavillon de plaisance royal, au Château (G.17). • 1540-75 : Apogée de B. WOHLMUT : Belvédère (G.17), pavillon Hvězda (M.14), grande maison du Jeu de paume (G.16), coupole étoilée de Karlov (I.30). • 1541 : Catastrophique incendie du Château, de Hradčany et de Malá Strana.	• Jiří MELANTRICH (1511-1580), éditeur.
• 1545-63 : Concile de Trente. • 1556 : Arrivée des jésuites.	• 1545-63 : A. VLACH : palais Schwarzenberg-Lobkowicz, à Hradčany (F.1).	• Jan BLAHOSLAV (1523-1571), évêque, écrit une grammaire tchèque et traduit le Nouveau Testament. • 1562 : Jan KOZEL et Michael PETERLE : première gravure en couleurs de Prague. • 1563-68 : La "Fontaine chantante", par Tomáš JAROŠ, au jardin du Belvédère (G.17).
• 1564-76 : **MAXIMILIEN II**.		• 1562-87 : Giuseppe ARCIMBOLDO (1527-1593), peintre italien, invité à la cour des Habsbourg.
	1580-1620 : RENAISSANCE TARDIVE (MANIERISME)	
• 1576-1611 : **RODOLPHE II de Habsbourg**, amateur d'art et de fêtes, installe à Prague sa résidence permanente.	• ap. 1579 : Maisons de la Ruelle dorée (G.V). • 1590-ca 1600 : Chapelle "italienne" (A.17), au Clementinum. • Salle espagnole et Galerie Rodolphe (G.6), au Château.	• RODOLPHE II collectionne les peintures de LEONARD de Vinci, du CORREGE, du PARMESAN, de DÜRER, e.a., et l'essentiel de l'œuvre de BRUEGEL l'Ancien. • Caspar LEHMANN (1570-1622), connu comme l'inventeur du verre taillé. Le cristal de Bohême entre en concurrence avec celui de Venise. • Edward KELLEY (1555-ap.1591 ?), alchimiste anglais, réside à la maison Faust (I.V:40).
• 1598 : Hradčany est élevée au rang de ville royale.	• 1598-1604 : C. OEMICHEN : hôtel de ville de Hradčany (F.IV:1).	• 1599-1601 : Tycho BRAHE (1546-1601), astronome danois, fait à Prague ses dernières observations. • 1600 : Le chirurgien Jan JESENIUS pratique la première dissection publique à Prague.
• 1611-19 : **MATHIAS II**, roi de Hongrie et de Bohême.	• 1611-40 : église Notre-Dame-de-la-Victoire (D.19), première église baroque.	• 1601-1612 : Johannes KEPLER (1571-1630), astronome allemand, qui succède à T. BRAHE, découvre et publie ses lois sur les mouvements des planètes.

POLITIQUE ET SOCIETE	URBANISME ET ARCHITECTURE	ARTS, LETTRES, SCIENCES
• 1617 : MATHIAS installe son siège à Vienne. • 1618 : Révolte des nobles protestants contre les gouverneurs impériaux : Deuxième Défenestration de Prague, qui marque le début de la guerre de Trente Ans. • 1619 : **FERDINAND II de Habsbourg** (a). • Prague compte 50 000 habitants.	• 1614 : V. SCAMOZZI et G.M. PHILIPPI : porte Mathias (G.2), au Château.	• Jost BÜRGI (1552-1632), mathématicien (inventeur des logarithmes) et horloger suisse, collabore avec KEPLER. • 1606s. : Aegidius SADELER (1570- ?), graveur anversois, exécute ses célèbres "vues" de la ville. • Adriaen de VRIES l'Ancien (1546/60-1626), sculpteur hollandais, auteur des statues du jardin Valdštejn (E.16).
• 1619-20 : **FRÉDÉRIC V**, électeur palatin. • 1620 : Bataille de la Montagne Blanche : FERDINAND II de Habsbourg s'allie à la Bavière et à la Saxe pour écraser les Etats de Bohême ; 27 chefs de la rébellion sont décapités sur la place de la Vieille-Ville. • Prague ne compte plus que 26 000 habitants. • 1620-37 : **FERDINAND II de Habsbourg** (b). • Contre-Réforme : action des jésuites, persécutions. • 1627 : Nouvelle constitution : la succession des Habsbourg sur le trône de Bohême devient héréditaire ; le catholicisme est déclaré unique religion d'Etat ; l'allemand devient la deuxième langue administrative ; le roi enlève tout pouvoir politique aux villes. • 1637-57 : **FERDINAND III de Habsbourg**. • 1648 : Prague résiste au siège des Suédois. • 1648 : Traités de Westphalie qui mettent fin à la guerre de Trente Ans. • 1657-1705 : **LÉOPOLD Ier**.	**1621-1690 : PREMIER BAROQUE** • Destruction de Malá Strana (guerre et incendies). • 1626 : G. PIERONI : *sala terrena* du palais Valdštejn (E.16). • 1626-79 : G.D. ORSI : *Santa Casa* au sanctuaire de Lorette (F.8[b]), bibliothèque théologique de Strahov (F.9[g]). • Début de la reconstruction baroque de Malá Strana. • Introduction du baroque romain par CARATTI et MATHEY : 1653-79 : Apogée de F. CARATTI : aile ouest du Clementinum (A.21), palais Nostic (D.14) et Černín (F.7) ;	• Jan Ámos KOMENSKÝ (1592-1670), dit COMENIUS, philosophe, fondateur de la pédagogie moderne. • 1628 : Polyxène de LOBKOWICZ ramène d'Espagne la statuette de l'"Enfant Jésus de Prague" (D.19). • Karel ŠKRÉTA (1610-1674), peintre, fondateur de l'école baroque tchèque. • Jan Jiří BENDL (1630-1680), sculpteur (A.22).

POLITIQUE ET SOCIETE	URBANISME ET ARCHITECTURE	ARTS, LETTRES, SCIENCES
• 1680 : Grande Peste.	1675-94 : Apogée de J.-B. MATHEY : Palais archi-épiscopal (F.5), villa Troja (L.30), église Saint-François-Séraphin (A.23), palais Buquoy-Valdštejn (D.9) et Thun-Hohenstein (F.2), Manège royal (G.18). • 1660-84 : Apogée de C. LURAGO : palais Kinský (H.22), église Saint-Ignace (I.20). • 1689 : Des incendiaires français mettent le feu à la Vieille-Ville, à la Nouvelle-Ville et à la cité juive.	• Jeroným KOHL (1631-1709), sculpteur (D.1, G.II). • Heinrich Franz von BIBER (1644-1704), violoniste, fondateur de l'école de violon d'Europe centrale. • 1669 : J.B. FISCHER von ERLACH : ostensoir aux diamants (F.8[c]). • Jan BROKOF (1652-1718), sculpteur. • 1688-93 : Abraham et Izaak GODYN, peintres anversois, décorent la grande salle du château de Troja (L.30).
• 1702 : Prague compte 40 000 habitants. • 1705-11 : **JOSEPH Ier**. • 1711-40 : **CHARLES VI.** • 1713 : La Pragmatique Sanction, rédigée par CHARLES VI, assure la succession des Habsbourg par les femmes.	**1690-1740 : BAROQUE CULMINANT** • 1700-22 : Apogée de K. DIENZENHOFER : Břevnov (M.12), Saint-Nicolas de Malá Strana (E.1), façade du sanctuaire de Lorette (F.8[a]). • 1700-23 : Apogée de J.B. SANTINI AICHL : abbaye de Zbraslav (N.8), palais Morzin (E.8) et Thun (E.7). • 1702-13 : G.B. ALLIPRANDI : palais Hrzan (A.II:12) et Lobkowicz (E.5). • 1713-19 : J.B. FISCHER von ERLACH : palais Clam-Gallas (A.18). • 1718-38 : Apogée de F.M. KAŇKA : palais et jardins Vrtba (D.20), bibliothèque du Clementinum (A.21). • 720-50 : Apogée de K.I. DIENZENHOFER : villa Amerika (I.29), églises Saint-Jean-Népomucène à Hradčany (F.6), Saint-Thomas (E.9), Saint-Jean-Népomucène-sur-le-Rocher (I.21), Saint-Nicolas-de-la-Vieille-Ville (A.10), Saint-Nicolas de Malá Strana (E.1), Saints-Cyrille-et-Méthode (I.17), pavillon Portheimka (M.1).	• Jan KUPECKÝ (1667-1740), portraitiste. • Petr Jan BRANDL (1668-1735), le plus grand peintre baroque tchèque. • Bohuslav ČERNOHORSKÝ (1668-1740), le "Bach de Bohême", est à l'origine de l'école d'orgue bohémienne. • Matyáš Bernard BRAUN (1684-1738), le plus grand sculpteur baroque tchèque, avec F.M. BROKOF (A.VII, A.18, D.1, D.11, D.20, E.7, G.16). • Ferdinand Maxmilián BROKOF (1688-1731), le plus éminent représentant de la sculpture baroque tchèque, avec M.B. BRAUN (A.15, D.1, D.14, E.8, E.9, E.IX:4, F.I). • Michal Jan Josef BROKOF (1686-1721), sculpteur (D.1). • Siard NOSECKÝ (1693-1753), fresquiste prémontré (F.9 [d], F.9[f], F.9[g]). • Carlo CARLONE (1686-1775/76), peintre et graveur italien, réalise des fresques au palais Clam-Gallas (A.18). • František Maxmilián VOGET (1695-1767), fresquiste, décore la voûte de l'église Saint-Jacques (A.15). • Václav Vavřinec REINER (1689-1743), peintre, célèbre pour ses très nombreuses fresques (A.15, C.12, C.19, D.20, E.9, F.6, F.7, F.8 [d], I.28, M.1, N.8). • 1738 : Création du premier théâtre permanent.

POLITIQUE ET SOCIETE	URBANISME ET ARCHITECTURE	ARTS, LETTRES, SCIENCES
	1740-1780 : BAROQUE TARDIF ET ROCOCO	
• 1740-80 : **MARIE-THÉRÈSE d'Autriche**, impératrice et reine de Bohême, première (et unique) bénéficiaire de la Pragmatique Sanction. • 1756 : Hradčany est reconnue comme quatrième cité. • 1773 : Abolition de la Compagnie de Jésus.	• 1743-51 : œuvres tardives de K.I. DIENZENHOFER : palais Sylva-Taroucca (H.3) et Golz-Kinský (A.11). • 1743-65 : A. LURAGO collabore avec d'autres architectes (principalement K.I. DIENZENHOFER). • 1754-70 : N. PACASSI, A. KUNZ, A. HAFFENECKER et A. LURAGO remanient l'intégralité du Château. • 1760-88 : Création des rues Na příkopě (H.I) et Národní (I.III). • 1773-75 : A. SCHMIDT : palais Kounic (D.6). • 1775-83 : Création du Jardin botanique et des grands parcs.	• 1739-1770 : Richard Georg PRACHNER (? - ?), sculpteur, travaille à Prague (A.23, E.1, M.12). • Ignác František PLATZER le Vieux (1717-1787), le plus important sculpteur du baroque tardif (A.21, D.6, E.1, E.IV:33, G.I., H.3, I.14). • 1752 : Fresque de la coupole de Saint-Nicolas de Malá Strana (E.1), par František Xaver PALKO (1724-1767). • Jan Antonín KOŽELUCH (1738-1814), maître de chœurs à la Cathédrale. • 1761-70 : Fresque de la voûte de Saint-Nicolas de Malá Strana (E.1), chef-d'œuvre de Jan Lukáš KRACKER (1717-1779).
	1780-1804 : CLASSICISME	
• 1780-90 : **JOSEPH II de Habsbourg et de Lorraine**, " despote éclairé ", ferme les couvents et entame une germanisation de l'Etat (Vienne devient l'unique capitale, l'allemand est décrété langue officielle). • 1784 : Création de la ville royale de Prague par la réunion des quatre cités pragoises. • 1790-92 : **LÉOPOLD II.** • 1792-1835 : **FRANÇOIS II**, dernier empereur du Saint-Empire romain germanique et premier empereur héréditaire d'Autriche sous le nom de FRANÇOIS Ier. • 1798 : Prague compte 79 000 habitants.	• 1781-83 : A. HAFFENECKER : Théâtre Nostic (C.5). • 1782 : Les couvents sont transformés en casernes. • 1782-92 : Apogée de I. PALLIARDI : palais Kolovrat-Černín (E.13), Ledebour-Trauttmansdorff (E.15) et Sweerts-Sporck (H.VI:5), salle philosophique de Strahov (F.9[h]).	• 1784 : Fondation de la Société royale tchèque des Sciences. • 1787 : Création, au Théâtre Nostic (C.5), du *Don Giovanni*, écrit par W.A. MOZART (1756-1791) à la villa Bertramka (M.3) chez son ami le compositeur František Xaver DUŠEK (1731-1799). • 1789 : Premier journal en langue tchèque. • Jan Ladislav DUSSEK (1760-1812), illustre pianiste, un des premiers concertistes européens. • 1794 : František Antonín MAULBERTSCH (1724-1796), fresquiste, travaille à Prague (F.9[h]). • 1796-98 : BEETHOVEN (1770-1827) compose à Prague *Adélaïde* et reçoit la commande des six premiers *quatuors op. 18*, qu'il dédie au prince de LOBKOWICZ. • 1800 : Fondation de l'Académie de peinture.

POLITIQUE ET SOCIETE	URBANISME ET ARCHITECTURE	ARTS, LETTRES, SCIENCES
	1804-1848 : EMPIRE	
• 1811 : Faillite de l'Etat.	• 1810-24 : G. FISCHER : maison *U hybernů* (A.3) et église Sainte-Croix (H.I). • 1813-25 : H. HAUSKNECHT : maison Platýz (I.III:37), premier immeuble de rapport à Prague. • 1826-34 : Le lithographe Antonín LANGWEIL réalise une maquette de Prague, qui se trouve aujourd'hui au Musée de la ville (H.24). • 1827-31 : H. KOCH : villa Kinský (M.4).	• 1813-16 : Karl Maria von WEBER (1786-1826), compositeur et chef d'orchestre, directeur du Théâtre Nostic. • Mouvement de renaissance culturelle nationaliste soutenu par les "Eveilleurs" : Josef JUNGMANN (1773-1847), philosophe, František PALACKÝ (1798-1876), historien, Josef DOBROVSKÝ (1753-1829), historien et philologue, fondateur de la slavistique, et Pavel Josef ŠAFAŘÍK (1795-1861), philologue. • Karel Hynek MÁCHA (1810-36), poète romantique.
• 1835-48 : **FERDINAND V**, roi de Bohême et de Hongrie, empereur d'Autriche (= FERDINAND Ier). Conseil de régence présidé par METTERNICH. • 1844 : Premières grandes émeutes ouvrières.	• 1833-43 : Le burgrave Karel CHOTEK (1783-1868) procède à d'importants aménagements urbains : quais (quai Smetana, 1841-45), premier boulevard (1839-41), deuxième pont sur la Vltava (pont François Ier, 1841), parcs, etc. • 1845 : Eclairage public au gaz. • 1845 : Arrivée du premier train. Construction de la gare de Prague-centre (H.23).	• Vincenc MORSTADT (1802-75), dessinateur, auteur de vues de Prague célèbres. • Josef Kajetán TYL (1808-56), fondateur de l'art dramatique tchèque, auteur de la chanson *Où est ma patrie ?*, le futur hymne national.
	1848-1914 : HISTORICISME	
• 1848 : Premier Congrès slave. Rébellion durement réprimée par l'armée. FERDINAND V abdique en faveur de son neveu FRANÇOIS-JOSEPH. • 1848-1916 : **FRANÇOIS-JOSEPH Ier** procède à une réorganisation complète de l'Etat. Son ministre de l'intérieur Alexander BACH, s'appuyant sur l'armée, la bureaucratie, la police et le clergé, instaure un régime réactionnaire, absolutiste et germanisant. • 1849 : Fondation de la commune de Vinohrady. • Prague compte 120 000 habitants.		• 1848 : L'*Etudiant de Prague* (A.21), sculpture de Josef MAX (1804-1855), également auteur de trois statues sur le Pont Charles (D.1). • Emmanuel MAX (1810-1901), sculpteur, auteur de plusieurs statues sur le Pont Charles (D.1).
• 1860 : Chute de BACH et promulgation du *Diplôme*	• 1854-67 : V.I. ULLMANN : église Saints-Cyrille-et-Méthode, à Karlín (K.16), Académie tchécoslovaque des Sciences (I.III:3/5). • 1858 : Aménagement du parc de Letná (L.I).	• Josef MÁNES (1820-1871), fondateur de la peinture tchèque moderne (I.III:3/5, K.16). • Božena NĚMCOVÁ (1820-1862), fondatrice de la prose moderne. • Jan NERUDA (1834-1891), écrivain, poète et journaliste.

POLITIQUE ET SOCIETE	URBANISME ET ARCHITECTURE	ARTS, LETTRES, SCIENCES
d'octobre par lequel l'empereur renonce à l'absolutisme et reconnaît les droits historiques de la Bohême. • 1871 : Crise politique et économique.	• 1867-90 : J. ZÍTEK et J. SCHULZ : Théâtre National (I.10) et Rudolfinum (B.1). • 1871-1929 : Achèvement de la cathédrale Saint-Guy (G.10) par J. KRANNER, J. MOCKER et K. HILBERT. • 1873-99 : Nombreuses restaurations de monuments historiques par J. MOCKER.	• 1866 : Création de *La fiancée vendue* du compositeur Bedřich SMETANA (1824-1884), le père de la musique tchèque. • Les peintres Josef TULKA (1846- ?), František ŽENÍŠEK (1849-1916), Václav BROŽÍK (1851-1901), Julius Edvard MAŘÁK (1832-1899) et Vojtěch HYNAIS (1854-1901), participent à la décoration du Théâtre National (I.10). • Antonín DVOŘÁK (1841-1904), illustre compositeur.
• 1874-75 : Séjours de Karl MARX à Prague. • 1877 : Fondation de Žižkov. • 1878 : Congrès constitutif du Parti social-démocrate ouvrier tchéco-slave.	• 1874-76 : Démolition des remparts. • 1875 : Premiers trams à chevaux. • 1877-96 : A. WIEHL, promoteur du style néo-Renaissance tchèque : cimetière de Vyšehrad (J.I[g]) • 1881-85 : A. BARVITIUS : église Saint-Venceslas, à Smíchov (M.2).	• Alois JIRÁSEK (1851-1930), écrivain, auteur de romans historiques. • Mikoláš ALEŠ (1852-1913), peintre, auteur de nombreux sgraffites et mosaïques (A.2, A.9, A.V:3, H.1, H.II:34, I.10). • 1885 : G. MAHLER (1860-1911), chef d'orchestre à Prague. • Josef Václav MYSLBEK (1860-1922), sculpteur.
• 1890 : Première célébration du 1er Mai en tant que Fête du Travail. • 1891 : Exposition du Jubilé. • 1893 : Premières manifestations en faveur du suffrage universel.	• 1891 : B. MÜNZBERGER et F. PRÁŠIL : Palais des congrès (L.18). • 1891 : Premiers trams électriques. • 1893-96 : Destruction du quartier juif.	• Antonín Paul WAGNER (1834-1895) et Josef MAUDR (1854-1920), auteurs des sculptures du Musée national (H.11). • Zdeněk FIBICH (1850-1900), compositeur. • Tomáš G. MASARYK (1850-1937), philosophe et sociologue.
	1897-1910 : JUGENDSTIL ET SECESSION	
• 1898 : Jubilé de l'Empereur.	• 1898 : Exposition d'architecture et d'ingénierie. • 1898-1902 : F. OHMANN, B. BENDELMAYER et A. DRYÁK : hôtel Central. • 1898-1910 : J. KOTĚRA : maison Peterka (H.6). • 1901-09 : J. FANTA : gare François-Joseph (H.17).	• František BÍLEK (1872-1941), sculpteur symboliste. • Maximilián PÍRNER (1854-1924), peintre. • Antonín SLAVÍČEK (1870-1910), peintre. • Jan PREISLER (1872-1918), peintre (A.2). • 1902 : Exposition RODIN organisée par le Cercle Mánes.
	• 1903-06 : B. BENDELMAYER et A. DRYÁK : grand hôtel *Evropa* (H.7). • 1903-11 : A. BALŠÁNEK et O. POLÍVKA : Maison de la Municipalité (A.2).	• Stanislav SUCHARDA (1866-1916), sculpteur (H.1, I.23). • Ladislav ŠALOUN (1870-1946), sculpteur (A.2, I.7, I.IV:32), auteur du *monument à Jan Hus* (A.III).
• 1905 : Manifestation en faveur du suffrage universel. • 1907 : Approbation du suffrage universel et organisation des premières élections.	• 1905-10 : O. POLÍVKA : assurances Praha (I.7) et maison Topič (I.6).	• Bohumil KAFKA (1878-1942), sculpteur (K.15). • Karel Vítězslav MAŠEK (1865-1927), peintre. • Karel ŠPILLAR (1871-1939), peintre (A.2).

POLITIQUE ET SOCIETE	URBANISME ET ARCHITECTURE	ARTS, LETTRES, SCIENCES
	• 1908-11 : O. NOVOTNÝ : maison Štenc (B.13). • 1909-10 : J. KOTĚRA : maison Laichter (K.12).	• Leoš JANÁČEK (1854-1928), compositeur. • 1908 : Exposition MUNCH. • 1910 : De retour de Paris, Alfons MUCHA (1860-1939), peintre (A.2, G.10) et affichiste, dessine les premiers billets de banque et timbres-poste tchécoslovaques. • Jan ŠTURSA (1880-1925), fondateur de la sculpture tchèque moderne.
• 1912 : LENINE dirige la conférence du Parti social démocrate ouvrier • 1914-18 : Première Guerre mondiale. • 1916-18 : **CHARLES I**er. • 1918 : Prague compte 223 000 habitants. • 1918 (28 oct.) : Proclamation d'indépendance de la Tchécoslovaquie. Prague devient la capitale du nouvel Etat. • 1918-35 : **Tomáš G. MASARYK**, premier président de la République.	**1910-1914 : CUBISME** • 1910-12 : M. BLECHA, L. SKŘIVÁNEK et A. PFEIFFER : maison Diamant (I.25). • 1911-12 : J. GOČÁR : maison " A la Vierge noire " (A.7). • 1911-13 : J. CHOCHOL : immeubles cubistes à Vyšehrad (J.3, J.4, J.5). • 1917-1919 : O. NOVOTNÝ : immeuble à appartements, Bílkova ul. (B.17).	• 1911 : Fondation du groupe cubiste des Plasticiens : Václav ŠPÁLA (1885-1946), Vincenc BENEŠ (1883-1979), Emil FILLA (1882-1953), Otto GUTFREUND (1889-1927), Josef ČAPEK (1887-1945). • 1911 : V. HOFMAN, J. CHOCHOL, P. JANÁK et J. GOČÁR fondent les "Ateliers d'Art de Prague" (mobilier cubiste). • 1911-12 : A. EINSTEIN (1879-1955) enseigne à l'Université allemande. • Bohumil KUBIŠTA (1884-1918), peintre. • 1913 : Exposition des futuristes italiens (BOCCIONI, CARRA, RUSSOLO, SEVERINI) à la galerie Havel du Mozarteum. • 1913 : Exposition des Plasticiens avec BRAQUE, GRIS, PICASSO, DERAIN, etc. • František KUPKA (1871-1957), peintre abstrait (à Paris). • Otto GUTFREUND (1889-1927), sculpteur cubiste. • Franz KAFKA (1883-1924), écrivain.

POLITIQUE ET SOCIETE	URBANISME ET ARCHITECTURE	ARTS, LETTRES, SCIENCES
• 1920 : 37 nouvelles communes sont intégrées à la ville pour former la Grande Prague (670 000 habitants).	**1920-1925 : RONDOCUBISME** • 1920 : Création de la Commission nationale d'urbanisme. • 1920-32 : J. PLEČNIK : interventions au Château et église du Sacré-Cœur (K.11). • 1922-25 : J. GOČÁR : banque Legio (H.25). • 1923-25 : P. JANÁK et J. ZASCHE : palais Adrie (I.4).	• 1920 : Jaroslav HAŠEK (1883-1923) : *Les aventures du brave soldat Švejk*. • Josef ŠÍMA (1891-1971), peintre. • Jan ZRZAVÝ (1890-1977), peintre. • 1921-22 : MARINETTI à Prague pour la représentation de sa pièce *Le tambour de feu*. • Ladislav KLIMA (1878-1928), philosophe et romancier. • Josef SUK (1874-1935), compositeur, un des fondateurs de l'école tchèque moderne. • Alois HÁBA (1893-1973), compositeur, promoteur d'un système original de composition par micro-intervalles.
	1923-1937 : CONSTRUCTIVISME ET FONCTIONNALISME • 1923 : Fondation de la section d'architecture de *Devětsil* (revue *Stavba* du Club des Architectes). • 1923-25 : O. NOVOTNÝ : galerie Mánes (I.12). • 1923-27 : J. KREJCAR : immeuble Olympic (I.VI : 16). • 1924-28 : J. FUCHS et O. TYL : Palais des foires (L.16). • 1924-29 : L. KYSELA : immeubles Lindt (H.II : 4), Bat'a (H. II : 6) et *U Styblů* (H.8). • 1925-28 : Conférences et exposition de LE CORBUSIER et d'OZENFANT au Club des Architectes. • 1926-28 : E. LINHART : maison personnelle (L.27). • 1926-335 : A. BENŠ et J. KŘÍŽ : administration des Entreprises de transport de la Ville (L.14). • 1928-37 : J. BAREK et M. URBAN : cité de Barrandov (N.7). • 1929-31 : A. LOOS : maison Müller (M.13). • 1929-32 : J. ZÁZVORKA : Mémorial national (K.15). • 1929-33 : J. HAVLÍČEK et K. HONZÍK : Institut général des pensions (K.14).	• *Devětsil*, groupe artistique d'avant-garde animé par le théoricien Karel TEIGE (1900-1951). • Richard WEINER (1884-1937), écrivain. • Karel POKORNÝ (1891-1962), sculpteur. • 1924 : Premier Manifeste du Poétisme, mouvement artistique d'avant-garde, par Karel TEIGE. • Jaroslav JEŽEK (1906-1942), compositeur. • Josef (1887-1945) et Karel (1890-1938) ČAPEK, écrivains, auteurs dramatiques. • Jindřich HONZL (1894-1953), metteur en scène. • Jiří VOSKOVEC (1905-1981) et Jan WERICH (1905-1980), célèbres auteurs-acteurs du Théâtre Libéré. • 1928-38 : Cercle linguistique de Prague : Roman JAKOBSON (1896-1982) avec e.a. Karl BÜHLER, Nikolaï TROUBETZKOY, Bohumil TRNKA, Jan MUKAŘOVSKÝ.
• 1930 : Prague compte 850 000 habitants.		

POLITIQUE ET SOCIETE	URBANISME ET ARCHITECTURE	ARTS, LETTRES, SCIENCES
	• 1932 : P. JANÁK : quartier Baba (L.29).	• Václav ŠPÁLA (1885-1946), peintre. • 1933 : Emil František BURIAN (1904-1959), acteur, metteur en scène et dramaturge, fonde le Théâtre D.34 (au Mozarteum), haut-lieu de l'avant-garde. • 1934 : Le poète Vítězslav NEZVAL (1900-1958) fonde le Groupe surréaliste tchèque.
• 1935-38 : **Edvard BENEŠ** (a). • 1938 : Accords de Munich entre HITLER, MUSSOLINI, DALADIER et CHAMBERLAIN. Exil du président BENEŠ à Londres. • 1938-45 : **Emil HÁCHA**. • 1939 : Incorporation de la Tchécoslovaquie au Reich. Création du "protectorat allemand de Bohême-Moravie". • 1939-45 : Seconde Guerre mondiale. Occupation de Prague par les nazis. • 1945 (9 mai) : Libération de Prague par l'armée soviétique. • 1945 : Accords de Yalta entre CHURCHILL, STALINE et ROOSEVELT. • 1945-48 : **Edvard BENEŠ** (b).		• 1935 : Série de conférences d'André BRETON (1896-1966). • Jindřich ŠTYRSKÝ (1899-1942) et TOYEN (1902-1980), peintres surréalistes. • Bohuslav MARTINŮ (1890-1959), compositeur, un des plus éminents représentants à l'étranger de la musique tchèque. • Vítězslav NOVÁK (1870-1949), compositeur, un des fondateurs de l'école tchèque moderne. • Václav TALICH (1883-), chef d'orchestre, un des fondateurs de la Philarmonie tchèque.
• 1948 (février) : Coup d'état communiste. • 1948-53 : **Klement GOTTWALD**. • 1949 : Nationalisation des biens cléricaux et privés.	• 1946-67 : Apogée de J. FRAGNER : grandes reconstructions et rénovations de la ville.	• 1946 : Premier festival musical du "Printemps de Prague".
• 1953-57 : **Antonín ZÁPOTOCKÝ**.	• 1953 : Aménagement du plateau de Letná : percement du tunnel et érection de la statue de Staline, conçue comme une des dominantes de la ville (elle sera détruite en 1960). • 1954-73 : Construction de la voie rapide nord-sud et du pont Klement Gottwald (J.1).	• 1950 : Alfréd RADOK (1914-1976), metteur en scène, crée la Laterna Magika. • 1953 : Première émission de télévision.
• 1955 : Pacte de Varsovie : accord militaire conclu entre l'U.R.S.S. et la Tchécoslovaquie, la Roumanie, la Hongrie, la Pologne, la Bulgarie et la R.D.A.	• Nombreuses restaurations de monuments historiques importants : Carolinum (C.6), chapelle de Bethléem (C.17), couvents d'Emmaüs (I.22) et de Strahov (F.9), pavillon Hvězda (M.14), Manège royal (G.18), maison du Jeu de paume (G.16), Belvédère royal (G.17), e.a.	• Jiří TRNKA (1912-1969), cinéaste, inventeur du film de marionnettes. • Otomar KREJČA (°1921), metteur en scène.

POLITIQUE ET SOCIETE	URBANISME ET ARCHITECTURE	ARTS, LETTRES, SCIENCES
• 1957-68 : **Antonín NOVOTNÝ**. • 1960 : Prague compte 1 000 000 habitants. • 1968 (5 janv.) : Alexander DUBČEK, premier secrétaire du Parti communiste. Le "Printemps de Prague". • 1968-75 : **Ludvík SVOBODA**. • 1968 (21 août) : Intervention des armées du Pacte de Varsovie en Tchécoslovaquie. • 1968 (oct.) : La Tchécoslovaquie devient un Etat fédéral. • 1968 : 21 nouvelles communes sont intégrées à la ville. • 1969 : Gustáv HUSÁK, premier secrétaire du Parti communiste. Début de la politique de "normalisation".	**1957-** : **STYLE INTERNATIONAL** • 1958 : F. CUBR, J. HRUBÝ et Z. POKORNÝ : pavillon de la Tchécoslovaquie à l'Exposition internationale de Bruxelles (L.21). • 1958-64 : K. PRAGER : Institut de chimie macromoléculaire (M.11). • 1961 : Création de la Commission d'urbanisme de la Ville de Prague. • Implantation de grands ensembles de logements à la périphérie de la ville. • 1967 : Début de la construction du métro. • 1967-72 : Atelier GAMA (K. PRAGER) : Assemblée fédérale de la ČSSR (H.15). • 1968-74 : K. FILSAK, J. ŠVEC et K. BUBENÍČEK : hôtel Intercontinental (B.20). • 1969-81 : J. MAYER, V. USTOHAL, A. MAREK, J. KRÁLÍK et A. VANĚK : Palais de la culture (J.2).	• Vincenc MAKOVSKÝ (1900-1966), sculpteur (G.9, H.15). • Jiří KOLÁŘ (°1914), artiste célèbre pour ses collages. • 1958-60 : Création de nouveaux petits théâtres : Reduta, Na zábradlí, Semafor (H.8), Viola (I.7). • Bohumil HRABAL (°1914), écrivain. • 1963 : Le film *Un jour, un chat* de Vojtěch JASNÝ est primé au festival de Cannes. Débuts de la "Jeune Vague" du cinéma tchèque. • 1967 : 1re Quadriennale de scénographie. • Josef SVOBODA (°1920), scénographe, créateur de plus de 400 décors dans le monde entier. • Václav NEUMANN (°1920), célèbre chef d'orchestre de la Philarmonie tchèque.
• 1974 : 74 nouvelles communes sont intégrées à la ville, qui compte dès lors 1 200 000 habitants. • 1975 : **Gustáv HUSÁK**, président de la République.	**1970-** : **NOUVELLES TENDANCES** • 1970-75 : Stavoprojekt SIAL 02 : grand magasin Máj (I.5). • 1970-83 : J. ŠRÁMEK et A. ŠRÁMKOVÁ : extension de la Gare centrale (H.17), immeuble Universal (H.4). • 1975-77 : Z. KUNA, Z. STUPKA, M. VALENTA, J. ZDRAŽIL et O. HONKE-HOUFEK : immeuble-tour Motokov (N.6). • 1977-83 : K. PRAGER : nouveau Théâtre National (I.9). • 1980 : : Construction de l'autoroute Prague-Brno.	• Miloš FORMAN (°1932), cinéaste. • 1984 : Le prix Nobel de littérature est attribué au poète Jaroslav SEIFERT (1901-1986).

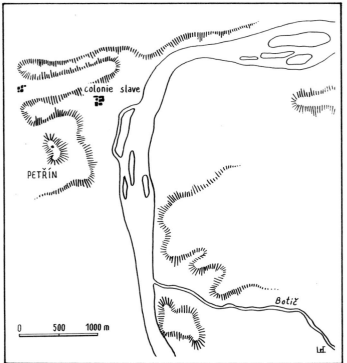

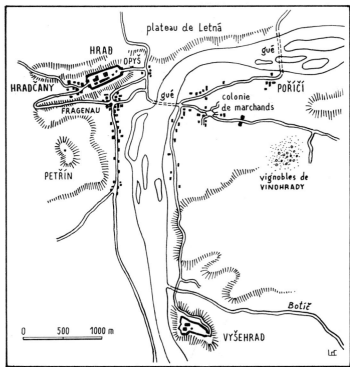

EVOLUTION DE LA VILLE

VIIe s. LES ORIGINES

• Installation d'une colonie slave et d'un centre marchand au pied de l'éperon rocheux sur la rive gauche de la Vltava.

IXe - Xe s. LES DEUX CHATEAUX ET LA NAISSANCE DE LA VILLE ROMANE

• 870. Place forte et fondation du Château de Prague (G). Enceinte et premières constructions romanes du Château et à Fragenau. • IXe s. Fondation du château de Vyšehrad (J). • Début Xe s. Installation d'une communauté juive près du gué sur la Vltava (B). • Milieu du Xe s. Réunion de petites communes dispersées le long de trois routes conduisant, l'une à Vyšehrad (C.VIII), l'autre vers l'actuelle Tour Poudrière (B.I), et la troisième vers Poříčí (B.VI) où se trouvait un important gué sur la Vltava. • Fin Xe s. Construction d'un premier pont en bois près de l'ancien gué reliant Fragenau et le Château à la rive droite de la Vltava.

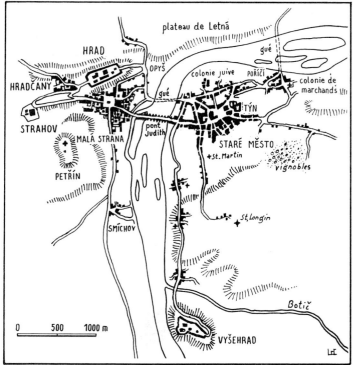
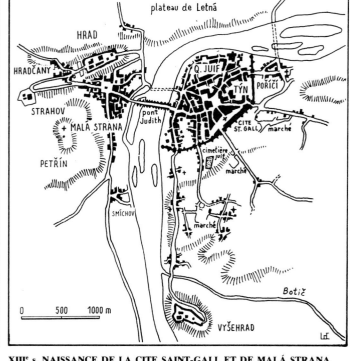

XIᵉ - XIIᵉ s. URBANISATION MEDIEVALE ET NAISSANCE DE LA VIEILLE-VILLE

• 1041. Fortification du Château (G.). • XIᵉ s. Installation du Týn (A.14) et du marché de la Vieille-Ville au carrefour de routes commerciales (A.III). • 1070-1125. Aménagement roman de Vyšehrad (J.I). • 1088. Création de Dejvice (L.III). • Fin XIᵉ s. Installation permanente de marchands allemands à Poříčí (A;B;C). • XIIᵉ s. Création dans la Vieille-Ville des rues Karlova (A.VII), Kaprova (B.I), Široká (B.VI) et Husova (C.VIII). • 1135-82. Reconstruction romane du Château (G). • 1140. Fondation de l'abbaye de Strahov (F.9). • 1166. Fortifications romanes et petite Tour de pont de Malá Strana (D.2). • 1170. Construction du pont Judith (D.1).

XIIIᵉ s. NAISSANCE DE LA CITE SAINT-GALL ET DE MALÁ STRANA

• Début XIIIᵉ s. Continuation de l'urbanisation médiévale de la Vieille-Ville (A;B;C). Création du ghetto juif (B.4). Installation d'un cimetière juif et de trois marchés (H.II ; H.V ; I.V) hors les murs de la Vieille-Ville. Groupement des bourgades en villes sur les deux rives de la Vltava. Enceinte fortifiée ponctuée de portes autour de la Vieille-Ville (A ; A.1 ; B ; C). • 1232. Fondation de la cité Saint-Gall (C.II ; C.III ; C.IV). • 1253. Amélioration du système de fortification du Château (G). • 1257. Fondation de Malá Strana (D ; E). • Fin du XIIIᵉ s. Remblayage général de la Vieille-Ville, qui enfouit sous 2 à 3 m de terre la ville romane (A ; B ; C). Formation de Smíchov (M.I).

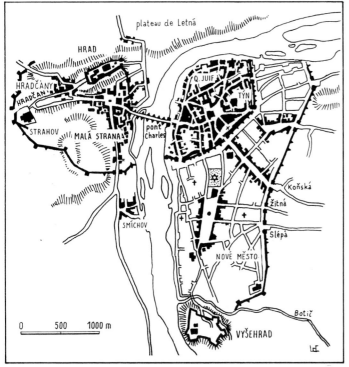
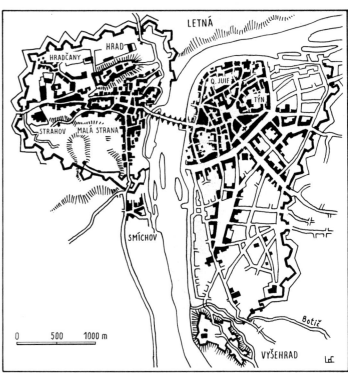

XIVᵉ s. LA NOUVELLE-VILLE ET L'URBANISME DE CHARLES IV

● 1320. Fondation de Hradčany (F). ● 1338-81. Installation de l'hôtel de ville de la Vieille-Ville (A.9). ● 1344. Début de la construction de la cathédrale Saint-Guy (G.10). ● 1348. Création de la Nouvelle-Ville (H ; I) et aménagement urbain des trois marchés, aux chevaux (H.II), aux bœufs (I.V) et au foin (H.V). Création de l'Université Carolinum (C.6). ● 1357. Construction du Pont Charles (D.1). ● 1360. Agrandissement de Malá Strana et construction de nouveaux remparts (M.II). ● 1375. Fondation de Pohořelec (F.VI). ● 1380. Construction de la Tour de pont de la Vieille-Ville (A.24).

XVIIᵉ - XVIIIᵉ s. URBANISATION BAROQUE ET UNIFICATION DES VILLES

● Ca 1630. Reconstruction baroque de Malá Strana (D ; E). ● XVIIIᵉ s. Nouvelles fortifications avec bastions autour de Malá Strana et autour de la Nouvelle-Ville, de Poříčí à Vyšehrad (H ; I). ● Création des jardins de Letná (L.I), de Troja (L.IV) et de Petřín (M.II). ● 1760-81. Ouverture des artères Na příkopě (H.I) et Národní (I.III) qui, ensemble, formeront plus tard le premier boulevard de Prague. ● 1784. Réunion en une seule ville des quatre cités, Staré Město, Malá Strana, Hradčany et Nové Město (A ; B ; C ; D ; E ; F ; H ; I).

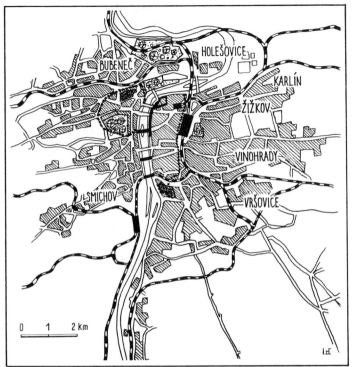 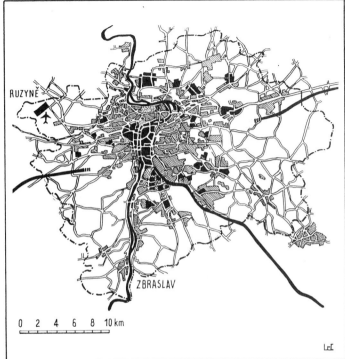

XIXᵉ s. FORMATION D'UNE GRANDE CAPITALE

● 1ʳᵉ moitié du XIXᵉ s. Assainissements, démolitions et reconstructions dans la Vieille-Ville (A ; B ; C). ● 1833-43. Importants aménagements urbains : quais (quai Smetana, C.X), premier boulevard. ● 1840-78. Construction de nouveaux ponts sur la Vltava (B.III ; I.24). ● 1845-70. Construction des gares de Prague-Centre (H.23), de Smíchov (M.I) et François-Joseph (H.17). ● 1848. Démolition du mur d'enceinte du ghetto (B). ● 1849-81. Annexion de sept nouvelles communes (K.I ; K.II ; K.III ; K.IV ; L.II ; M.I). ● 1874-76. Démolition de tous les remparts. ● 1893-96. Destruction du quartier juif. ● Fin XIXᵉ s. Création de la place Krasnoarmějců (B.III) et de la rue de Paris (B.IX).

XXᵉ s. PRAGUE, CAPITALE DE LA REPUBLIQUE

● Ca 1900. Construction de la nouvelle Gare centrale (H.17). Construction du quai Gottwald (I.IV). ● 1901-33. Construction des ponts du 1ᵉʳ Mai (I.11), Svatopluk Čech (B.21) et Jirásek (I.13). ● 1927-37. Construction des cités Baba (L.29) et Barrandov (N.7). ● 1949-53. Percement du tunnel de Letná (L.I). ● 1950- . Restauration systématique de la ville historique. ● 1957-80. Construction de 33 nouvelles cités résidentielles à la périphérie de la ville. ● 1962-68. Aéroport de Ruzyně. ● 1967-73. Pont urbain Klement Gottwald (J.1). ● 1967- . Métro (E.11 ; H.II ; H.11 ; J.1 ; L.24). ● 1974. Fixation des limites de la Grande Prague. ● 1980- . Autoroutes de pénétration.

LES GRANDES PERIODES DE L'ARCHITECTURE PRAGOISE

Rares sont les villes qui, comme Prague, offrent au visiteur l'occasion de voir des témoignages de toutes les périodes de l'histoire de l'architecture, depuis l'âge roman jusqu'à l'époque contemporaine.

LE ROMAN (IXe s. - 1250)

A l'exception de quelques édifices religieux, les vestiges qui subsistent de la Prague romane sont nombreux mais peu visibles, parce qu'enfouis dans le sous-sol : les rez-de-chaussée romans sont en effet devenus les caves des maisons actuelles (cf. p. 50). Bâtis sur des plans très variés, ils se caractérisent par l'utilisation de voûtes d'arêtes, renforcées par des arcs doubleaux, reposant sur des colonnes, parfois sur un unique pilier central.

- Exemples : basilique Saint-Georges, G.14[1] ; rotonde Saint-Martin, J.I[c] ; maison " A la cigogne ", C.21.

 (stylisation d'une fenêtre de la rotonde Saint-Martin à Vyšehrad, J.I[c])

LE GOTHIQUE (1230 - 1530)

Les débuts du gothique à Prague (1230 - 1310)

Le style gothique apparaît en Bohême un siècle plus tard qu'en France. Il y est introduit par les cisterciens de Bourgogne. Aussi les premiers édifices construits dans ce style s'inspirent-ils assez directement du gothique français.

- Exemples : couvent d'Agnès-la-Bienheureuse, B.23 ; plan initial de la cathédrale Saint-Guy, G.10 ; église Notre-Dame-des-Neiges, I.1.

 (représentation synthétique d'une fenêtre inspirée du gothique français)

Le gothique rayonnant (1310 - 1440)

Alors qu'en France, les expériences de grande construction prennent brutalement fin avec l'écroulement, en 1284, de la nef de Beauvais, dans l'Europe germanique, l'efflorescence du gothique commence à peine. De Kutná Hora à Vienne, en passant par Ulm et même Milan, se répand le concept d'église-halle *(Hallenkirche)* (nef principale et collatéraux l'égale hauteur). De nouvelles tendances à l'horizontalité se font jour, en même temps que sont explorées, sans doute sous l'influence anglaise, des possibilités de nervuration diagonale des voûtes, en réseau ou en étoile, avec clefs pendantes. On pousse à ses limites extrêmes l'ouverture des parois par des fenêtres aux remplages déjà flamboyants. De plus, le style s'enrichit par l'utilisation décorative d'éléments constructifs, comme le triforium, les arcs-boutants ou les pinacles. Peter PARLER, éminent représentant du gothique flamboyant germanique, laissa à Prague l'empreinte de son génie.

- Exemples : chœur et nef de la cathédrale Saint-Guy, G.10 ; Tour de pont de la Vieille-Ville, A.24 ; Pont Charles, D.1.

(élément repris aux verrières de la cathédrale Saint-Guy, G.10)

Le gothique flamboyant (1440 - 1530)

Issu de Saxe, le gothique flamboyant germanique (ou *Sondergotik*) est une sorte de "maniérisme gothique" ; c'est l'ultime tentative d'ouvrir de nouvelles voies au sein du gothique, qui aboutira à la destruction des principes mêmes (structuraux notamment) de ce style, marquant ainsi les limites d'un univers formel auquel pourtant elle se voulait fidèle. Des piles prismatiques à faces concaves, jaillissent des nervures tridimensionnelles, en une torsion qui se communique au dessin entier des voûtes, mettant ainsi la totalité de l'espace intérieur en mouvement. On pourrait voir là comme une façon baroque avant la lettre de traiter l'espace, caractéristique de la Bohême. Due à Benedikt RIED, la salle Vladislav, au Château, est le sommet de ce style, appelé aussi pour cette raison "gothique de Vladislav".

- Exemples : salle Vladislav, G.11[6] ; Escalier des Cavaliers, G.11[12] ; Tour poudrière, A.1.

(stylisation de la voûte de l'Escalier des Cavaliers, au Château, G.11[12])

LA RENAISSANCE (1500 - 1620)

La Renaissance fut à Prague un intermède qui ne modifia pas fondamentalement le caractère de la ville.

La première Renaissance (1500 - 1530)

Les premières manifestations de la Renaissance à Prague consistent dans l'introduction, au sein de l'architecture gothique, et souvent par ses architectes mêmes, d'éléments décoratifs empruntés indirectement à l'Italie par le biais de la Hongrie, mais traités selon un esprit encore gothique.

- Exemples : palais Louis, au Château, G.11[7], G.11[19] ; fenêtre de l'hôtel de ville de la Vieille-Ville, A.9[6] ; fenêtres de la salle Vladislav, G.11[6].

(fenêtre du Vieux palais royal, au Château, G.11[6])

La Renaissance culminante (1530 - 1580)

Avec l'arrivée des Habsbourg sur le trône des Přemyslides, des contacts directs sont noués avec l'Italie. Des architectes venus de ce pays (essentiellement des Lombards et des Vénitiens), terre d'origine du nouveau style, s'établissent à Prague : Paolo della STELLA et Ulrico AVOSTALIS, entre autres. Mais ils ne réussissent pas à substituer à une architecture gothique en crise un nouveau style cohérent. Leurs réalisations, pour remarquables qu'elles soient, n'en demeurent pas moins des exemples isolés.

- Exemples : Belvédère royal, G.17 ; coupole de l'église de la Vierge-et-de-Charlemagne, I.30.

(synthèse des éléments du Belvédère royal, G.17)

La Renaissance tchèque (1530 - 1620)

Particulièrement intéressante est l'interprétation bohémienne de ce style, appelée " Renaissance tchèque ", caractérisée par ses pignons chantournés " à la vénitienne " et ses sgraffites à l'antique, qui s'épanouira surtout à la Renaissance tardive.

● Exemples : palais Schwarzenberg-Lobkowicz, F.1 ; maison " Au cygne d'or ", E.VIII:10 ; maison " A la minute ", A.8.

(stylisation du pignon du palais Schwarzenberg-Lobkowicz, F.1)

La Renaissance tardive ou maniérisme (1580 - 1620)

Rodolphe II installe à Prague sa résidence permanente. Il fait de la Cour un grand centre intellectuel et artistique où, à l'instar d'un grand seigneur italien, il convie artistes et scientifiques. Collectionneur maniaque, il transforme le Château en musée. Bien qu'il n'y ait guère de sens à parler de maniérisme hors d'Italie, on a pris l'habitude d'appeler ainsi l'architecture de la Renaissance tardive — même non italienne, bien qu'elle ne repose pas sur les mêmes fondements idéologiques. C'est ainsi qu'on a donné le nom de " maniérisme " à l'art raffiné — sorte de synthèse entre le style de la Renaissance italienne tardive et celui des pays du Nord — qui s'est développé à la Cour de Rodolphe, où il atteignit la limite extrême de ses possibilités. Expression ultime de la Renaissance, il en annonce la fin, en même temps que les prémices du baroque.

● Exemples : porte Mathias, G.2 ; *sala terrena* du palais Valdštejn, E.16 ; chapelle dite "italienne", A.17.

(fragment de la porte Mathias, au Château, G.2)

LE BAROQUE (1621 - 1780)

Le premier baroque (1621 - 1690)

Appelés à Prague après la victoire autrichienne de la Montagne Blanche en 1621, par la Cour impériale, la noblesse catholique et certains ordres religieux, dont les jésuites, des architectes étrangers — allemands, français (J.-B. MATHEY) et, surtout, italiens (C. LURAGO, G.B. ALLIPRANDI, F. CARATTI) — y importent des schémas baroques internationaux d'origine romaine, comme la façade tripartite, le plan ovale, ou l'ordre colossal.

● Exemples: palais Černín, F.7 ; église Saint-Ignace, I.20 ; église Saint-François-Séraphin, A.23 ; aile ouest du Clementinum, A.21.

 (interprétation d'un fragment de la façade de l'église Notre-Dame-de-la-Victoire, D.19)

Le baroque culminant (1690 - 1740)

Durant la 1re moitié du XVIIIe siècle, une pléiade d'architectes — des Tchèques, mais aussi des étrangers, surtout des Allemands et des Italiens, désormais intégrés à la ville — vont en faire la capitale du baroque en Europe. Prague connaît alors un développement de tous les arts dans une synthèse architecturale et décorative sans précédent, au point qu'on est désormais en droit de parler de baroque "de Prague" — et non plus "à Prague", comme précédemment.

Le baroque bohémien — tchèque, et donc slave — se rattache à celui des pays danubiens en ce qu'il se démarque du classicisme romain, mais il s'en distingue par une accentuation de la dynamique des espaces et des volumes, qui plonge ses racines dans le "génie du lieu", à savoir la plastique spécifique du site (cf. p. 48 : "Un site unique au monde"). Par là, il s'inscrit dans le courant baroque le plus résolu, celui qui s'inspire de BORROMINI et de GUARINI. Au premier est reprise l'ondulation des parois qui alternent courbures concaves et convexes (comme le plan octogonal à côtés concaves, cf. église Saint-Jean-Népomucène-sur-le Rocher, I.21). Dans l'héritage du second se situent les espaces enchevêtrés constitués par l'interpénétration de voûtes ovales sur arcs tridimensionnels reposant sur des piliers implantés diagonalement (voir, par exemple, l'église Saint-Nicolas de Malá Strana, E.1).

En outre, aucune solution de continuité ne sépare l'architecture de la sculpture (M.B. Braun, F.M. Brokof, I. Platzer) et de la peinture (V.V. Reiner) qui, s'imitant parfois l'une l'autre, prolongent l'espace réel par les espaces imaginaires de fascinants trompe-l'œil, dans une recherche éperdue de l'infini.

Les plus éminents représentants de ce baroque pragois sont Kryštof DIENZENHOFER, son fils Kilián Ignác et Jan Blažej SANTINI AICHL, auxquels il faut ajouter František Maxmilián KAŇKA. [📖 NORBERG-SCHULZ 1968, 1983 ; PAVLÍK 1986]

• Exemples : église Saint-Nicolas de Malá Strana, E.1 ; église Saint-Nicolas de la Vieille-Ville, A.10 ; église Saint-Jean-Népomucène-sur-le-Rocher, I.21 ; Clementinum, A.21 ; palais Lobkowicz, E.5 ; villa Amerika, I.29 ; abbaye de Zbraslav, N.8.

(lucarne du couvent de Břevnov, M.12)

Le baroque tardif et le rococo (1740 - 1780)

L'ultime phase de l'architecture baroque coïncide à Prague avec le règne de Marie-Thérèse, annonçant déjà par une certaine raideur et une plasticité moindre, aussi bien que par le caractère plus décoratif de son ornementation, la réaction classique de la fin du siècle.

Le rococo n'est pas un style au sens propre du terme, mais un type de décoration, souvent asymétrique et abstraite, avec des coquillages, des formes de coraux en S et en C, et de nombreux motifs d'inspiration végétale. Celle-ci s'est d'abord développée en France, puis dans les pays germaniques, où elle est liée aux derniers développements du baroque. [📖 NORBERG-SCHULZ 1983]

• Exemples : palais Sylva-Taroucca, H.3 ; palais Kounic, D.6 ; palais Golz-Kinský, A.11 ; remaniement thérésien du Château, G.11[9] ; Bâtiment dit "municipal", au Château, G.8.

(synthèse d'éléments des palais Sylva-Taroucca [H.3] et Turba [D.12] et de la maison " Au cerf d'or " [E.IX:4])

LE CLASSICISME ET L'EMPIRE (1780 - 1848)

(éléments de la maison U hybernů, A.3)

Le classicisme (1780 - 1804)

L'adhésion au classicisme, fortement inspiré de l'art français de l'époque des Lumières, marque la réaction qui, à Prague comme dans toute l'Europe, se manifeste contre le baroque.

Entre classicisme et baroque, les différences sont davantage de nuances que de principes. Retenue, réserve, économie d'effets décoratifs — et aussi, il faut bien le dire, une certaine sécheresse (d'autant plus frappante dans le contexte pragois) — : tels sont les principaux traits distinctifs du classicisme. L'ornement, par exemple, devient appliqué plutôt qu'intégré ; et la colonne voit son rôle, sinon disparaître, du moins s'amenuiser au profit du pilastre.

● Exemples : Théâtre Tyl, C.5 ; façade de la nouvelle bibliothèque du couvent de Strahov, F.9[h] ; palais Sweerts-Sporck, H.VI :3,5.

Le style Empire (1804 - 1848)

Malgré son nom, ce style ne doit rien à Napoléon — ses campagnes épargnèrent la ville —, mais s'explique plutôt par l'origine viennoise de Georg FISCHER, pour ainsi dire l'unique représentant de ce style à Prague.

● Exemples : villa Kinský, M.4 ; maison *U hybernů*, A.3 ; église Sainte-Croix, H.I ; salle philosophique du couvent de Strahov, F.9[h].

L'HISTORICISME (1848 - 1914)

Ce terme désigne la réinterprétation des styles des époques précédentes (qualifiés pour cette raison d'" historiques "). D'abord limitée au classicisme, elle se généralise, durant la deuxième moitié du XIXe siècle, à tous les styles, pour aboutir à l'éclectisme (sorte de combinaison d'éléments provenant de styles différents) et, malgré d'indéniables réussites, finir par se scléroser dans un académisme austère.

Les revendications nationalistes qui se font jour partout en Europe à cette période sous-tendent, à Prague comme ailleurs, la recherche d'un style " national ". Josef ZÍTEK est l'initiateur et Antonín WIEHL le promoteur du style dit " néo-Renaissance tchèque " qui entend puiser son inspiration dans le style le plus typiquement tchèque : la Renaissance de Bohême. Nombre de bâtiments importants sont construits dans ce style, qui sera cependant rapidement abandonné pour le néo-baroque, puis le Jugendstil.

Le néo-roman

 ● Exemple : église Saints Cyrille-et-Méthode, Karlín, K.16.

Le néo-gothique

- Exemple : église Sainte-Ludmila, K.8.

Le néo-Renaissance

- Exemple : Académie tchécoslovaque des Sciences, I.III:3/5.

Le néo-Renaissance tchèque

- Exemple : immeuble d'habitation, ul. Karolíny světlé, C.14.

Le néo-baroque

- Exemple : Ministère du Commerce intérieur, A.III:5/6.

Le néo-rococo

- Exemple : Salle espagnole et Galerie Rodolphe, G.6.

Le néo-classicisme

- Exemple : Maison " Au châtaignier ", Břevnov, M.10.

L'ART NOUVEAU : JUGENDSTIL ET SECESSION (1897 - 1910)

Sous le terme " Art Nouveau ", peuvent se regrouper différents mouvements qui virent le jour un peu partout en Europe, dans la dernière décennie du XIXe siècle : non seulement " Art Nouveau " proprement dit en Belgique, mais aussi *Modern Style* en France et en Angleterre, *Jugendstil* dans les pays germaniques, *Wiener Sezession* en Autriche, *Liberty* (ou *Floreale*) en Italie,

Modernista et *Juventud* en Espagne. La multiplicité des vocables ne doit cependant pas cacher la communauté des aspirations qui se font jour à ce moment : recherche de plus en plus exacerbée d'un art "national", réaction contre les carcans de l'académisme, volonté de rencontrer les exigences des nouvelles conditions de vie.

A Prague, vont se rencontrer deux tendances qui tantôt s'excluent, tantôt se conjuguent, tantôt se contredisent. La première, un goût pour les lignes courbes et les formes flexibles imitant celles de la nature, inspirées du *Jugendstil*, se manifeste d'abord dans les arts appliqués, puis, sous l'influence de ceux-ci, dans l'architecture : les façades d'édifices, souvent encore historicistes, s'agrémentent d'ornements (mosaïques, sgraffites, stucs, etc.) d'inspiration symboliste ou végétale et de ferronneries aux formes ondoyantes (voir, par exemple, l'ancien grand magasin Novák, H.10).

La seconde, sous l'influence viennoise — d'abord de la *Wagnerschüle* (de nombreux architectes tchèques vont étudier chez Otto WAGNER), puis de la Sécession déclenchée par Klimt, HOFFMANN et OLBRICH —, vise davantage à la stylisation, à l'épuration, voire à la rationalisation. Elle se manifeste dans des œuvres plus dépouillées, qu'on pourrait rapprocher de celles de MACKINTOSH et des architectes du mouvement *Arts & Crafts* anglais (voir, par exemple, la maison Peterka, H.6).

Deux œuvres voisines (et quasi contemporaines) de POLÍVKA offrent l'occasion de comparer ces deux tendances : la maison Topič (I.6), d'inspiration *Jugendstil*, et la compagnie d'assurances Praha (I.7), de caractère plus sécessionniste.

Certes, l'Art Nouveau s'avéra rapidement une impasse : somme toute, il ne fut finalement qu'un style de plus. Mais certaines de ses réalisations, celles de KOTĚRA (comme la maison Laichter, K.12) ou de NOVOTNÝ (comme la maison Štenc, B.13) par exemple, annoncent, par leur rationalisme, l'architecture moderne d'après-guerre. [📖 WITTLICH 1982 ; VLČEK 1986]

● Exemples : Gare centrale, H.17 ; grand hôtel *Evropa*, H.7 ; Maison de la Municipalité, A.2.

 (ornement de la façade du grand hôtel Evropa, *H.7)*

LE CUBISME ET LE RONDOCUBISME (1910 - 1925)

Le cubisme (1910 - 1914)

Exception faite de certaines tentatives françaises, la Tchécoslovaquie est le seul pays au monde où des réalisations architecturales cubistes se concrétisèrent. D'inspiration expressionniste (et en cela il se rattache aux autres manifestations de cette tendance ailleurs en Europe), le cubisme architectural voulait, selon Pavel JANÁK, son principal théoricien, atteindre à une dynamisation de la forme qui exprimât le triomphe de l'esprit sur la matière. Cette tentative ingénue de transposition à l'architecture des théories du cubisme pictural français aboutit paradoxalement à des résultats inverses : en effet, alors que celui-ci (en particulier dans sa phase analytique) procède à un rabattement sur la surface de la toile des différentes dimensions de l'espace, le cubisme architectural arrive, au contraire, à un éclatement de la forme par la manipulation spatiale des surfaces — principalement les façades —, décomposées en monumentales facettes inclinées. Le caractère exceptionnel du cubisme architectural ne devrait cependant pas dissimuler le fait que, d'une certaine manière, il s'inscrit dans la tradition architecturale de Bohême, héritant d'éléments stimulateurs du gothique tardif (les plissements des parois), du baroque (la plasticité aux jeux d'ombre et de lumière contrastés) ou de la Sécession (la tendance à la géométrisation et à l'abstraction ornementale). [BURKHARDT 1978, 1982 ; LAMAROVÁ 1978 ; MARGOLIUS 1979]

● Exemples : maison " A la Vierge noire ", A.7 ; immeuble à appartements, Vyšehrad, J.3.

 (synthèse des éléments des façades des immeubles B.17 et J.3)

Le rondocubisme (1920 - 1925)

La concentration des architectes sur les seules façades aboutit, après la Première Guerre mondiale, à un style académique national, appelé "rondocubisme", où les formes angulaires et prismatiques furent remplacées par des éléments courbes et cylindriques.

● Exemple : banque Legio, H.25.

 (élément évoquant la banque Legio, H.25)

STYLE PERSONNEL DE PLEČNIK (1920 - 1932)

Voir : Index des architectes, p. 352

 (éléments repris à la salle Plečnik, au Château, G.4)

LE CONSTRUCTIVISME (1923 - 1937)

L'influence du constructivisme soviétique pénètre à Prague à partir de 1922, d'abord par le biais des revues d'avant-garde publiées à l'ouest ; ce n'est que plus tard qu'on puisera directement aux sources soviétiques.
Stimulé par le caractère mathématique, pragmatique et technique de la civilisation moderne, le constructivisme bohémien se veut avant tout une méthode de travail, valable non seulement pour l'architecture mais aussi pour les arts appliqués (scénographie, typographie, affiches, photographie), en même temps qu'un instrument révolutionnaire visant à instaurer un ordre social plus juste. L'idéal marxiste, qui exalte le rôle du travail et de la technique, paraît justifier le constructivisme où sont soulignées la beauté de la machine et la fonction utilitaire de l'architecture. Accordant une importance capitale aux valeurs expressives de la *construction,* les architectes constructivistes considèrent que les seuls effets esthétiques possibles doivent découler des rapports des formes, des volumes, des espaces et des matériaux. Les exigences de fonctionnalité, d'économie, de normalisation, de typisation, de production en série, énoncées par les théoriciens du mouvement Karel Teige et Jaromír KREJCAR, rapprochent leur programme de celui formulé à peu près à la même époque par Hannes MEYER, le nouveau directeur du *Bauhaus,* ou les architectes soviétiques du groupe OSA dirigé par Moisej GINZBURG.

● Exemples : Palais des foires, L.16 ; administration des Entreprises de transport de la Ville, L.14.

 (synthèse d'éléments repris à la tour de Barrandov, N.7[b])

LE FONCTIONNALISME (1924 - 1937)

LE CORBUSIER, père putatif du fonctionnalisme, disait lui-même : « Qu'est-ce qu'une architecture qui ne serait pas fonctionnelle ? » Le fonctionnalisme est en effet « le type même du faux problème, tant il est vrai que l'adjectif '' fonctionnel '' ne saurait désigner la caractéristique de telle école du XXe siècle, mais bien la qualité première et nécessaire de toute architecture, quels que soient son style, son époque, son but » (B. Oudin). Rien ne saurait donc intellectuellement justifier la dénomination d'un mouvement qui repose sur une idée aussi simple (pour ne pas dire simpliste) que : « La forme suit la fonction. » Ce principe, déjà énoncé au XIXe siècle par VIOLLET-LE-DUC, repris par SULLIVAN, puis par WRIGHT et d'autres, devait devenir le leitmotiv de tous ceux qui entendaient combattre "l'art pour l'art" et l'esthétisme académique issu du XIXe siècle. Leur conviction que la nouvelle architecture devait être « l'inévitable produit logique des conditions intellectuelles et techniques de notre époque » les a conduits à rechercher des principes sur lesquels baser celle-ci.

Etablissement d'une unité entre forme et fonction d'une part, rétablissement de significations essentielles d'autre part, ont ainsi amené à une architecture aux propriétés formelles abstraites : volumes stéréométriques élémentaires (donc standardisables) aux surfaces nettes (souvent recouvertes d'enduit blanc), dépourvues de tout ornement qui ne serait pas issu de la fonction, aussi impondérables que possibles (d'où une recherche de la transparence : fenêtres en bande, balcons tubulaires, etc.) — dont le plan est "libre", c'est-à-dire indépendant d'une ossature régulière.

Il reste que pour déterminer les fonctions et leurs caractéristiques formelles, le fonctionnalisme, d'une part, les considéra isolément et, de l'autre, les réduisit à leurs seuls aspects mesurables. L'ornement, par exemple, possède souvent des fonctions spécifiques au sein d'une œuvre. Pour l'avoir méconnu, les adeptes du fonctionnalisme en arrivèrent un peu rapidement à réduire le champ de l'expression architecturale à des résolutions (apparemment) logiques de fonctions utilitaires et matérielles, par la juxtaposition mécanique de parties séparées.

On peut distinguer dans le fonctionnalisme deux tendances : l'une, d'esprit plus rationaliste, dont les maîtres sont LE CORBUSIER, GROPIUS et MIES van der ROHE ; l'autre, de caractère plus organique, en réaction d'ailleurs contre la première, dominée par les figures d'AALTO et de WRIGHT. A l'exception peut-être de leur précurseur Jan KOTĚRA, plus proche de ce dernier, les fonctionnalistes tchèques (LINHART, KYSELA, ŽÁK, HAVLÍČEK, STARÝ) ont été surtout influencés par les conceptions de LE CORBUSIER, qu'ils tentèrent d'ailleurs de concilier avec les idées constructivistes russes.

● Exemples : ancien Institut général des pensions, K.14 ; maison et atelier Linhart, L.27 ; galerie Mánes, I.12 ; maison Müller, M.13.

 (évocation des maisons du quartier Baba, L.29)

LE STYLE INTERNATIONAL (1957 -)

Le terme d'*International Style*, créé en 1932 à New York par le critique américain Henry Russell Hitchcock, a fini, en grande partie faute de mieux (le terme de "style" est en effet très discutable pour un concept qui en est la négation même), par désigner assez couramment la production architecturale devenue dominante à partir du deuxième quart du XXe siècle dans le monde non-communiste, et de plus en plus largement acceptée par la suite. Expression d'une forme de pensée niveleuse qui s'accorde mal avec les spécifités locales, ce "style" s'inscrit dans le droit fil du fonctionnalisme, qu'il prolonge, mais de manière réductrice.

Il se caractérise par une conception de l'architecture comme volume plutôt que comme masse (d'où l'apologie de l'angle droit et la forme parallélipipédique des édifices, soulignée par l'utilisation des toits-terrasses, et un emploi intensif du vitrage, notamment sous la forme de murs-rideaux), par un dessin ordonné par la cadence régulière plutôt que par un rythme nuancé, par la prohibition de toute décoration appliquée (d'où la nudité des façades).

Cette forme d'architecture fit à Prague une percée tardive, à laquelle n'est sans doute pas étrangère l'Exposition universelle de Bruxelles en 1958 (la première organisée après la guerre) qui offrit l'occasion d'une confrontation avec les réalisations architecturales du monde occidental.

● Exemples : Institut de chimie macromoléculaire, M.11 ; hôtel Intercontinental, B.20 ; Palais de la culture, J.2.

(fragment de la façade de l'hôtel Intercontinental, B.20)

LES NOUVELLES TENDANCES DE LA FIN DU XXe SIECLE (1970 -)

La production architecturale pragoise de ces dernières années semble s'améliorer de manière sensible. Les récentes restaurations impeccables de bâtiments anciens, notamment dans la Vieille-Ville, ont pu provoquer une prise de conscience de la valeur, économique aussi bien que culturelle, — et ce, non seulement pour la capitale de la Bohême, mais aussi pour toute l'Europe — du patrimoine architectural de Prague. La confrontation avec celui-ci, à laquelle ne peuvent se soustraire les architectes qui y construisent, n'est probablement pas sans rapport avec leur regain d'intérêt pour le *genius loci* si particulier de la ville. Une volonté semble en effet perceptible de retrouver dans l'architecture d'aujourd'hui les qualités plastiques et expressives qui ont fait la valeur de celle d'hier par l'exploration de nouvelles formes signifiantes, en exploitant les possibilités sculpturales non seulement du verre, de l'acier ou du béton, mais aussi de la pierre, et en échappant aussi bien à des évasions formalistes abstraites souvent agressives (qui ignorent la valeur de l'architecture ancienne) qu'aux tentations toujours réductrices d'une imitation servile (qui nie celle de l'actuelle). A cet égard, il semble que les architectes contemporains veuillent assumer pleinement l'héritage du modernisme de la meilleure période, celle des années 20 et 30, en reprenant à leur compte les valeurs sur lesquelles il reposait, notamment la volonté de s'affirmer résolument de son temps. Ainsi s'instaure, dans l'articulation de l'architecture nouvelle avec l'ancienne, un harmonieux dialogue, enrichissant pour toutes deux, qui est la marque de certaines réussites incontestables qui émergent de la production contemporaine.

- Exemples: immeuble-tour Motokov, N.6 ; nouveau Théâtre National, I.9 ; extension de la Gare centrale, H.17 ; grand magasin Máj. I.5 ; stade central de tennis, L.15.

(fragment de la façade en blocs de verre du nouveau Théâtre National, I.9)

Le Château de Prague (G)

CES FORMES ET COULEURS QUI FONT PRAGUE

UN PONT AU CARREFOUR DE L'EUROPE

En raison de sa situation géographique, Prague, "cœur de l'Europe", s'est toujours trouvée, tout au long de son histoire millénaire, au carrefour d'influences venues de toutes les régions du continent. C'est ainsi qu'on peut dire qu'elle fut à la fois la plus orientale des manifestations du Moyen Age roman et la plus occidentale de ses manifestations slaves. Foyer de réformes religieuses, elle fut la pointe méridionale du protestantisme en même temps que le sommet septentrional du "croissant baroque", après l'éclatante victoire de la Contre-Réforme. Au début de ce siècle encore, Prague fut le creuset où se rencontrèrent des avant-gardes artistiques occidentales (le purisme, le futurisme, le cubisme) et celles venues de Moscou (le constructivisme, le suprématisme).

UN SITE UNIQUE AU MONDE

Le principal élément qui confère à Prague son caractère exceptionnel est sa plastique fondamentale, dont il faut rechercher les racines dans les dispositions naturelles de son site. Le terrain où est née Prague est formé de collines entre lesquelles coule la Vltava, rivière brunâtre aux flots généreux, qui baigne çà et là quelques îlots de verdure. Entre les escarpements de la rive gauche et les douces ondulations de la rive droite, le contraste est saisissant, qu'enrichit encore l'émergence de points géographiques singuliers. Sur la rive gauche, deux éminences surplombent la Vltava : la colline de Petřín et, dominant la ville, l'altière silhouette du Château, qui émerge de l'immense couronne des jardins, des tours et des toits des maisons et palais qui se pressent à ses pieds au bord de rues étroites dévalant en cascade jusqu'à la

Représentation allégorique de la Vltava.
Sculpture de Václav Prachner,
mur d'enceinte du palais Clam-Gallas (A.18)

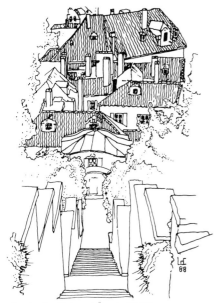

*Les jardins Kolovrat-Černín (E.13),
vus depuis la plate-forme de la Tour noire (G.VI)*

*Place de la Vieille-Ville (A.III):
plan avant 1940
[Source : LORENC 1982 : fig. 14d]*

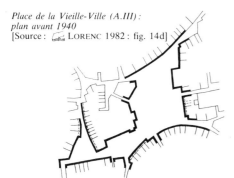

rivière. Sur la rive droite de la Vltava, nichée au creux de la boucle de celle-ci, au sol alluvionnaire, s'étalent la Vieille-Ville aux ruelles tortueuses et la Nouvelle-Ville, plus aérée, aux pentes douces qu'arrêtent, à l'est, la butte de Žižkov et, au sud, l'éperon rocheux de Vyšehrad.

Ce relief, qui oppose collines escarpées et plateaux, a, pour une large part, déterminé le plan de la ville, la disposition de ses places, l'orientation de ses rues, et jusqu'à l'emplacement de ses édifices. Contraints de tirer parti du modelé du terrain, les architectes qui ont œuvré à Prague ont en effet parfaitement réussi à en exploiter toutes les possibilités. C'est ainsi qu'ils ont accentué la plastique du site en la prolongeant, qu'ils ont utilisé les pentes des rues pour ménager des effets de surprise, comme dans un théâtre d'illusions, transformant de la sorte en œuvre d'art le paysage que la nature avait modelé. Du jeu subtil de ces deux forces, la nature et l'homme, de leur fructueuse interaction, est né un paysage urbain séduisant et varié. Harmonie unique au monde entre la ville et son site, qui fait de Prague une des plus belles villes européennes.

Pour mieux comprendre la signification phénoménologique de Prague, en tant que lieu exceptionnel d'implantation urbaine, et de ses architectures, on lira avec profit le chapitre que Christian NORBERG-SCHULZ consacre à cette ville dans *Genius loci*. [NORBERG-SCHULZ 1981:78-112]

LE NON-ALIGNEMENT DES PAROIS

Les maisons sont rarement alignées, parce que le tracé des rues et des places n'émane pas d'une géométrie arbitraire, mais résulte d'une adaptation aux inflexions du terrain. Echappant à tout alignement rectiligne systématique, les façades, ici, déroulent leur courbures en larges vagues ondulantes, là, se plissent en légères brisures, ailleurs, éclatent avec violence en une multitude de facettes.

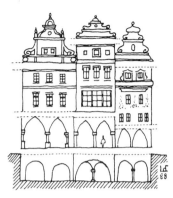

UNE CROISSANCE VERTICALE

Prague apparaît comme une dense forêt de pierre construite par les hommes en harmonie avec la nature. Enfouies dans le sol, ses racines sont romanes. Tels des troncs puissants, émergent du relief les galeries gothiques sur lesquelles s'appuient quelques étages Renaissance ou baroques. Du jeu de frontons baroques et rococo qui les couronnent, gracieuse frondaison, jaillissent les cimes de cent tours aux formes diversifiées. Tout Prague est ainsi marquée par la perpétuelle opposition entre le poids des soubassements et l'envol des volutes et des flèches. Les étapes de cette croissance sont particulièrement perceptibles à la place de la Vieille-Ville (A.III), au cœur de l'ancienne cité Saint-Gall (C.III) et à Pohořelec (F.VI).

LES DECOUPES SUR LE CIEL

Vue de loin, la ville est littéralement hérissée de tours, de beffrois, de dômes, de clochers. Couronnées soit de flèches aiguës flanquées de clochetons, soit de bulbes aux courbes contrariées, ces tours émergent de l'enchevêtrement des toitures rouges à versants planes ou courbes comme ceux des pagodes. Certains endroits de la ville offrent sur ses profils des points de vue privilégiés (A.IX, D.2, D.20, G.VI, H.4, L.I).

Maison *"Au puits d'or"* (A.16):
détail de la façade:
reliefs en stuc de Jan Ulrich Mayer, 1701

UNE VILLE SCULPTEE

A Prague, comme nulle part ailleurs, la sculpture est intégrée à l'architecture. Elle forme avec celle-ci une symbiose plastique dynamique qui anime les façades à front de rues, depuis les maisons les plus modestes de la Vieille-Ville jusqu'aux somptueux palais de Malá Strana. Portails (cf. E.7) et balcons

Portail de l'immeuble, Široka ul., 9.čp 96 (B.VI:9) (détail)

Pavlač de la maison "Au persil" (E.I:1)

Ancien hôtel de ville de Hradčany (F.IV:1)

(cf. E.8), tympans (cf. G.14[6]) et corniches (cf. J.3), frises (cf. H.25) et fronteaux (cf.H.3) sont modelés dans la masse même des façades, d'où émergent maintes allégories aux formes ondoyantes. Efforts héroïque de l'atlante qui ploie sous sa charge, figure éminemment baroque (cf. A.II:36, A.18, E.8, H.II:8) ; grâce de la femme, mystérieuse ou nostalgique, si admirablement glorifiée par les sculpteurs des années 1900 (cf. A.2, B.VI:9, B.21, H.6, H.17) : contrepoints empreints de puissance ou de tendresse qui, donnant vie à la pierre, infléchissent la ligne des façades en larges ondulations qui insufflent à la ville le rythme de sa respiration. [📖 PAVLÍK 1986 ; FERNANDEZ 1984]

LE *PAVLAČ*

Les maisons étaient traditionnellement organisées autour d'une cour intérieure, aux façades de laquelle étaient accrochés des balcons, dénommés *pavlač*, originellement en bois, en pierre par la suite. Quelques-unes de ces cours, appelées par extension *pavlač*, sont encore visibles aujourd'hui (A.II:11, C.2, C.10, E.I:1, notamment). Il ne faut pas hésiter à pousser une porte ou à emprunter une sombre galerie pour découvrir cet aspect plus secret de la ville.

COULEURS ET SGRAFFITES

Les murs de pierre sont recouverts d'un enduit à base de chaux sur lequel est appliquée une peinture, généralement de ton ocre clair — ce qui confère à l'ensemble de la ville son aspect doré. Certaines façades sont toutefois peintes en couleurs plus franches, comme celles de la rue Celetná (A.II) ou de la place de la Vieille-Ville (A.III), par exemple. D'autres sont ornées de

Palais Schwarzenberg-Lobkowicz (F.1) : détail de la façade

Cartouche de la maison "Aux trois petits violons" (E.IV:12)

sgrafffites à motifs figuratifs ou géométriques ; ainsi, la maison "A la minute" (A.8), l'ancien hôtel de ville de Hradčany (F.IV:1), le palais Schwarzenberg-Lobkowicz (F.1), l'ancien palais Martinic (F.3) ou la maison Wiehl (H.II:34). Les sgraffites sont des décorations murales en camaïeu obtenues par l'application, sur un fond de stuc sombre, d'un enduit clair que l'on gratte par hachures pour obtenir des dégradés et le dessin des ombres. Partout les couleurs des façades s'harmonisent admirablement avec celles des toitures et coupoles : rouge naturel des tuiles ou vert-de-gris du cuivre.

LES NOMS DES MAISONS

Les enseignes et cartouches qui surmontent bon nombre de portails facilitaient l'orientation avant la numérotation des maison effectuée à la fin du XVIIIe siècle, mais demeurèrent en usage même après cette date. Ils signalaient le métier, la situation sociale, voire le caractère du propriétaire de la maison. Inversement, certains acquéreurs adoptèrent comme patronyme le nom de leur maison. Les enseignes et cartouches pragois sont en pierre, en stuc, en fer, en bois, ou même simplement peints. On en trouve de nombreux dans les rues Celetná (A.II), Karlova (A.VII), Melantrichova (C.I[a]), Husova (C.VIII) et Nerudova (E.IV). Les plus célèbres se nomment "Aux deux ours d'or" (C.3), "Au renard bleu" (D.I[a]:1), "Aux trois petits violons" (E.IV:12), "A la clef d'or" (E.IV:27).

PETIT LEXIQUE ELEMENTAIRE D'ARCHITECTURE ET D'URBANISME

bašta	bastion	*palác*	palais		
brána	porte (de ville)	*patro*	étage		
chrám	église, temple	*pavlač*	cour intérieure		
divadlo	théâtre	*pod*	sous, en-dessous		
dům	maison	*potok*	ruisseau		
hlavní	principal, central	*práh*	seuil		
hrad	château	○ *Praha*	Prague		
klášter	couvent	*příkop*	fossé		
kostel	église	*přízemí*	rez-de-chaussée		
lávka	passerelle	*radnice*	hôtel de ville		
malý	petit	*sad*	parc		
○ *Malá Strana*	"petit côté", nom donné à la deuxième cité pragoise	*schody*	escalier		
		starý	vieux		
město	ville	○ *Staré Město*	Vieille-Ville		
most	pont	*svatý*	saint		
můstek	passerelle, petit pont	*trh*	marché		
muzeum	musée	*třída*	avenue		
na	sur	*u*	près de, à, chez		
nábřeží	quai	*ulice*	rue		
nádraží	gare	*ulička*	ruelle		
nádvoří	cour	*v*	à, dans, en		
náměstí	place	*Václav*	Venceslas		
národní	national	*věž*	tour		
nový	nouveau	*z*	de, par, dans, en		
○ *Nové Město*	Nouvelle-Ville	*zahrada*	jardin		
ostrov	île				

PRONONCIATION

La lettre se prononce comme dans :

á	â	**â**ne
c	ts	**ts**ar
č	tch	**tch**èque
ch	kh	Ba**ch**
d'	dy	**di**able
e	è	r**e**ste
é	ê	n**ei**ge
ě	ye	m**ie**tte
g	gh	**g**omme (toujours dur)
h	'h	**h**élas (toujours aspiré)
í	î	l**ie**
j	y	**y**acht
ň	gn	pa**gn**e
ó	ô	l**o**ge
q	kv	To**qu**eville
r	r	**r** (toujours roulé, comme dans le Midi)
ř	rch/rg/rij	o**r**ge
s	ss	a**ss**ez
š	ch	po**ch**e
t'	ty	**ti**ens
u	ou	f**ou**
ú/ů	oû	r**ou**ge
w	v	**v**alise
y	i	c**y**gne
ý	î	l**ie**
ž	j	**j**ournal

STARÉ MĚSTO (VIEILLE-VILLE) : PARCOURS A, B ET C

Première-née des cités de Prague, la vieille ville naît de la réunion, dès le milieu du Xe siècle, de petites communes dispersées le long de trois routes qui, du gué sur la Vltava, se dirigent, la première vers Vyšehrad, la deuxième vers la porte située près de l'actuelle Tour poudrière, la troisième vers Na Poříčí, où se trouvait un autre gué.

L'installation au Týn de la Cour princière de Bohême confère rapidement à la cité primitive une réputation de capitale. La création d'un marché de vente et d'échange en fait aussi une ville commerçante qui, déjà vantée par le marchand arabe Ibrahim-Ibn-Jacob dans son récit de voyage vers 965, verra sa vocation définitivement confirmée à la fin du XIe siècle par l'installation permanente à Poříčí d'une importante colonie de marchands allemands.

Au cours des XIIe et XIIIe siècles, l'urbanisation médiévale prend son essor sur la rive droite de la Vltava, principalement entre le marché et la rivière. Les maisons de pierre se groupent le long de rues, structurellement organisées en voies principales et secondaires, qui épousent la forme du sol et s'incurvent naturellement pour emprunter les anciennes voies de communication. Pour assurer sa sécurité, la ville s'entoure d'une enceinte fortifiée ponctuée de portes. A cette époque, les rez-de-chaussée des maisons, situés à environ trois mètres sous le niveau de la Vltava, étaient fréquemment inondés lors des crues de la rivière. Aussi entreprit-on, à la fin du XIIIe siècle, d'importants travaux de remblayage des rues afin de surélever toute la vieille ville de trois mètres, mais sans toucher aux constructions, ce qui transforma les anciens rez-de-chaussée romans en caves des nouvelles maisons gothiques. Plusieurs de ces caves sont aujourd'hui affectées à des cabarets et brasseries.

Au XIVe siècle, la vieille cité se voit dotée d'un hôtel de ville ; une université (le Carolinum) y est créée, la première et la plus importante d'Europe centrale ; l'ancien évêché est élevé au rang d'archevêché. Ces institutions inaugurent une période faste qui connaîtra son apogée pendant tout le XVIe siècle, avec le mouvement hussite, puis sous l'impulsion de Rodolphe II. En 1621, après la défaite de la Montagne Blanche, la vieille ville perd petit à petit de son importance, jusqu'à son rattachement administratif en 1784 aux trois autres cités, Malá Strana, Hradčany et Nové Město.

Les assainissements, démolitions et reconstructions qui ont quelque peu modifié l'aspect de la vieille ville pendant les XIXe et XXe siècles n'ont toutefois pas détruit son caractère médiéval.

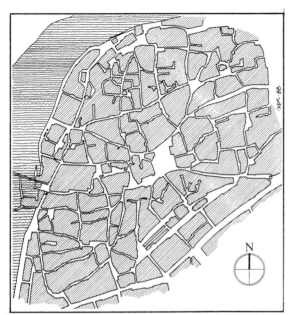

Plan de la Vieille-Ville
dans la 1ʳᵉ moitié du XIVᵉ siècle
[D'après : 📖 MENCL 1969 : 28]

A.1
*Tour poudrière :
élévation est,
vers la place de la République ;
plan du rez-de-chaussée*
[Source : 📖 LORENC 1982 : fig. 53 A,D]

PARCOURS A

STARÉ MĚSTO (VIEILLE-VILLE) - CENTRE
La Voie royale des princes de Bohême, de la Tour poudrière à la Tour du Pont Charles

Promenade pédestre à partir de la place de la République jusqu'au Pont Charles, en passant par les rues Celetná et Karlova, lesquelles formaient jadis le premier tronçon de la Voie royale empruntée par les princes de Bohême lorsqu'ils se rendaient en cortège de la Tour poudrière jusqu'au Château pour s'y faire couronner. Ces deux rues étroites s'articulent autour d'une grand-place (*Staroměstské náměstí*), véritable cœur de l'ancienne cité. Une série de rues et ruelles secondaires, greffées sur ce parcours, forment le tissu urbain médiéval dont le caractère est resté globalement inchangé jusqu'à nos jours.

A.I	NÁMĚSTÍ REPUBLIKY (PLACE DE LA REPUBLIQUE)		

A.1	Tour poudrière *(Prašná brána)* náměstí Republiky	1475-89 ; 1875-86	Matěj REJSEK ; restaur. et achèv. : Josef MOCKER	★★

La tour est une construction édifiée en l'honneur de Vladislav II Jagellon sur l'emplacement d'une des treize portes de la première enceinte fortifiée du XIIIe siècle. Sa signification triomphale au départ de la Voie royale vers le Château se perpétua tout au long du règne des souverains de Bohême ; mais lorsque Prague tomba sous la domination autrichienne et que les Habsbourg se fixèrent définitivement au Château, la tour fut abandonnée et servit même de dépôt de poudre à canon — d'où son nom. Gravement endommagée pendant le siège prussien de 1737, elle resta à l'état de ruine jusqu'à la fin du XIXe siècle. C'est en effet entre 1875 et 1886 que Josef MOCKER entreprit sa restauration et son achèvement en appliquant sur les façades un décor flamboyant pseudo-gothique.

 Du haut des 65 m de la tour, vue rapprochée des toits et ruelles de la Vieille-Ville, qui permet de saisir la morphologie urbaine.

A.2
Maison de la Municipalité

A.2
*Maison de la Municipalité :
salle Smetana*

A.3
Maison U hybernů
[Gravure de Vincenc MORSTADT, 1847]

A.2	Maison de la Municipalité *(Obecní dům)*	1903-11	Antonín BALŠÁNEK, Osvald POLÍVKA, Josef CHOCHOL	★★★★ ★★★★
	náměstí Republiky, ... čp 1090			

Installé sur l'emplacement de l'ancienne Cour royale des souverains de Bohême, cet édifice est un témoignage prestigieux de l'Art nouveau, ou Jugendstill, influencé par l'esprit de la Sécession. Ses deux grandes ailes s'articulent à partir d'une rotonde d'angle ouverte sur une entrée monumentale que décore une mosaïque allégorique de Karel Špillar. Cette ancienne maison communale est aujourd'hui affectée à des activités sociales et culturelles.

La grande salle de réunion, conçue par CHOCHOL en 1911, est une application rationnelle des idées modernistes d'Otto WAGNER. Quant à la **salle Smetana** (★★★), actuelle salle de concert de la Philharmonie tchèque, elle est surtout remarquable pour sa grande verrière elliptique ; celle-ci occupe la partie centrale d'une coupole surbaissée qui repose sur des pendentifs raccordés aux murs par un ample jeu de nervures courbes. La salle du Maire, le petit salon Rieger, les salles Palacký et Grégr, ainsi que le **restaurant** (★) et le **café** (★★) du rez-de-chaussée méritent également une visite. Toutes ces salles ont été décorées par les artistes les plus représentatifs de l'école tchèque du début de ce siècle, dont Mucha, Novák, Šaloun, Švabinský, Preisler, Aleš, Obrovský et Ženíšek.

A.3	Maison *U hybernů*	1810	Georg FISCHER	★
	náměstí Republiky, 4. čp 1037			

Construit sur l'emplacement de l'ancienne église conventuelle des moines hyberniens (franciscains d'origine irlandaise), ce bureau de douane, actuellement transformé en musée, pour lequel l'architecte s'inspira de l'ancien Hôtel des monnaies de Berlin, est un des exemples les plus importants de l'architecture de style Empire à Prague. Par sa masse et l'échelle de ses éléments architectoniques, il contraste violemment avec l'humble couvent qui le jouxte, construit entre 1652 et 1659.

| A.4 | Interhotel Paříž. Très belle construction néo-gothique. U Obecního domu, 1. čp 1080. | | | ★ ★ |

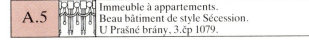

| A.5 | Immeuble à appartements. Beau bâtiment de style Sécession. U Prašné brány, 3. čp 1079. | | | |

A.6
*Immeuble,
U Prašné brány, 1.čp 1078*

A.II : 31
Palais Pachta

*Maison,
Celetná ul., 27.čp 589/I :
plan du rez-de-chaussée*
[D'après : Jaroslav HEROUT,
Jak poznávat kulturní památky,
Prague : Mladá fronta, 1986, p. 107]

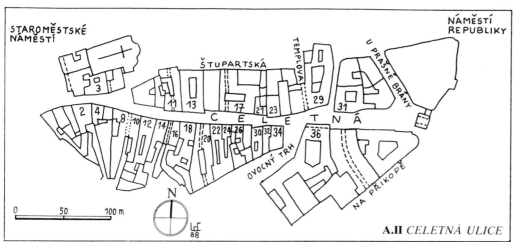

A.II *CELETNÁ ULICE*

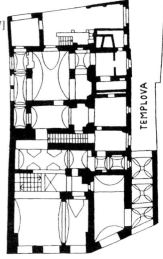

| A.6 | Immeuble à appartements de style Sécession. – Arch. Bedřich BENDELMAYER (1903-04). Bel escalier intérieur sur plan semi-circulaire, éclairé par un lanterneau. U Prašné brány, 1.čp 1078. | ★★ ★★ |

A.II CELETNÁ ULICE ★★★

Cette importante voie de communication entre la Tour poudrière et la Grand-Place constitue le premier tronçon de la " Voie royale ". Elle est bordée de maisons gothiques qui, pour la plupart, ont été remaniées à l'époque baroque. Les numéros des maisons sont donnés dans le sens proposé de la visite.

- 31.čp 585. — Palais construit en 1750 par K.I. DIENZENHOFER pour le Maître monnayeur Pachta de Rájov (★).
- 29.čp 588. — Maison " A l'ange d'or " *(dům U zlatého anděla)*, de style Empire, datant du début du XIXe siècle.
- 36.čp 587. — Ancien palais Pachta. — De style baroque tardif, construit en 1759. Il sert actuellement de palais de Justice.
- 34.čp 569. — Maison " A la Vierge noire " *(dům U černé Matky boží)* (commentaire en A.7).
- 23.čp 592. — Maison " Chez Salomon " *(dům U Šalamouna)*. — Belle façade baroque ondulée (★★) au portail orné d'une belle sculpture baroque représentant une Vierge à l'Enfant.
- 30.čp 567. — Maison *U české orlice.* Arch. F. OHMANN (1897). — Façade éclectique (cf. commentaire en C.7).
- 32.čp 566. — Façade baroque.
- 21.čp 593. — Maison " A l'aigle rouge " *(dům U červeného orla).*
- 17.čp 495. — Maison Šramek-Menhart. — Construction baroque de 1700 sur une structure gothique et Renaissance, avec belle cour intérieure.
- 26.čp 565 et 24.čp 564. — Façades baroques.
- 22.čp 563. — Restaurant " Au vautour " *(restaurace U Supa).* — Ancienne maison gothique remaniée dans le style baroque (★★).
- 20.čp 562 et 18.čp 561. — Façades baroques.
- 13.čp 597. — Ancien palais Millesimo. — Maison baroque avec beau portail et vestiges romans. C'était au XIXe siècle le casino de la noblesse pragoise.
- 11.čp 598. — Cabaret " Au cerf d'or " *(U zlatého jelena).* — Une des premières maisons en pierre à Prague, datant du XIIIe siècle. Beau *pavlač* baroque (★).
- 16.čp 560. — Façade de style Empire.

A.7
Maison "A la Vierge noire"

A.II : 2
Maison Sixt :
façade
[Dessin de l'arch. Jan TUPÝ]

A.7
Maison "A la Vierge noire" :
entrée principale

A.7
Maison "A la Vierge noire" :
élévation sur Ovocný trh
[Source : MARGOLIUS 1979 : 58]

■ 14.čp 559 et 10.čp 557. — Façades baroques et rococo.

■ 12.čp 558. — Ancien palais Hrzán (★), construit en 1702 sur un projet de G.B. ALLIPRANDI. — Un des plus élégants palais baroques de la rue Celetná, construit sur les restes d'une ancienne maison romane.

■ 8.čp 556. — Maison "Au soleil noir" *(dům U černého slunce)*. — Maison gothique remaniée dans le style baroque avec cartouche rococo.

■ 4.čp 554. — Façade de style éclectique.

■ 3.čp 602. — Maison "Aux trois rois" *(dům U tří Králů)*. — Remarquables pignons à toits gothiques du XIVe siècle.

■ 2.čp 553. — Maison Sixt, ancienne propriété des seigneurs Sixt d'Ottersdorf. — Structures romanes avec parties gothiques. Remaniements et façade datant de 1725.

A.7		Maison "A la Vierge noire"	1911-1912	Josef GOČÁR	★★★
		Celetná ulice, 34.čp 569 # Ovocný trh, 19.čp 569			

Cette grande maison d'angle, à la façade brisée, est un des chefs-d'œuvre, non seulement de GOČÁR, mais du cubisme tchèque en général. Elle se caractérise par le jeu puissant des volumes fortement marqués par deux corniches, l'une qui souligne le troisième niveau, l'autre, largement débordante, qui supporte deux niveaux de mansardes. Les lucarnes de forme polyédrique, les larges vitrages à châssis prismatiques, l'entrée principale, et le traitement architectonique de ses pilastres qui paraissent soutenir le balcon, sont typiques du vocabulaire cubiste.

A l'intérieur, le départ de l'escalier et les garde-corps en treillis rappellent le grillage de la porte d'entrée.

A.III	STAROMĚSTSKÉ NÁMĚSTÍ (PLACE DE LA VIEILLE-VILLE)	★★★★

Lieu historique de toute première importance et centre de la vie politique. Aux XIe et XIIe siècles, la place, située au carrefour de routes commerciales, était le plus important marché de la ville. Au cours des siècles suivants, elle fut le théâtre d'événements illustres, notamment :

— l'exécution en 1422 de Jan Želivský, prêtre hussite révolutionnaire,

— l'élection en 1458 de Georges de Poděbrady, roi de Bohême,

— l'exécution en 1621 de 27 seigneurs et gentilhommes tchèques révoltés contre les Habsbourg (symbolisée par 27 croix figurées dans la mosaïque du trottoir devant la façade est de l'hôtel de ville),

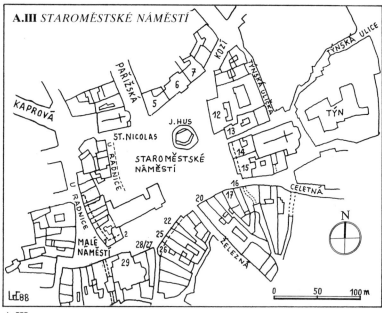

A.III
Staroměstské náměstí

A.III
Monument à Jan Hus

A.III
Place de la Vieille-Ville : côté est

A.III
Place de la Vieille-Ville : plan avant 1940
[Source : LORENC 1982 : fig. 14d]

A.III
La place de la Vieille-Ville, avec l'église du Týn (A.13)
[Lithographie de Samuel PROUT, 1820]

— la libération de Prague par l'armée soviétique en 1945,
— le rassemblement populaire de 1948 marqué par le discours de Klement Gottwald.

Au centre de la place, se dresse le **monument à Jan Hus** (★), œuvre du sculpteur Ladislav Šaloun (1915).

La place a la forme d'une vaste scène aux parois convexes, divisée en deux parties par l'hôtel de ville qui en occupe le centre. Elle est dominée à l'ouest par le beffroi et à l'est par les tours jumelles de l'église du Týn auxquelles répondent, au nord, celles de l'église Saint-Nicolas. Les maisons qui bordent la place ne sont pas alignées de façon systématique, mais forment au contraire une succession variée d'événements scénographiques qui animent l'espace en tous points. Edifiées sur des arcades, aux racines profondément enfouies dans le sol, qui supportent l'étage noble, plusieurs demeures de la place et des rues avoisinantes dressent fièrement vers le ciel l'élan de leurs pignons ouvragés qui s'y découpent.

COTE OUEST

■ 2.čp 3. — Maison "A la minute" (commentaire en A.8).
■ Hôtel de ville de la Vieille-Ville (commentaire en A.9).
■ ...čp 19,20,21 et 22. — Actuellement visibles de la place, les façades de ces maisons — sises ulice U Radnice (cf. A.VI) — ne le seront plus lorsque le projet d'extension de l'hôtel de ville sera réalisé.

COTE NORD

■ Eglise Saint-Nicolas (commentaitre en A.10).
■ 5.čp 934/6.čp 932. — Ministère du Commerce intérieur. — Ensemble néo-baroque sur l'emplacement d'anciennes maisons baroques démolies à la fin du XIXe siècle.
■ 7.čp 930. — Ancien couvent paulinien de style baroque (★). Arch. Giovanni Domenico CANEVALE (1684).

COTE EST

■ 12.čp 606. — Ancien palais Golz-Kinský (commentaire en A.11).
■ 13.čp 605. — Maison "A la cloche" (*dům U zvonu*). — Façade gothique. A l'intérieur, petite chapelle et peintures murales du XIVe siècle.
■ 14.čp 604. — Ecole du Týn (commentaire en A.12).
■ Eglise Notre-Dame-du-Týn (commentaire en A.13).
■ 15.čp 603. — Maison "A la licorne blanche" (*dům U bílého jednorožce*). — Maison de style classique construite sur rez-de-chaussée gothique avec arcades à voûtes nervurées. En sous-sol, remarquable salle romane de la fin du XIIe siècle.

A.8
Maison "A la minute"

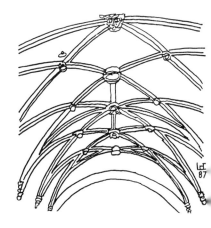

A.III : 20
Maison "A la licorne d'or" :
voûte du vestibule d'entrée

A.III : 20
Maison "A la licorne d'or" :
cave romane : plan
[Source : MENCL 1969 : 34]

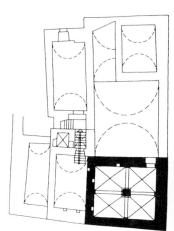

COTE SUD

- **16.čp 552.** — Maison Štorch néo-gothique. Arch. Friedrich OHMANN (1896-97). — Façade revêtue de sgraffites de Mikoláš Aleš.
- **17.čp 551.** — Maison " Au petit mouton de pierre " *(dům U kamenného beránka)*. — Portail et pignon Renaissance.
- **20.čp 548.** — Maison " A la licorne d'or " *(dům U zlatého jednorožce)* (★). — Façade baroque du XVIIIe siècle avec portail gothique. En sous-sol, cave romane du XIIIe siècle. De style gothique tardif, la voûte du vestibule d'entrée est une œuvre de Matěj REJSEK (1496). Cette maison devint en 1848 une école de musique dirigée par Bedřich Smetana.
- **22.čp 481.** — Maison baroque sur rez-de-chaussée gothique.
- **25.čp 479.** — Maison " A l'étoile bleue " *(dům U modré hvězdy)*, de style baroque sur cave romane.
- **26.čp 478.** — Maison Štěpán. — Façade baroque sur rez-de-chaussée gothique à arcades. Portail gothique et pignons Renaissance. En sous-sol, plusieurs caves romanes.
- **27.čp 461/28.čp 462.** — Ancien couvent des servites, fermé sous Joseph II. Portail Renaissance de la première moitié du XVIIe siècle. (Cf. aussi C.1.)
- **29.čp 460.** — Maison " A l'ange d'or " *(dům U zlatého anděla)*. — Maison gothique avec façade du XVIIIe siècle ornée à son angle d'une statue de saint Florian par Ignác Platzer.

A.8	Maison "A la minute" (*dům U minuty*)	1603-11		★★
	Staroměstské náměstí, 2.čp 3			

Cette maison gothique, entièrement remaniée à la Renaissance, est l'ancienne pharmacie de la ville. La façade est richement décorée de sgraffites du XVIIe siècle qui représentent des scènes bibliques et mythologiques d'inspiration allemande et italienne ; c'est l'un des plus beaux exemples à Prague de ce genre d'ornementation.

A.9	Hôtel de ville de la Vieille-Ville	XIVe...XIX^{e}s.	Anonymes ; REJSEK (attr.) ; BRAUN	★
	Staroměstské náměstí			

Ensemble de plusieurs immeubles acquis au cours des siècles par la Municipalité :

- [1] la maison d'angle de style gothique, achetée en 1338 à Wolflin de Kámen pour en faire la première mairie ;
- [2] la tour de défense, construite en 1364, laquelle est aussi un beffroi qui se verra ultérieurement doté d'une grande horloge publique ;

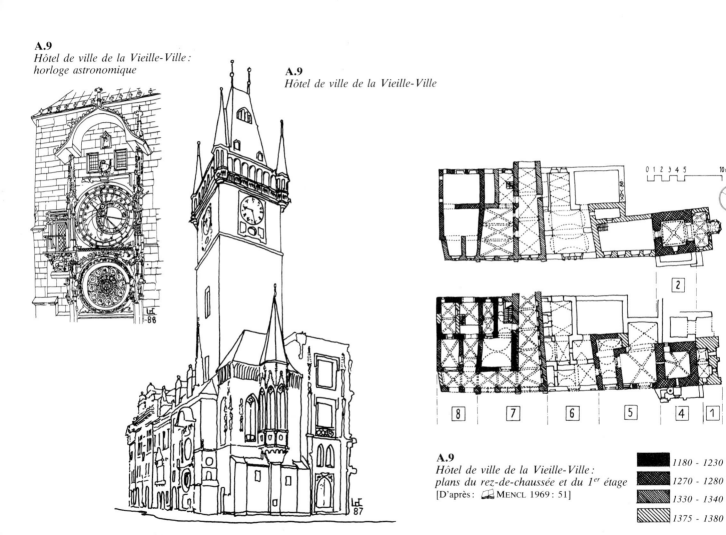

A.9
*Hôtel de ville de la Vieille-Ville :
horloge astronomique*

A.9
Hôtel de ville de la Vieille-Ville

A.9
*Hôtel de ville de la Vieille-Ville :
plans du rez-de-chaussée et du 1er étage*
[D'après : Mencl 1969 : 51]

1180 - 1230
1270 - 1280
1330 - 1340
1375 - 1380

- [3] la chapelle, dont l'oriel déborde de la facade de la maison Kámen à laquelle elle fut incorporée en 1381 ;
- [4] l'avant-corps construit au début du XVe siècle sur la face sud de la tour pour y installer la célèbre horloge astronomique ;
- [5] le portail gothique, datant de 1470-80 et attribué à REJSEK, qui constitue l'entrée principale de l'hôtel de ville ;
- [6] la maison Kříž, avec une remarquable fenêtre Renaissance (★) de 1520 qui porte l'inscription « *Praga caput regni* » ;
- [7] la maison du pelletier Mikkeš, édifiée en 1458 et reconstruite en 1878 en style néo-Renaissance par l'architecte BRAUN ;
- [8] la maison gothique "Au coq" *(dům U kohouta)*, dont la façade a été remaniée en 1830 dans le style Empire.

■ L'**horloge astronomique** (★★★) constitue un élément urbain important. Située au niveau du trottoir, elle se trouve ainsi parfaitement intégrée à la vie des citadins. Ele fut construite en 1410 par le maître horloger Mikuláš de Kadaň. Grâce aux perfectionnements apportés entre 1552 et 1557 par Jan Táborský ainsi qu'aux multiples réparations effectuées au cours des siècles, le mécanisme d'origine continue de fonctionner depuis plus de 500 ans. L'ouvrage se compose de trois parties : dans le haut, le jeu des apôtres et des allégories ; au milieu, l'horloge proprement dite qui donne, outre l'heure sur un cadran de 24 heures, les mouvements de la lune et du soleil ; dans la partie inférieure, le calendrier des saints et les signes du zodiaque.

L'intérieur de l'hôtel de ville comprend entre autres :
- ■ le vestibule avec sa voûte gothique ornée d'une mosaïque, réalisée en 1937 d'après les cartons de Mikoláš Aleš, représentant la légende de la princesse Libuše (cf. J.I),
- ■ la vieille salle du Conseil (1470),
- ■ la grande salle des Séances au décor architectural rigide agrémenté de deux vastes toiles de Brožík, *Jan Hus au Concile de Constance* et *L'élection de Georges de Poděbrady, roi de Bohême,*
- ■ la salle Georges de style gothique.

 Du haut de la tour, vue rapprochée des quartiers qui jouxtent la place (★★).

A.10	Eglise Saint-Nicolas de la Vieille-Ville	1732-37	Kilián Ignác DIENZENHOFER	★★★★
	Staroměstské náměstí			★★★

Le plan de cette église baroque combine la centralité, dominante, de la coupole octogonale, que supportent quatre paires de piliers, avec la longitudinalité de la nef, dont l'axe est orienté parallèlement à la façade sur la place. Cette monumentale façade

A.10
Eglise Saint-Nicolas de la Vieille-Ville

A.11
Palais Golz-Kinský

A.12
Ecole du Týn: façade

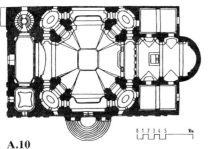

A.10
Eglise Saint-Nicolas de la Vieille-Ville: plan
[Source: MENCL 1969 : 153]

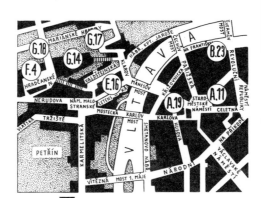

tripartite rappelle la disposition adoptée par BORROMINI pour Sainte-Agnès à Rome. Mais l'esprit en est tout différent. Phénomène en effet typique, et de Prague, et de Kilián Ignác DIENZENHOFER, la libération des formes progresse au fur et à mesure que l'édifice s'élève : sur le soubassement continu repose l'étage principal, divisé en trois, duquel se dégagent les tours et le puissant tambour de la coupole, couronnés par les clochetons et la lanterne qui affirment haut sur le ciel leur autonomie enfin conquise. Elan vertical que renforce encore le jeu subtil des moulures ; les parois sont en effet traitées avec vigueur et clarté jusque dans les moindres détails, lesquels sont en outre parfaitement proportionnés à l'ensemble.

A.11		Palais Golz-Kinský	1755-65	conception : Kilián I. DIENZENHOFER, réalisation : Anselmo LURAGO	★★★
		Staroměstské náměstí, 12. čp 606			

Un des plus beaux palais rococo de la ville, bâti sur les caves de quelques maisons romanes. Implanté en saillie sur la place, l'édifice interrompt brutalement la continuité du rythme des maisons. Cette situation inspira à l'architecte la composition dédoublée de la façade qui présente deux entrées monumentales auxquelles répondent les deux frontons au niveau de la corniche. La partie centrale perd ainsi de sa force et la composition se fragmente en cinq parties selon un rythme proche de celui des autres maisons de la place. L'unification des cinq éléments est résolue par le grand balcon qui raccorde les deux impostes des entrées, par la balustrade-acrotère qui relie les deux frontons, ainsi que par les vigoureux reliefs au-dessus des fenêtres qui forment presque une frise continue.

 Le palais abrite aujourd'hui une partie des collections graphiques de la Galerie Nationale.

A.12		Ecole du Týn	XIVᵉ-XVIᵉ s.		★
		Staroměstské náměstí, 14. čp 604			

Situé en bordure de la Grand-Place, cet édifice se distingue par la pureté de ses lignes. Ses dimensions et sa modénature contrastent avec la masse et l'échelle colossale de l'église Notre-Dame qui se dresse à l'arrière-plan. Le rez-de-chaussée gothique, fait d'arcades et de voûtes en ogives, date du XIVᵉ siècle. La façade Renaissance du XVIᵉ siècle est couronnée de pignons à gradins qui évoquent avec modestie et simplicité ceux de la *Scuola grande di San Marco* à Venise.

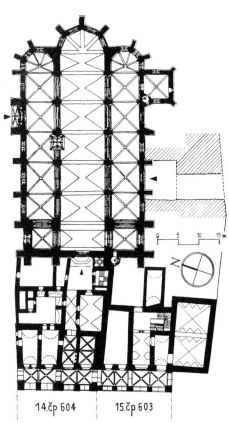

A.IV[b] : 6
Maison *"A la bague d'or"* :
plan du rez-de-chaussée
[Source : 📖 MENCL 1969 : 90]

A.13 ; A.14
Eglise et cour du Týn,
vues depuis la tour de l'église Saint-Jacques (A.15)

A.12 ; A.13 ; A.III : 15
Ecole et église du Týn ;
maison *"A la licorne blanche"* :
plan des rez-de-chaussée
[D'après : 📖 MENCL 1969 : 59, 76]

A.13
Eglise Notre-Dame-du-Týn :
élévation sur la place de la Vieille-Ville.
A l'avant-plan, l'école du Týn (A.12)
et la maison *"A la licorne blanche"* (A.III :15)

A.13	Eglise Notre-Dame-du-Týn	1365…1689	Anonyme ; Peter PARLER ; Matěj REJSEK	★★
	(Staroměstské náměstí), Týnská ulička et Celetná ulice.			

Cette grande église à trois vaisseaux, de style gothique rayonnant, fait partie du panorama du front est de la place de la Vieille-Ville. Ses deux flèches flanquées de clochetons culminent en faisceaux hérissés, à 80 m de haut. Le portail principal est masqué par les maisons de la place tandis que celui du nord est accessible par la ruelle du Týn (cf. A.IV[a]). Ce dernier est orné d'un beau tympan de l'atelier de Peter PARLER (1390), qui représente les souffrances du Christ.

A l'intérieur :
- nef principale couverte d'une voûte baroque construite après l'incendie de 1689,
- baldaquin gothique en pierre par Matěj REJSEK,
- tombeau de l'astronome Tycho Brahé,
- fonts baptismaux en étain (1414),
- chaire, madone, calvaire et retables gothiques,
- plusieurs tableaux, autel et orgue baroques.

A.IV TÝNSKÁ ULIČKA ET TÝNSKÁ ULICE

Deux des plus anciennes rues de la Prague primitive.

[a] Týnská ulička
- 2.čp… — Maison "Au cerf noir" *(dům U černého jelena)*. — Maison néo-gothique sur cave romane voûtée.
- 10.čp 611. — Très beau portail baroque avec blason portant trois plumes.
- Au bout de la rue, portail nord de l'église Notre-Dame-du-Týn (cf. A.13).

[b] Týnská ulice
- 6.čp 627 — Maison "A la bague d'or" *(dům U zlatého prstenu)*. — Maison gothique reconstruite à la Renaissance.
- 7.čp… — Maison gothique remaniée dans le goût baroque.

A.14
Cour du Týn :
maison Granovský

A.15
Eglise Saint-Jacques :
tombeau de Jan Vratislav de Mitrovice
[Gravure de l'arch. Johann Bernhard FISCHER VON ERLACH, 1721]

A.15
Eglise Saint-Jacques :
vue intérieure

A.14	Le Týn	XIᵉs. ; 1560		★
	Týnská ulička # ulice Malá Štupartská			

Le mot *Týn* signifie "enclos" ou "cour fermée". Du XIᵉ au XVIIIᵉ siècle, cette cour clôturée et percée de deux portes était le lieu de rendez-vous des marchands. Non seulement on y stockait et vendait des marchandises, mais on y percevait aussi les droits de douane. En outre, de nombreux artisans y fabriquaient des objets d'art inspirés des traditions locales.

Le plan et la forme de la cour sont d'origine. L'immeuble le plus remarquable de cet ensemble est la **maison Granovský** de style Renaissance (1560), conçue comme un palais italien, agrémentée d'une loggia ouverte au premier étage et ornée de peintures en clair-obscur qui représentent des scènes bibliques et mythologiques.

A.15	Eglise Saint-Jacques	1689-1702		★★★
	ulice Malá Štupartská	Jan Šimon PÁNEK		

Cette imposante église fondée en 1232 jouxtait le couvent des frères mineurs construit à la même époque. Elle fut entièrement remaniée par PÁNEK dans le style baroque. Tout contribue à donner à l'édifice un caractère élancé : la hauteur de la nef, sa longueur inaccoutumée, la douceur de la lumière nimbant le plafond décoré de fresques de František Maxmilián Voget, l'occupation par le chœur de plus du tiers de l'espace total ; le jeu des tribunes qui s'y dédoublent accentue encore la verticalité de cet édifice là où il est le plus étroit.

L'église contient de nombreuses œuvres d'art, parmi lesquelles on admirera plus particulièrement :
■ les tableaux d'autel de Petr Brandl,
■ le tableau du maître-autel par V.V. Reiner,
■ le tombeau de Jan Vrastislav de Mitrovice (1714) (★★★), le plus beau de la ville, chef-d'œuvre dû à la collaboration de l'architecte Johann Bernard FISCHER von ERLACH avec le sculpteur Ferdinand Maxmilián Brokof.

A.V	MALÉ NÁMĚSTÍ (PETITE PLACE)	★★

Lieu séduisant par son intimité et son calme, cette petite place triangulaire, d'origine romane, fait suite à la Grand-Place à

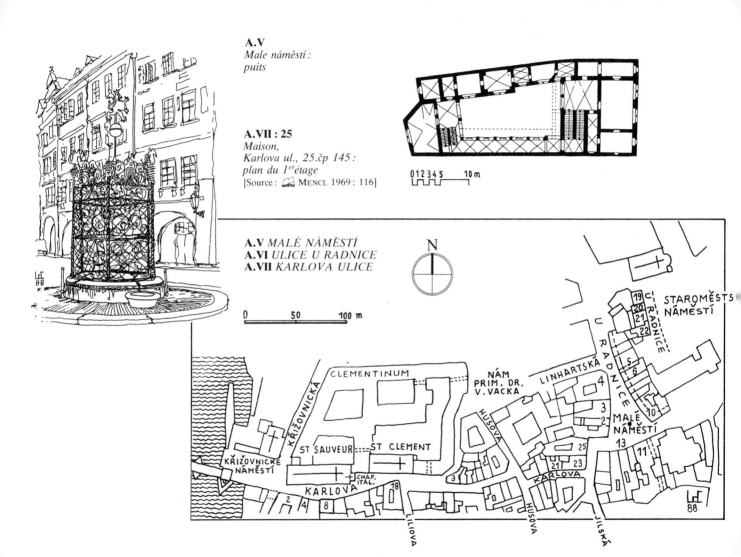

A.V
*Male náměstí :
puits*

A.VII : 25
*Maison,
Karlova ul., 25.čp 145 :
plan du 1er étage*
[Source : 📖 MENCL 1969 : 116]

A.V *MALÉ NÁMĚSTÍ*
A.VI *ULICE U RADNICE*
A.VII *KARLOVA ULICE*

laquelle elle est historiquement rattachée. Les maisons aux portails profilés en pierre sont gothiques, celles recouvertes de sgraffites datent de la Renaissance.

- ■ Au centre de la place, puits public entouré d'une belle grille en fer forgé de style Renaissance (1560) (★★).
- ■ 4.čp 138. — Maison néo-Renaissance.
- ■ 3.čp 142. — Maison " Aux trois roses blanches " *(dům U tří bílých růží)*. — Construction néo-Renaissance de la fin du XIXe siècle, remarquable par sa façade ornée de sgraffites figuratifs polychromes exécutés d'après les cartons de Mikoláš Aleš (1896). En sous-sol, ancien rez-de-chaussée à deux nefs d'une maison romane.
- ■ 2.čp 143. — Jolie maison baroque.
- ■ 13.čp 457. — Belle maison baroque (★) avec vitrine de magasin bien intégrée au style de la construction.
- ■ 11.čp 459. — Maison Richter. — Reconstruction rococo du XVIIIe siècle sur l'emplacement de deux maisons gothiques. Intéressant portail néo-classique supportant un balcon à balustrade en fer forgé.
- ■ 10.čp 4. — Maison baroque avec jolie tourelle d'angle hexagonale.
- ■ 6.čp 8.I et 5.čp 9. — Maisons baroques.

A.VI ULICE U RADNICE ★

Ruelle en épingle à cheveux qui relie Malé náměstí à la Grand-Place.

- ■ ...čp 19, 20, 21 et 22. — Ensemble de maisons ayant fait l'objet d'une récente réhabilitation (cf. A.III).

A.VII KARLOVA ULICE

Voie de communication médiévale, deuxième tronçon de la Voie royale reliant la place de la Vieille-Ville au Pont Charles. Les maisons qui la bordent sont d'origine gothique et baroque.

- ■ 25.čp 145. — Maison baroque.
- ■ 23.čp 146. — Belle façade rococo dont le rez-de-chaussée est exceptionnellement resté intact.
- ■ 21.čp 149. — Jolie maison baroque avec façade rythmée par quatre paires de grandes fenêtres que soulignent quatre larmiers. Cette partition binaire s'oppose à celle, ternaire, de l'attique composé de trois pignons.

A.17
Chapelle dite "italienne":
plan
[D'après: *Praga. Le forme della città*
(cat. expo. Rome, palais Barberini, 27 oct.-29 nov. 1987)
Rome: Palombi, 1987, p. 245]

A.16
Maison "Au puits d'or"

A.17
Chapelle dite "italienne"

- 3.čp 175. — Maison "Au puits d'or" *(dům U zlaté studně)* (commentaire en A.16).
- 18.čp 181. — Maison "Au serpent d'or" *(dům U zlatého hada)*. — Maison primitivement gothique, remaniée à la Renaissance et reconstruite en 1974. C'est le plus ancien café de la ville.
- Façade sud du Clementinum (cf. A.21).
- Eglise Saint-Clément, de style baroque (1711-13). — Intérieur richement décoré d'œuvres de Raab, Braun et Brandl.
- Chapelle dite "italienne" (commentaire en A.17).
- 8.čp 186. — Palais Pötting. — Construction baroque qui abrite aujourd'hui le Théâtre Disk, animé par les jeunes élèves de l'Académie des arts dramatiques.
- 4.čp 188. — Maison Renaissance où Kepler vécut de 1607 à 1612.
- 2.čp 189. — Palais Colloredo-Mansfeld, actuellement archives de l'Académie des Sciences. Bâtiment baroque du XVIIIe siècle. Arch. František Ignác DU PREE.

A.16		Maison "Au puits d'or"			★
		Karlova ulice, 3.čp 175			

Maison d'angle particulièrement intéressante pour l'articulation de ses façades, l'agencement de ses toitures et la disposition de son pignon. Le bow-window arrondi dans la rue Semínářská est une solution exceptionnelle de maison d'angle à Prague. La construction date de la Renaissance et la décoration baroque, faite de stucs d'Ulrich Mayer, fut exécutée vers 1701, après l'épidémie de peste — en témoignent les statues de saint Sébastien et de saint Roch, traditionnellement invoqués contre cette maladie.

A.17		Chapelle dite "italienne"	1590-ca1600		★
		Karlova ulice			

Chapelle de la Renaissance tardive avec petite coupole en forme de cloche. Terminé vers 1600, l'édifice est construit sur un plan elliptique — le premier de ce type en Europe centrale — dont la conception monumentale annonce déjà le baroque. Son chevet participe de façon remarquable à la séquence visuelle de la rue Karlova.

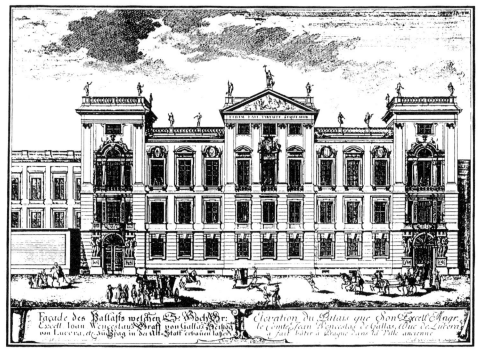

A.18
Palais Clam-Gallas :
façade
[Gravure de l'arch. Johann Bernhard FISCHER VON ERLACH, 1721]

A.18
Palais Clam-Gallas :
un des portails d'entrée

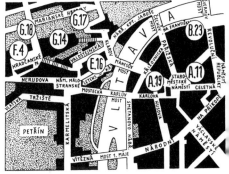

	GALERIE NATIONALE	F.4 ART EUROPEEN
	A.11 ART GRAPHIQUE	G.14 ART TCHEQUE ANCIEN
	A.19 PEINTURE TCHEQUE XXe	G.17 EXPOSITIONS DIVERSES
	B.23 ART TCHEQUE XIXe	G.18 EXPOSITIONS DIVERSES
	E.16 EXPOSITIONS DIVERSES	N.8 SCULPTURE TCHEQUE

A.18		Palais Clam-Gallas (Archives de la Ville)	1713-19	J.B. FISCHER von ERLACH		★★
		Husova třída, 20. čp 158				★★

Ce palais est une des plus belles demeures patriciennes de Prague. Installé sur un terrain particulièrement vaste, le bâtiment est formé de quatre ailes qui entourent une cour carrée. La façade à front de la rue Husova est traitée dans un style presque classique, alors que les formes deviennent sculpturales aux portails où de vigoureux atlantes surgissent du mur pour supporter le volumineux balcon de l'étage noble. Vu tangentiellement, le mouvement s'atténue au fur et à mesure qu'il s'élève pour se réduire à une simple ondulation au balcon du deuxième étage. Les atlantes ainsi que les sculptures de l'attique et celles du grand escalier sont de Matyáš Bernard Braun (1714). Ce grand escalier d'honneur est un des plus beaux joyaux de l'architecture baroque à Prague (★★★). Les fresques de l'escalier et des grandes salles *(Triomphe d'Apollon)* sont de Carlo Carlone (1727-30).

A.VIII NÁMĚSTÍ PRIMÁTORA DR. VÁCLAVA VACKA

La place Vacek est bordée de trois bâtiments importants : le Clementinum, le nouvel hôtel de ville et la Bibliothèque municipale. Afin de mettre en valeur le palais Clam-Gallas, il fut question de démolir l'îlot entre les rues Seminářská et Husova pour prolonger la place jusqu'à la rue Karlova — projet qui, heureusement, semble définitivement abandonné.

A.19	Bibliothèque municipale populaire	1930	František ROITH	
	náměstí primátora dr. V. Vacka, 1. čp 98			

Architecture moderne, empreinte d'un néo-classicisme sobre et monumental apparenté à l'école de Rhénanie des années 30. L'ordonnance des ouvertures et le rythme des piliers surmontés de statues confèrent à l'édifice une apparence rigide et froide. Outre la bibiothèque et les salles de lecture, le bâtiment abrite un théâtre de marionnettes et un cinéma.

Au deuxième étage de la bibliothèque, collection de peinture tchèque du XXe siècle de la Galerie Nationale.

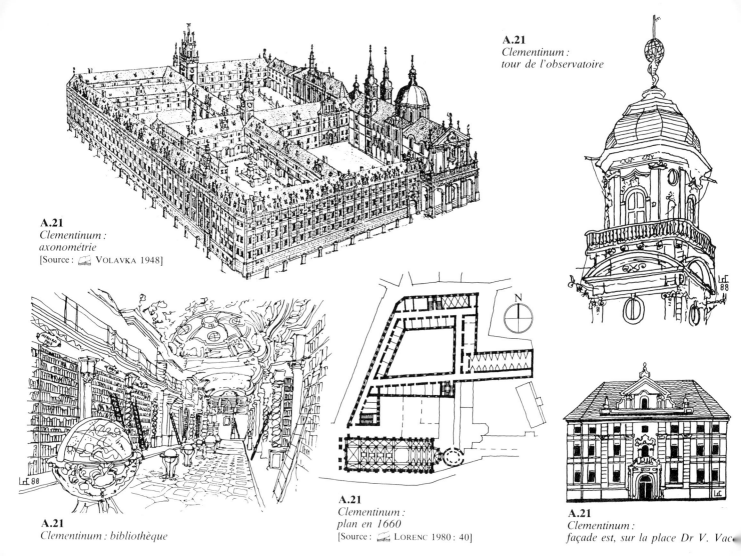

A.20		Nouvel hôtel de ville de la Vieille-Ville	1912		★
		náměstí primátora dr. V. Vacka, 2.čp 2			

La façade de ce grand bâtiment, entièrement reconstruite dans le style de la Sécession, ferme le côté est de la place.

A.21		Clementinum	1653…1748	Francesco CARATTI ; František Maxmilián KAŇKA, Anselmo LURAGO	★★
		náměstí primátora dr. V. Vacka, 5.čp 190			★★★

La fondation du Collège remonte à 1556, au moment où les jésuites s'établissent dans l'ancien couvent Saint-Clément pour y installer une école. Moins d'un siècle après, celle-ci se développe en collège universitaire doté d'une importante bibliothèque. L'édification des bâtiments actuels date de cette époque. Après l'abolition en 1773 de la Compagnie de Jésus, le Clementium est cédé à l'Université Charles qui y instale en 1800 sa propre bibliothèque. Aujourd'hui, il est le siège de la Bibliothèque d'Etat qui compte plus de trois millions de volumes, dont nombre d'ouvrage précieux, comme le fameux *Codex de Vyšehrad* (1085), le *Passionnaire de Kunhuta* et la *Bible de Velislav*.

Le Clementinum, bâti sur l'emplacement de plus de trente maisons, trois églises, dix cours et plusieurs jardins, est, après le Château, le plus vaste ensemble architectural de Prague. Il se compose de quatre ailes centrales disposées en croix, d'une série de bâtiments périphériques et de quatre cours intérieures. Il est réputé pour la beauté de ses plafonds baroques et rococo.

Les parties les plus importantes à visiter sont :
- ■ l'ancien bâtiment ouest à front de la rue Křižovnická. Arch F. CARATTI (1653). — Sa remarquable façade du premier baroque est rythmée de pilastres à bossages et ornée de stucs aux effigies d'empereurs, dus à Jean-Baptiste Cometa (★★★).
- ■ le grand réfectoire, actuelle salle d'étude. Plafond sur corbeaux à grandes volutes (★★).
- ■ la galerie centrale (★★).
- ■ la salle de la bibliothèque universitaire (1727), chef-d'œuvre baroque de F.M. KAŇKA (★★★★).
- ■ la salle mathématique construite vers 1730 (★★★).
- ■ la salle Mozart, de style rococo (★).
- ■ la chapelle des glaces dont l'entrée est de F.M. KAŇKA (1724).
- ■ le musée astronomique et la tour de l'observatoire surmontée d'une statue d'Atlas en plomb et d'une sphère armillaire. Arch. F.M. KAŇKA et A. LURAGO (1748).
- ■ l'église du Saint-Sauveur (cf. A.22).

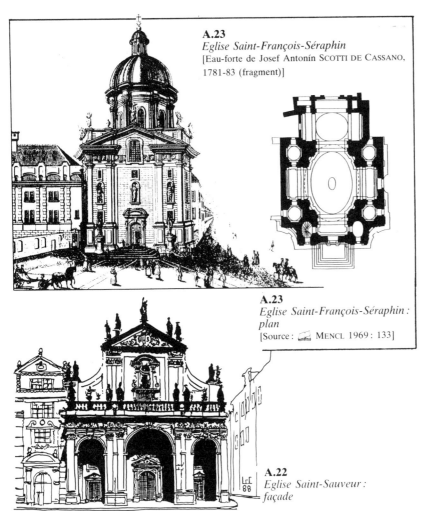

A.23
Eglise Saint-François-Séraphin
[Eau-forte de Josef Antonín SCOTTI DE CASSANO, 1781-83 (fragment)]

A.23
Eglise Saint-François-Séraphin : plan
[Source : MENCL 1969 : 133]

A.22
Eglise Saint-Sauveur : façade

A.21
Clementinum : façade ouest, sur la rue Křižovnická

- l'église Saint-Clément (cf. A.VII).
- la chapelle dite "italienne" (1600) (cf. A.17).
- la première cour, avec le célèbre *Etudiant de Prague*, sculpture de Josef Max (1848).
- la quatrième cour, avec le monument à l'astronome Josef Steepling par Ignác Platzer (1780).

A.IX KŘIŽOVNICKÉ NÁMĚSTÍ (PLACE DES CHEVALIERS DE LA CROIX)

Fondée au XVIᵉ siècle, la place des Chevaliers de la Croix est fermée du côté de la ville par l'église Saint-François-Séraphin et le Clementinum auquel est incorporée l'église du Saint-Sauveur, tandis qu'elle s'ouvre sur la Vltava et le Pont Charles par la Tour de pont de la Vieille-Ville. Le centre de la place est occupé par le monument à Charles IV (1848).

 Célèbre vue sur la rivière, Malá Strana, la colline de Petřín et le Château de Prague (★★★).

A.22	Eglise Saint-Sauveur	1578...1714	Anonyme ; Carlo LURAGO (1638-48) ; Francesco CARATTI (1648...59)	
	Křižovnické náměstí			

Première église des jésuites, incorporée ultérieurement dans le complexe du Clementinum. Le bâtiment primitif (1578-1601) était Renaissance avec façade traitée "à l'italienne" — ses proportions s'inspiraient en effet des canons toscans. En 1638, LURAGO modifia l'aspect de l'édifice en lui ajoutant une série d'éléments baroques. La coupole, aujourd'hui disparue, et le porche surmonté d'une balustrade furent exécutés par CARATTI respectivement en 1648-49 et 1653-59, tandis que les deux tours enserrant la naissance du chœur ne furent érigées qu'en 1714. Les statues de la façade par Jan Jiří Bendl datent de 1659.

A.23	Eglise Saint-François-Séraphin	1679-89	conception : Jean-Baptiste MATHEY, réalisation : Carlo LURAGO		★ ★★
	Křižovnické náměstí				

Eglise baroque sur plan centré, surmontée d'une belle coupole nervurée de forme ovoïde dont la structure s'inspire de celle de Saint-Pierre à Rome. Par sa situation et sa silhouette elle répond à la coupole plus ramassée de Saint-Nicolas de Malá Strana, de

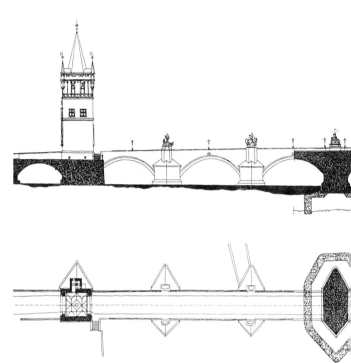

A.24
Tour de pont de la Vieille-Ville :
plan ; élévation
[Source : KOHOUT 1986 : fig. XII : b,c (fragment)]

A.24
Tour de pont de la Vieille-Ville
[Dessin à la plume de Vincenc MORSTADT, ca 1830]

l'autre côté de la rivière. La façade empreinte de gravité doit son caractère aux panneaux traités en bossage que souligne l'aspect lisse des pilastres. Les statues qui la couronnent sont de R. Prachner (1758).

L'intérieur est d'une harmonie parfaite avec ses pilastres de marbre pourpre et, dans des niches, dix statues blanches de saints et de saintes.

■ A l'ouest de l'église se trouve le **couvent des Chevaliers à l'Etoile Rouge** (...čp 191), ordre religieux datant des croisades. Le bâtiment, d'origine gothique, a été entièrement remanié dans le style du haut baroque par Carlo LURAGO (1660-62).

| A.24 | Tour de pont de la Vieille-Ville | 1380-99 ; 1874-78 | Peter PARLER ; | ★★ |
| | Křižovnické náměstí | | restauration : Josef MOCKER | |

Porte d'entrée qui appartient à l'ancien système de fortification de la Vieille-Ville. La tour, érigée sur la première pile du pont, est percée d'une grande arche ouvrant avec magnificence la voie vers Malá Strana. A hauteur du deuxième étage, la façade s'orne de huit baies ogivales. Quatre d'entre elles sont aveugles, tandis que les autres servent de fenêtres à la salle de garde. La décoration sculpturale appliquée sur les façades est due aux artistes de l'atelier de PARLER. Endommagée au fil des siècles, la tour fut restaurée par Josef MOCKER (1874-78) à qui l'on doit également la réfection de la toiture et des tourelles d'angles.

 Du chemin de ronde de la tour, merveilleux panorama sur le paysage urbain où nature et architecture s'unissent en une parfaite harmonie (★★★★).

PARCOURS B

STARÉ MĚSTO (VIEILLE-VILLE) - NORD
La cité juive et le vieux quartier Na Františku

Dès le début du Xe siècle, deux communautés juives occupaient un petit territoire près du gué sur la Vltava pour y exercer leur commerce. Lorsqu'au XIIIe siècle, les bourgades se groupèrent en ville, les autorités municipales décidèrent d'enfermer la population juive derrière les murs de ce quartier qui, devenu ainsi indépendant du reste de la ville, organisa son propre système administratif et religieux. On peut imaginer ce qu'était devenu ce " ghetto " après quatre siècles d'autogestion sans aucune aide extérieure : exigu, surpeuplé, crasseux et insalubre (cf. B.4). Situation à ce point critique qu'à l'époque baroque la municipalité décida le nettoyage systématique de la cité : les rues furent pavées ; les maisons anciennes, rénovées ou reconstruites ; de grandes synagogues, des écoles, des bains rituels et un hôtel de ville, édifiés. Baptisé " Josefov " sous Joseph II, le ghetto devint le 5e arrondissement de Prague et en 1848, au moment de la démolition de son mur d'enceinte, il perdit définitivement, et son indépendance, et son isolement. Du quartier juif, complètement détruit après 1896 pour des raisons d'assainissement, ne subsistent plus aujourd'hui que les synagogues, l'hôtel de ville et le cimetière. Toutefois, quelques rares ruelles et intérieurs d'îlots qui ont malgré tout conservé leur caractère d'antan plongent encore, pour quelques instants, le visiteur dans un univers fantastique.

B.I KAPROVA ULICE

Une des plus anciennes voies de communication de Prague, qui reliait le gué sur la Vltava au marché de la Vieille-Ville. Les maisons situées en bordure et aux abords de cette rue furent édifiées au début du XXe siècle, après les travaux d'assainissement de la cité juive.

B.II VALENTINSKÁ ULICE

■ 11.čp 56. — Grand immeuble d'angle Sécession. — Ses deux façades symétriques se développent de part et d'autre d'une tourelle d'angle (★) coiffée d'un clocheton à bulbe.

■ 9.čp 57. — Immeuble Sécession.

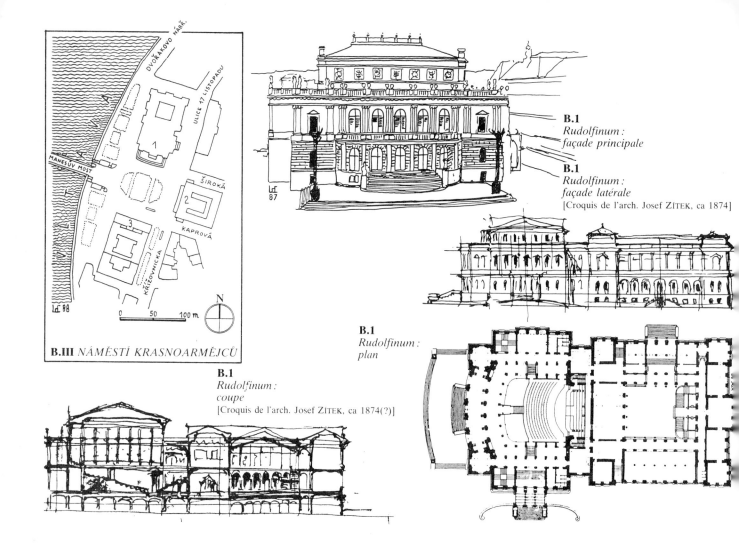

B.III NÁMĚSTÍ KRASNOARMĚJCŮ ★

Place du XIXe siècle s'ouvrant sur la Vltava et le pont Mánes, et limitée du côté de la ville par trois imposants bâtiments :

- 1. čp 79. — Le Rudolfinum (commentaire en B.1).
- 2. čp 1. — Faculté de philosophie de l'Université Charles. Arch. Josef SAKAŘ (1929).
- 3. čp 80. — Haute école des Arts et Métiers (1884). — Grand bâtiment néo-Renaissance faisant face au Rudolfinum.

B.1	Rudolfinum (Maison des Artistes)	1874-90	Josef ZÍTEK, Josef SCHULZ	★★ ★★
	náměstí Krasnoarmějců, 1. čp 79			

Important édifice néo-Renaissance construit sous l'archiduc Rodolphe pour y conserver des collections de tableaux et y donner des concerts. Aujourd'hui, la Maison des artistes est un des hauts lieux du festival de musique du Printemps de Prague (salle Dvořák). De 1918 à 1939, le bâtiment fut le siège du parlement tchécoslovaque.
L'intérieur d'aspect classique est d'une grande homogénéité de composition.

B.2	Musée des Arts décoratifs	1897-1901	Josef SCHULZ	
	ulice 17. listopadu, 2. čp 2			

Edifice néo-Renaissance abritant un musée surtout célèbre pour sa collection de verreries d'art, dont les fameux cristaux de Bohême.

B.IV ULICE U STARÉHO HŘBITOVA

Une des plus anciennes rues du ghetto juif.

B.3	Ancien cimetière juif	XVe s.		★★★★
	ulice U starého hřbitova			

Le plus ancien cimetière juif d'Europe. Dès le milieu du XVe siècle, la municipalité supprime le cimetière israélite situé au-delà

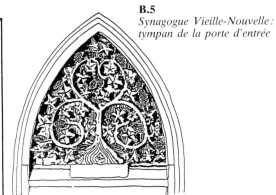

B.5
*Synagogue Vieille-Nouvelle :
tympan de la porte d'entrée*

B.4
Synagogue Klaus

B.3
Ancien cimetière juif

B.5
Synagogue Vieille-Nouvelle
[Dessin de Karel WÜRBS, 1836]

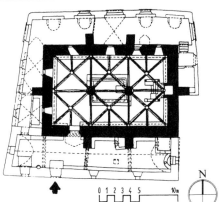

B.5
*Synagogue Vieille-Nouvelle :
plan*
[Source : MENCL 1969 : 47]

B.5
*Synagogue Vieille-Nouvelle :
vue intérieure* [Gravure anonyme]

des murs de la Vieille-Ville, ce qui oblige les Juifs à enterrer leurs morts à l'intérieur du ghetto, dans un espace restreint et sans extension possible. L'hallucinant désordre des quelque 12 000 stèles que l'on peut voir aujourd'hui recouvre douze cimetières superposés tout au long de trois siècles en raison du manque de place. C'est un lieu fabuleux, unique au monde, et le seul endroit du ghetto où il y a toujours eu des arbres florissants...

Les tombes les plus célèbres sont celles du maire Marek Mordechaj Maisel (1601), de Rabbi Jehuda Löw ben Bezalel (1609), de l'astronome David Gans (1613) et du philosophe Josef del Medigo (1655). Le dernier enterrement eut lieu en 1787.

B.4		Synagogue Klaus (Musée national juif)	XVIIe s.		
		ulice U starého hřbitova, 4.čp 33			

Edifice baroque d'une grande sobriété qui abrite le Musée national juif, où sont exposés des documents montrant l'état du ghetto avant les assainissements du XIXe siècle.

B.5		Synagogue Vieille-Nouvelle	1270-75		★★★
		Červená ulice			★★

Unique dans son genre, la synagogue Vieille-Nouvelle, construite dans un style de transition entre le roman et le gothique, est une des plus anciennes d'Europe. Son volume extérieur de petite taille, de caractère quasi rural, abrite un espace articulé sur deux nefs à cinq travées couvertes de voûtes ogivales. La hauteur surprenante du vaisseau intérieur résulte, d'une part, de la pente particulièrement forte des versants de toiture, d'autre part, d'une importante excavation du sol par rapport au niveau de la rue.

Le portail d'entrée du XIIIe siècle est surmonté d'un tympan figurant le feuillage stylisé du figuier, arbre biblique par excellence. C'est un des joyaux de l'art gothique à Prague, qui par sa délicatesse contraste étrangement avec la force expressive du pignon crénelé de la façade à rue. Ce pignon si caractéristique, qui date du XIVe siècle, est une solution astucieuse pour dissimuler l'aspect agressif de la toiture vis-à-vis des maisons avoisinantes. Ce qui est étonnant, c'est que le résultat obtenu est beaucoup plus élancé que si le pignon avait été un simple triangle limité par les rives de la toiture.

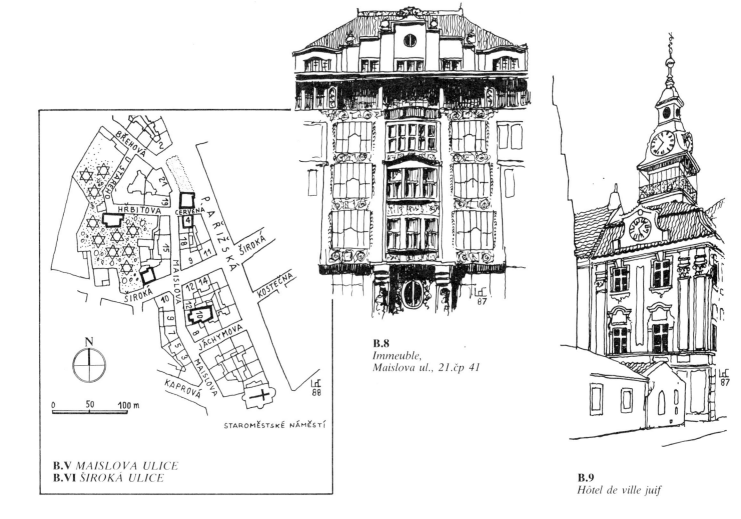

B.8
*Immeuble,
Maislova ul., 21.čp 41*

B.V *MAISLOVA ULICE*
B.VI *ŠIROKÁ ULICE*

B.9
Hôtel de ville juif

B.6		Synagogue Haute (Musée national juif)			
		Červená ulice, 4.čp 101			

L'espace intérieur en style Renaissance de ce petit édifice est situé un niveau plus haut que la rue, solution inverse de celle adoptée à la synagogue Vieille-Nouvelle.

B.V	MAISLOVA ULICE	★★

B.7		Immeuble à appartements. Arch. Bedřich BENDELMAYER. Bel immeuble Sécession. Maislova ulice # Břehová ulice, 2.čp 203.	

B.8		Très bel immeuble Sécession. Arch. František WEYR et Richard KLENKA (1911). Remarquable pour le jeu délicat de ses volumes et des détails architectoniques. Maislova ulice, 21.čp 41.	★★

- 19.čp 42. — Immeuble Sécession.
- 18.čp 250. — <u>Hôtel de ville juif</u> (commentaire en B.9).
- 15.čp 38 et 12.čp 76. — Immeubles Sécession.
- 10.čp 63. — <u>Synagogue Maisel</u> (commentaire en B.10).
- 8.čp 62. — Immeuble néo-baroque.
- 9.čp 57 - 5.čp 59. — Très bel ensemble d'immeubles éclectiques de 1900 (★★).
- 3.čp 60. — Immeuble Sécession (★).

B.9		Hôtel de ville juif	1580 ; 1763	Pankrác RODER (1580) ; Jos SCHLESINGER (1763)	★
		Maislova ulice, 18.čp 250			

Construit au XVIe siècle par RODER, l'édifice a été profondément remanié dans le goût rococo par SCHLESINGER qui l'a en outre doté d'une tour pittoresque et d'une horloge, graduée en lettres hébraïques, dont les aiguilles tournent en sens inverse des nôtres.

B.VI: 9
*Immeuble,
Široká ul., 9.čp 96:
portail*

B.11
Synagogue Pinkas

B.10		Synagogue Maisel	1893-1905	Alfréd GROTTE
		Maislova ulice, 10.čp 63		

Temple à trois nefs de la fin du XVIe siècle entièrement reconstruit en style néo-gothique. La nef principale était exclusivement réservée aux hommes. Aussi deux nefs latérales furent-elles ajoutées afin de permettre aux femmes d'assister aux offices. A l'intérieur, Musée de l'Argenterie des synagogues de Bohême.

B.VI ŠIROKÁ ULICE ★

- ...čp 243. — Synagogue Pinkas (commentaire en B.11).
- 9.čp 96. — Immeuble Sécession (★★). Arch. Karel MAŠEK (1908). — Séduisant portail orné d'allégories féminines.
- 11.čp 97. — Immeuble néo-gothique (★★). Arch. Matěj BLECHA (1906). — Magnifique escalier intérieur de style Sécession sur plan en forme d'ove (★★).
- 10.čp 56. — Immeuble de 1907.
- 12.čp 64 et 14.čp 65. — Immeubles néo-baroques dont le premier est daté de 1903.

B.11		Synagogue Pinkas	1535 ; 1625	Žalman HOŘOVSKÝ (1535) ; remaniement : Juda GOLDSCHMIED de HERZ (1625)
		Široká ulice, ...čp 243		

C'est sur les fondations romanes d'une des plus anciennes synagogues de Prague qu'HOŘOVSKÝ édifia cette construction de style gothique tardif. Elle fut entièrement remaniée à la Renaissance par GOLDSCHMIED qui y ajouta en outre une galerie pour les femmes, un vestibule et une salle de Conseil.

Depuis la Seconde Guerre mondiale, la synagogue Pinkas est devenue le mémorial du martyre des 77 297 Juifs de Bohême exterminés par les nazis.

B.13
Maison Štenc

B.16
Synagogue Espagnole

B.VII	SALVÁTORSKÁ ULICE		

B.12		Eglise Saint-Sauveur. Mélange d'architecture gothique et Renaissance (1611). Remaniement baroque. Salvátorská ulice, 1.čp 1045.	

B.13		Maison d'édition Jan Štenc	1908-11	Otakar NOVOTNÝ	★★
		Salvátorská ulice, 8.čp 931 / 10.čp 1092			

Imprimerie et ancienne maison d'art graphique, ce beau bâtiment en briques s'apparente aux expériences anticipatrices menées par d'autres architectes d'Europe, tels BEHRENS en Allemagne ou BERLAGE aux Pays-Bas. On remarquera particulièrement les pilastres en briques émaillées du rez-de-chaussée, la verrière arrondie en toiture et le beau balcon en briques sur consoles appareillées en encorbellement.

B.VIII	DUŠNÍ ULICE		

Vieux quartier des Juifs orientaux.

B.14	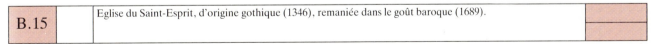	Majestueux immeubles jumeaux des années 1900.	★
		Aux angles des trois rues Dušní, V kolkovné et Vězeňská, …čp 907 et …čp 310.	

B.15		Eglise du Saint-Esprit, d'origine gothique (1346), remaniée dans le goût baroque (1689).	

B.16	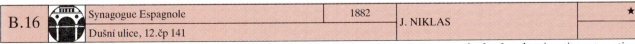	Synagogue Espagnole	1882	J. NIKLAS	★
		Dušní ulice, 12.čp 141			

Construction néo-Renaissance d'inspiration mauresque, surmontée d'une importante coupole. La façade tripartite est particu-

B.IX
Pařížská třída : côté sud-ouest

B.17
Immeuble collectif avec magasins

B.17
Immeuble collectif avec magasins : grille d'entrée

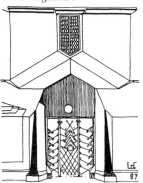

lièrement belle par ses proportions et le jeu subtil des arcs mauresques subdivisant les grands arcs Renaissance. L'intérieur orné de stucs dorés rappelle la décoration de l'Alhambra espagnol.

B.IX PAŘÍŽSKÁ TŘÍDA ★★

La rue de Paris est une importante voie de communication dont l'origine remonte à celle du quartier juif. Assainie, élargie et partiellement reconstruite à la fin du XIXe siècle, elle est aujourd'hui une grande artère reliant la place de la Vieille-Ville aux parcs de Letná en passant par le pont Svatopluk Čech. Elle est bordée de belles maisons 1900 et d'étonnants immeubles d'angle aux formes exubérantes.

B.17		Immeuble collectif avec magasins	1917-19	Otakar NOVOTNÝ	★★
		Bílkova ulice # ulice Elišky Krásnohorské, 10-14.čp...			

Un des plus beaux exemples de l'architecture cubiste à Prague. Ce grand immeuble collectif d'angle est en réalité l'assemblage de trois immeubles distincts dont l'unité est obtenue par un jeu subtil de bow-windows qui ponctuent en quinconce la façade sur plusieurs registres. Les allèges de fenêtres ainsi que tous les détails architectoniques sont traités en de multiples facettes formant une série de variations sur le thème du triangle. Comme dans beaucoup d'immeubles pragois, la corniche joue un rôle important de liaison entre les façades, que surmonte un étage en attique dont le couronnement s'inspire du baroque bohémien. La stéréotomie de l'entrée principale, quant à elle, exprime bien dans toute sa force, et le vocabulaire, et l'idéal cubistes.

B.18		Maison de l'Union internationale des étudiants	1974	Václav POKORNÝ, Stanislav HUBIČKA	
		Pařížská třída, 25.čp 206 # ulice 6. listopadu, 6.čp 207			

Immeuble d'angle dont les façades sont faites de mulots et d'aluminium. La composition est régie par une succession de plans obliques sortant de l'alignement.

B.19		Faculté de droit de l'Université Charles	1928-29	conception : Jan KOTĚRA (1919), réalisation : Ladislav MACHOŇ (1928-29)	★
		náměstí Curieových, 7.čp 901			

Réalisation posthume d'un projet de KOTĚRA, où l'on sent celui-ci se dégager de l'influence d'Otto WAGNER dont il fut

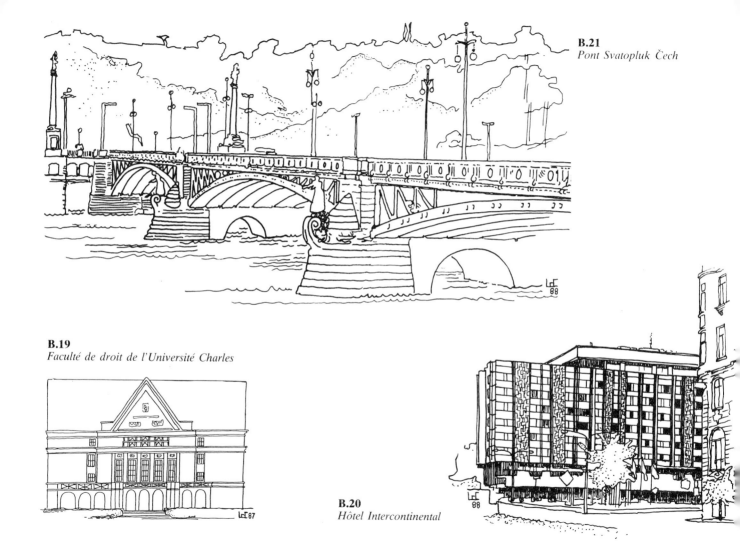

B.21
Pont Svatopluk Čech

B.19
Faculté de droit de l'Université Charles

B.20
Hôtel Intercontinental

l'élève. L'ornementation géométrique de la façade principale annonce déjà l'Art déco.

B.20	Hôtel Intercontinental	1968-74	Karel FILSAK, Jaroslav ŠVEC, Karel BUBENÍČEK	
	Pařížská třída, 30.čp 43 # náměstí Curieových			

Vaste complexe hôtelier déployant ses façades en plusieurs plans successifs à l'angle d'une importante place donnant sur la Vltava. Le respect des gabarits existants, le jeu des volumes, tant au niveau des accès qu'en superstructure, témoignent de la volonté d'intégrer un immeuble moderne dans cette partie nord de la Vieille-Ville. Bon aménagement des jardins en contre-bas du quai Dvořák.

B.21	Pont Svatopluk Čech	1906-08	Jan KOULA, Jiří SOUKUP	★★
	prolongation sur la Vltava de la Pařížská třída			

Beau pont en fer dont les piles sont percées d'arches transversales. Il est éclairé par de beaux lampadaires et orné à ses extrémités de quatre grandes colonnes de marbre portant des statues ailées.

B.X VIEUX QUARTIER NA FRANTIŠKU

Cet ancien quartier, qui forme le lien entre le ghetto juif et Poříčí, est situé juste au-delà de la première enceinte (l'actuelle Revoluční třída).

B.22	Eglise Saint-Simon	XVIIe-XVIIIe s.		★
	ulice U milosrdných			

Construction gothique et Renaissance du début du XVIIe siècle avec façade et clocher baroques.
A l'intérieur, décoration du XVIIIe siècle et orgue ancien sur lequel jouèrent Haydn et Mozart lors de leurs séjours à Prague.

■ Près de l'église se trouve l'**hôpital des Frères-de-Saint-Jean-de-Dieu** (1751) avec sa longue façade baroque (★).

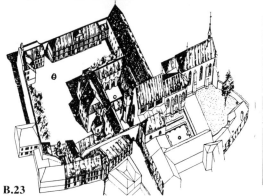

B.23
Couvent d'Agnès-la-Bienheureuse :
axonométrie
[Source : J. Herout, *op. cit.*, p. 283]

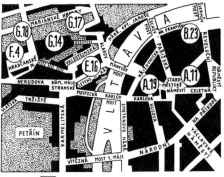

N.8 Z BRASLAV
GALERIE NATIONALE
A.11 ART GRAPHIQUE
A.19 PEINTURE TCHEQUE XXe
B.23 ART TCHEQUE XIXe
E.16 EXPOSITIONS DIVERSES
F.4 ART EUROPEEN
G.14 ART TCHEQUE ANCIEN
G.17 EXPOSITIONS DIVERSES
G.18 EXPOSITIONS DIVERSES
N.8 SCULPTURE TCHEQUE

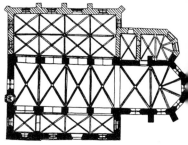

B.24
Eglise Saint-Castule :
plan de l'état médiéval
[Source : Mencl 1969 : 57]

■ ca 13.
▨ ca 13

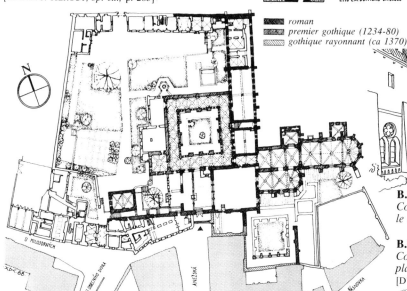

roman
premier gothique (1234-80)
gothique rayonnant (ca 1370)

B.23
Couvent d'Agnès-la-Bienheureuse :
le cloître

B.23
Couvent d'Agnès-la-Bienheureuse :
plan
[D'après : *Praga...*, *op. cit.*, p. 178 ;
Mencl 1969 : 45]

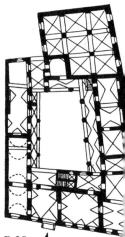

B.25
Maison "A l'arbre d'or"
plan du rez-de-chaussée
[D'après : Mencl 1969]

B.23		Couvent d'Agnès-la-Bienheureuse	1234-1280		
		Anežská ulice, …čp 811			★★

Créé à la demande d'Anežka, sœur de Venceslas Ier, ce couvent de clarisses, un des plus anciens de Bohême, est une des premières constructions en gothique primitif. A la suite du départ forcé des religieuses en 1782, le monastère fut abandonné pour servir d'entrepôt. Ce n'est que récemment qu'une équipe composée d'architectes, d'historiens et d'archéologues mit tout en œuvre pour reconstituer une grande partie des bâtiments conventuels, dont le grand cloître et l'**église Saint-Sauveur**, de style gothique inspiré de l'Ile-de-France, qui date de 1280.

 Le couvent conserve aujourd'hui une très belle collection d'œuvres d'art tchèque du XIXe siècle (★★).

B.24		Eglise Saint-Castule	1330-1375	
		Haštalské náměstí		

Edifice du début du XIVe siècle sur le flanc nord duquel fut ajouté en 1375 un remarquable vaisseau gothique à deux nefs. Dans la sacristie, les murs sont recouverts de fresques du début du XVIe siècle.

B.XI	DLOUHÁ TŘÍDA	

Une des plus anciennes voies de communications de la Vieille-Ville, qui reliait jadis la place principale à la colonie des marchands allemands de Prague, installée à Poříčí, autour de l'actuelle église Saint-Pierre (cf. H.26).

B.25		Maison "A l'arbre d'or" (*dům U zlatého stromu*). Dans la cour, belle loggia Renaissance. Dlouhá třída, 37.čp 729.	

B.XII : 4
*Maison,
Haštalská třída, 4.čp 749 :
détail de la façade*

B.XII : 6
*Maison,
Haštalská třída, 6.čp 1072 :
entrée*

B.26	Petit immeuble de logements, de style constructiviste, des années 1920-30.
	Benediktská ulice, 2.čp 685.

B.XII HAŠTALSKÁ TŘÍDA

■ 6.čp 1072. — Belle porte d'entrée dont le vitrail de l'imposte est une horloge.

■ 4.čp 749. — Très belle maison Sécession (ca 1905) (★★), avec deux bow-windows encadrant un balcon relié par sa balustrade en ferronnerie à la partie centrale ornée d'un grand arbre en stuc.

B.27	Bel immeuble Sécession de 1905.	★
	Vězeňská ulice, 10.čp 914 # Kozí ulice.	

B

C.3
Maison "Aux deux ours d'or":
portail

▨ *gothique (ca 1550)*
▨ *Renaissance (ca 1565)*
▨ *Renaissance tardive (ca 1590)*
▨ *rénovation (1979)*

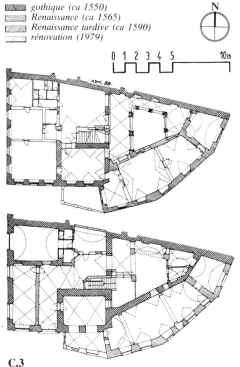

C.3
Maison "Aux deux ours d'or":
plans du rez-de-chaussée et du 1ᵉʳ étage
[D'après: *Praga...*, op. cit., p. 211;
MENCL 1969: 108]

C.2
Maison Teufl: pavlač

C.3
Maison "Aux deux ours d'or":
cour intérieure

PARCOURS C

STARÉ MĚSTO (VIEILLE-VILLE) - SUD
Autour de l'ancienne cité Saint-Gall

C.I MELANTRICHOVA ULICE ET KOŽNÁ ULICE ★

Deux des plus anciennes rues de la ville qui faisaient partie du plan médiéval primitif. Elles sont bordées de plusieurs maisons gothiques du XIVe siècle, souvent reliées entre elles par des venelles pittoresques.

[a] Melantrichova ulice

C.1		Couvent des servites et église Saint-Michel	XIIIe...XVIIIes.	remaniement de l'église : František Ignác DU PREE (1741-42)	
		Melantrichova ulice, 17. čp 970/971/460			

Couvent dans la cour duquel se trouve l'église gothique remaniée au XVIIIe siècle par DU PREE dans le style baroque. C'est lui qui construisit aussi à la même époque le nouveau cloître. (Cf. aussi A.III:27/28.)

C.2		Maison Teufl.		
		Belle cour à arcades de style Renaissance, exemple typique de *pavlač* pragois.		★
		Melantrichova ulice, …čp 463.		

[b] Kožná ulice

C.3		Maison "Aux deux ours d'or"	ca 1550 ; 1590		★
		Kožná ulice, 1. čp 475			★

Maison gothique (ca 1550) avec un des plus beaux portails Renaissance de Prague (1590), au-dessus duquel se trouve un médaillon sculpté au chiffre 475 de la numérotation foncière instaurée au XVIIIe siècle — laquelle est encore en usage de nos jours.
A l'intérieur, belle cour avec arcades.

C.5
Théâtre Tyl

C.4
Eglise Saint-Gall
[Eau-forte de Friedrich Bernhard WERNER, 1740 (détail)]

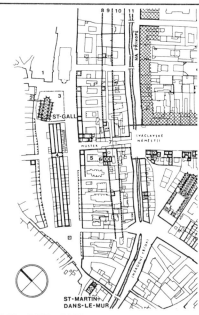

C.II ; C.III ; C.IV
*Quartier de l'église Saint-Gall :
plan dans la 2ᵉ moitié du XIVᵉ siècle*
[Source : LORENC 1982 : 64]

*1 Carolinum (C.6)
2 Presbytère
3 Cimetière
4 Grande halle aux draps
5 Tribunal (C.10)
6 Tour Saint-Gall primitive
7 Porte fortifiée
8 Enceinte principale de la Vieille-Ville
9 Chemin de ronde
10 Fossé entre les deux murs
11 Fossé séparant la Vieille-Ville de la Nouvelle (H*

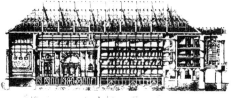

C.5
*Théâtre Nostic :
plan (état primitif) ;
coupe transversale ;
coupe longitudinale*
[Gravures de Filip
et František HEGER, av. 1804]

L'ancienne cité Saint-Gall : C.II, C.III et C.IV

Dès 1230, le quartier roman construit autour de la place de la Vieille-Ville s'étendit vers le sud jusqu'aux premiers remparts le long des actuelles rues Národní et Na příkopě (cette dernière appellation signifiant précisément " sur le fossé "), entre le marché aux fruits *(Ovocný trh)* et celui au charbon *(Uhelný trh)*. En 1232, cette bourgade, appelée Cité Saint-Gall *(Havelské město)*, reçut de Venceslas Ier le statut de ville.

C.II SAINT-GALL ET OVOCNÝ TRH

Ovocný trh est l'ancien marché aux fruits de la Vieille-Ville.

C.4	Eglise Saint-Gall	1232...1722	façade : Pavel Ignác BAYER, Jan Blažej SANTINI AICHL (1722)	★★
	Havelská ulice			

Eglise fondée au XIIIe siècle comme une des quatre paroisses de la Vieille-Ville. Après le remaniement du XIVe siècle, le sanctuaire devint un des foyers du mouvement hussite. Sa reconstruction de 1670 dans le style baroque fut entreprise pour les besoins du nouveau couvent des carmes (cf. C.8). Enfin, BAYER et SANTINI AICHL achevèrent l'édifice en 1722 en le dotant d'une belle façade ondulée de style baroque culminant (★★).

C.5	Théâtre Tyl *(Tylovo divadlo)*	1781-83	Antonín HAFFENECKER	★★
	Železná ulice, 11. čp 540.I			★★

Le plus ancien théâtre de Prague, construit pour le comte Nostic, devint par la suite le Théâtre officiel des Etats. Il porte aujourd'hui le nom de Josef Kajetán Tyl, auteur de la pièce *Fidlovačka* dont l'air *Où est ma Patrie ?* devint en 1918 l'hymne national tchèque. Grâce à la création du *Don Giovanni* de Mozart en 1787, la grande scène pragoise acquit rapidement une réputation internationale, confirmée ensuite par le passage de 1813 à 1816 de Karl Maria von Weber comme directeur de l'Opéra, puis par les récitals de Niccolo Paganini.

C.6
*Carolinum :
oriel de la chapelle*

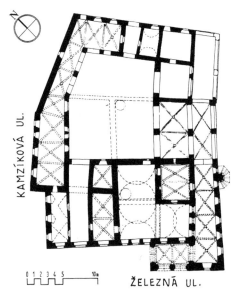

C.6
*Carolinum :
plan du rez-de-chaussée*
[D'après : Mencl 1969 : 52]

C.7
*Maison U české orlice :
façade sur Ovocný trh (partie supérieure)*

La belle ordonnance de la construction, d'un goût baroque raffiné à l'équilibre déjà classique, est dominée par un avant-corps que ses murs incurvés raccordent au reste de l'édifice. Ceux-ci adoucissent l'ordre colossal des colonnes géminées à chapiteaux composites, lesquelles supportent un puissant entablement, lui-même couronné d'un fronton surbaissé.

La salle aux murs verts, dont le plan est inspiré de celui du théâtre *SS. Giovanni e Paolo* à Venise, compte cinq étages de loges disposées en U autour du parterre.

■ Au n° 4 de la place Ovocný se trouve l'**ancien palais Kolovrat** de style baroque (ca 1700) affecté aujourd'hui aux services auxiliaires du Théâtre Tyl.

C.6	Carolinum	1348...1718	anonyme ; remaniement : F.M. KAŇKA (1718) ; rest. et rénov. : J. FRAGNER (1946-50 ; 1960-69)
	Železná ulice, 9.čp 541		

Siège de la célèbre Université fondée en 1348 par Charles IV, le Carolinum est un lieu historique important dominé par la figure de Jan Hus qui fut l'un de ses recteurs. Le noyau de cette institution est la maison gothique de Rotlev (ca 1370). De cette demeure subsistent encore les arcades du rez-de-chaussée et l'oriel de la chapelle familiale, quasi contemporain de celui de la maison Kámen (à l'hôtel de ville de la Vieille-Ville, cf. A.9[3]). En 1718, sous l'impulsion des jésuites, KAŇKA remanie l'ensemble des bâtiments en leur donnant le caractère baroque que nous voyons aujourd'hui. Suite aux mutilations de la dernière guerre, le Carolinum fit l'objet d'importantes restaurations et rénovations dirigées par FRAGNER qui modernisa entre autres la grande salle des Actes du XVIIe siècle.

C.7	Maison *U české orlice*	1897	conception : Friedrich OHMANN, réalisation : Quido BĚLSKÝ
	Ovocný trh, 15.čp 567		

Maison néo-Renaissance avec pignon "à la vénitienne" ; bel oriel semi-hexagonal et sgraffites polychromes dus à l'architecte Alois DRYÁK. (Cf. aussi A.II:30.)

C.III	RYTÍŘSKÁ ULICE, HAVELSKÁ ULICE ET ULICE V KOTCÍCH	★★

Avec ces trois rues, nous sommes au cœur de la cité Saint-Gall. La rue Havelská est sans doute la plus pittoresque, surtout dans

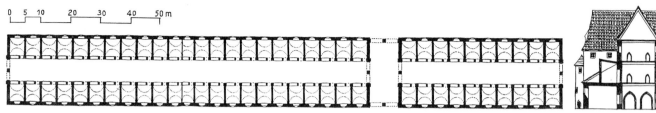

C.III *RYTÍŘSKÁ ULICE, HAVELSKÁ ULICE, ULICE V KOTCÍCH*
C.IV *UHELNÝ TRH*

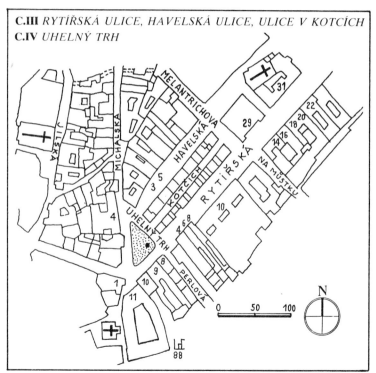

C.III [c]
*Ancienne halle aux draps "Kotce": plan; coupe.
C'est à l'emplacement de ce marché,
couvert jusqu'à la fin du XVIII[e] siècle,
qu'est située l'actuelle rue V kotcích*
[Source : LORENC 1982 : 124-125]

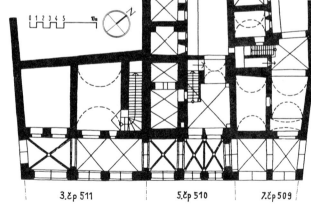

C.III [b]
*Havelská ulice :
plans des rez-de-chaussée des maisons
n°s 3.čp 511 (ca 1350), 5.čp 510 (ca 1330-40), 7.čp 509 (1300-*
[D'après MENCL 1969 : 61]

la partie comprise entre la rue Melantrichova et la place Uhelný où sont conservées les anciennes maisons à arcades sur trottoirs voûtés en croisées d'ogives.

[a] Rytířská ulice

- 31.čp 539. — Ancien couvent des carmes (commentaire en C.8).
- 29.čp 536. — Musée Klement Gottwald (commentaire en C.9).
- 22.čp 400, 20.čp 401, 18.čp 401 et 16.čp 402. — Bel ensemble de maisons baroques (★).
- 14.čp 403/12.čp 404. — Vieille Maison du Bailli (commentaire en C.10).
- 10.čp 406. — Halles de la Vieille-Ville, construction néo-Renaissance (1893-96).
- 8.čp 409, 6.čp 410 et 4.čp 411. — Ensemble pittoresque de maisons Renaissance à arcades sur trottoir voûté (★).

[b] Havelská ulice

- 5.čp 510. — Maison *U Bruncvíka*, demeure bourgeoise bien conservée, typique en raison de ses arcades gothiques et de ses fenêtres datant de la première Renaissance (ca 1500) (★).
- 3.čp 511. — Maison " A la balance d'or " *(dům U zlaté váhy)*. Façade Renaissance sur arcades gothiques. Remaniements baroques de la partie supérieure.

[c] Ulice V kotcích

Longue ruelle étroite séparant deux rangées de maisons construites au début du XIX[e] siècle. C'est là que se situait autrefois le marché *Trödelmarkt* où l'on vendait des articles de seconde main.

C.8		Ancien couvent des carmes (Maison de la science et de la cult. sov.)	1671-1738	concep. : Giovanni D. ORSI, réal. : Martin LURAGO	
		Rytířská ulice, 31.čp 539			

Edifice remarquable pour sa longue façade datant du premier baroque, traitée avec une sobriété qui fait ressortir le jeu délicat des proportions dans lequel on sent une forte influence italienne.
A l'intérieur, cour attenante à l'église Saint-Gall et réfectoire recouvert de stucs et de peintures murales.

C.9		Ancienne Caisse d'épargne municipale (Musée Klement Gottwald)	1891-95	Antonín WIEHL (1891-95), Osvald POLÍVKA (1892-94)	
		Rytířská ulice, 29.čp 536			

Ce bâtiment de style néo-Renaissance s'inscrit en intrus dans cet ancien quartier.

C.10
Vieille Maison du Bailli :
pavlač

C.11
Eglise Saint-Martin-dans-le-Mur

C.III [a] : 16 ; C.10
Maison, Rytířská ul., 16.čp 402 ;
Vieille Maison du Bailli :
plan des rez-de-chaussée
[D'après : MENCL 1969 : 50]

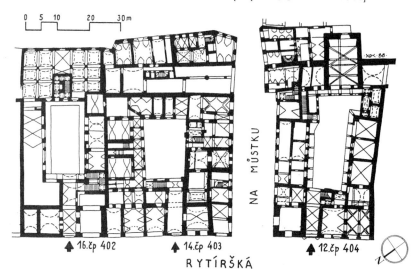

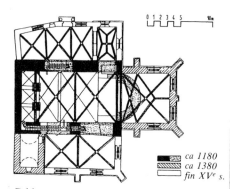

ca 1180
ca 1380
fin XVe s.

C.11
Eglise Saint-Martin-dans-le-Mur :
plan
[Source : MENCL 1969 : 26]

C.10	Vieille Maison du Bailli	1798-1800		★
	Rytířská ulice, 14.čp 403 / 12.čp 404			★

Cette maison est constituée de deux immeubles situés de part et d'autre de la rue Na můstku ("Sur le petit pont"). Construit sur des vestiges romans encore visibles en caves, cet ensemble gothique fut transformé à la Renaissance ; de cette époque subsistent encore, au n° 12.čp 404, le portail à rue et la très belle cour (★★), bon exemple de *pavlač* pragois, épargnés par le remaniement baroque.

C.IV UHELNÝ TRH

Place située dans la partie sud-ouest de la cité Saint-Gall, où subsistent quelques maisons anciennes.
- Sculpture de la fontaine classique par F.X. Lederer (1797).
- 1.čp 420. — Maison " Aux trois lions d'or " (*dům U tří zlatých lvů*). — Maison gothique remaniée à la fin du XVIIe siècle dans le style baroque. Mozart et son ami Dušek y séjournèrent.
- 4.čp 425. — Maison " A la croix d'or " (*dům U zlatého kříže*).
- 8.čp 413, 9.čp 414 et 10.čp 415. — Ensemble pittoresque de maisons Renaissance à arcades sur trottoir voûté (★).
- 11.čp 416. — Maison Platýz où Franz Liszt donna plusieurs concerts. (Cf. aussi I.III:37.)

C.11	Eglise Saint-Martin-dans-le-Mur	XIIe(?)...XVe s.		
	Martinská ulice, čp 361			

D'origine romane (sans doute de la première moitié du XIIe siècle), cette église, jadis incorporée à l'enceinte primitive de la Vieille-Ville, fut remaniée dans le style gothique aux XIVe et XVe siècles. C'est dans ce sanctuaire qu'en 1414 on a, selon le rite hussite, communié pour la première fois sous les deux espèces. Sépultures de Jan Brokof et de ses deux fils Michal Jan Josef et Ferdinand Maxmilián, auteurs de nombreuses sculptures pragoises.

C.12
*Eglise Saint-Barthélemy :
façade nord (fragment)*

*Ruelle Průchodní,
à côté de l'ancien collège des jésuites (C.13)*

C.V ULICE NA PERŠTÝNĚ

■ **7.čp 345.** — Maison "Aux oursons" *(dům U medvídků)*, célèbre brasserie pragoise installée dans une maison gothique reconstruite récemment. Le portail, l'enseigne et le pignon Renaissance sont d'époque.

■ **11.čp 347.** — Ancienne maison syndicale, actuel siège central de la Sécurité publique (Arch. A. DRYÁK, 1925). L'entrée de l'immeuble, flanquée de pilastres, rappelle celle, cubiste, de la maison Diamant (cf. I.25).

C.12		Eglise Saint-Barthélemy	1725-31	Kilián Ignác DIENZENHOFER	
		Bartolomějská ulice			

Eglise jésuite de style baroque culminant. La façade qui donne sur la cour est richement ornée de sculptures.
A l'intérieur, les parois se déploient en larges courbes à partir du chœur dont le mur du fond est un semi-baldaquin monumental à fronton brisé. Le jeu des voûtes peintes à fresque par V.V. Reiner est particulièrement beau.

C.13		Ancien collège des Jésuites, fondé en 1660.	
		Bartolomějská ulice, 11.čp 291.	

■ L'étroite **ruelle Průchodní** longeant le collège est typique : ses arcs de maçonnerie stabilisent transversalement les façades des maisons. (Cf. aussi Thunovská ulice, E.X.)

C.14		Immeuble d'habitation	1877	Antonín WIEHL,	
		ulice Karolíny světlé, 17.čp 1035		Jan ZEYER	

Maison de style néo-Renaissance tchèque recouverte de sgraffites. La belle corniche saillante, incluant les fenêtres du dernier étage, rappelle celle du palais Schwarzenberg-Lobkowicz à Hradčany (cf. F.1).

C.17
*Chapelle de Bethléem:
état en 1769, avec le cimetière attenant
(perspective militaire)*
[Dessin à la plume et à l'encre de Chine
(destiné à l'impression) de
Josef Daniel HUBER:
Plan orthographique de Prague,
1769 (détail)]

C.17
*Chapelle de Bethléem:
façade sud, sur Betlémské náměstí*

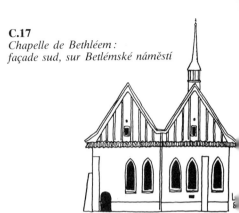

C.17
Chapelle de Bethléem: plan (1548) 1 Vestibule
[D'après: J. HEROUT, *op. cit.*, p. 110; 2 Chapelle
MENCL 1969: 91] 3 Sacristie
4 Cimetière
5 Clocher
6 Ancienne
église
Saints-
Philippe-
et-Jacques

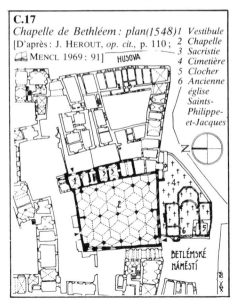

C.15
Rotonde Sainte-Croix

C.18
Maison U Halanků

C.15	Rotonde Sainte-Croix	XIIᵉˢ. ; 1862-65	restauration : Vojtěch Ignác ULLMANN (1862-65)	★★
	ulice Karolíny světlé # Konviktská ulice			

Une des plus anciennes constructions de Prague et un des joyaux de l'architecture romane en Bohême. Admirablement restaurée, la rotonde Sainte-Croix est, comme celle de Saint-Longin (cf. I.27), représentative du style que les rois Přemyslides avaient emprunté à l'architecture de Grande-Moravie. La grille entourant l'édifice est de Josef Mánes (XIXᵉ siècle).

A l'intérieur, il reste des fragments de peintures gothiques.

C.16	Maison "Aux deux hérissons" *(dům U dvu ježků)*. Arch. Vilém PTAČINSKÝ (1919). Demeure de style Sécession. Konviktská ulice, 17.čp 290.

C.VI BETLÉMSKÉ NÁMĚSTÍ

C.17	Chapelle de Bethléem	1391-1402 ; 1950-52	reconstruction totale : Jaroslav FRAGNER (1950-52)	
	Betlémské náměstí, 5.čp 256			

Edifice gothique de conception très simple et de caractère presque rural où la chaire de prédication adossée à un mur symbolise à elle seule les idées réformatrices propagées en ce lieu par Jan Hus. Après de nombreuses mutilations, la chapelle fut finalement détruite au XVIIIᵉ siècle. En 1950, en raison de sa valeur historique et architecturale, FRAGNER la reconstruisit entièrement et de façon exemplaire. Les documents qui servirent de base à cette reconstruction sont visibles sur place dans une intéressante petite exposition permanente (★).

C.18	Maison *U Halanků* (Musée ethnographique Náprstek). Ensemble de trois maisons du XVᵉ siècle fortement remaniées à la Renaissance. Betlémské náměstí, 1.čp 269.

C.19
*Eglise Saint-Gilles :
voûtes de la nef principale*

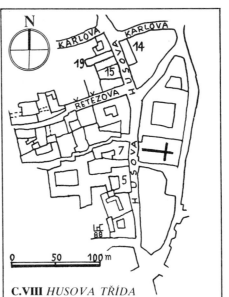

C.VIII *HUSOVA TŘÍDA*

C.20
*Maison dite "vénitienne" :
plan du sous-sol*
[D'après : *Praga...*, op. cit., p. 214]

C.20
Maison dite "vénitienne"

C.20
*Maison dite "vénitienne" :
cave*

C.VII JILSKÁ ULICE

- 4.čp... — Maison *U Vejvodů*, de style Renaissance.
- 6.čp... — Maison " A la paume " *(Míčový dům)* où, comme l'indique l'enseigne, se pratiquait le jeu de paume. A l'intérieur, intéressantes caves voûtées (en fait, l'ancien rez-de-chaussée de la maison romane).
- 16.čp... — Ancienne maison gothique Vratíslavský, remaniée dans le style baroque. Elle fut habitée par le compositeur Karl Maria von Weber entre 1813 et 1817, lorsqu'il dirigeait le Théâtre Tyl (cf. C.5).

C.VIII HUSOVA TŘÍDA

- 5.čp 240. — Ancien séminaire des jésuites, actuellement Ecole tchèque des Hautes études techniques. — Façade baroque de Kilián Ignác DIENZENHOFER (1736). La cave est formée d'une grande salle romane voûtée.
- 7.čp 241. — Palais Desk-Zemstých. — Façade baroque du XVIIIe siècle sur rez-de-chaussée gothique et fondations romanes.
- Eglise Saint-Gilles (commentaire en C.19).
- 14.čp 230 et 15.čp 227. — Belles maisons baroques.
- 19.čp 229. — Maison dite " vénitienne " (commentaire en C.20).

C.19	Eglise Saint-Gilles	1330-71 ; 1733	remaniement : František ŠPAČEK (1733)		★★
	Husova třída				

Eglise-halle à trois nefs de style gothique (1330-71) remaniée en style baroque par ŠPAČEK en 1733.

A l'intérieur, voûtes peintes à fresque en trompe-l'œil et tableau du maître-autel par V.V. Reiner.

C.20	Maison dite "vénitienne"	XIIIe-XVI^{e}s. ; XX^{e}s.			★
	Husova třída, 19.čp 229				★

Dans les caves se trouvent les vestiges d'un grand édifice roman du XIIIe siècle, divisé en deux à l'époque gothique pour servir de fondations à deux maisons. Celles-ci ont été dotées de pignons Renaissance " à la vénitienne " apparentés à ceux de l'école du

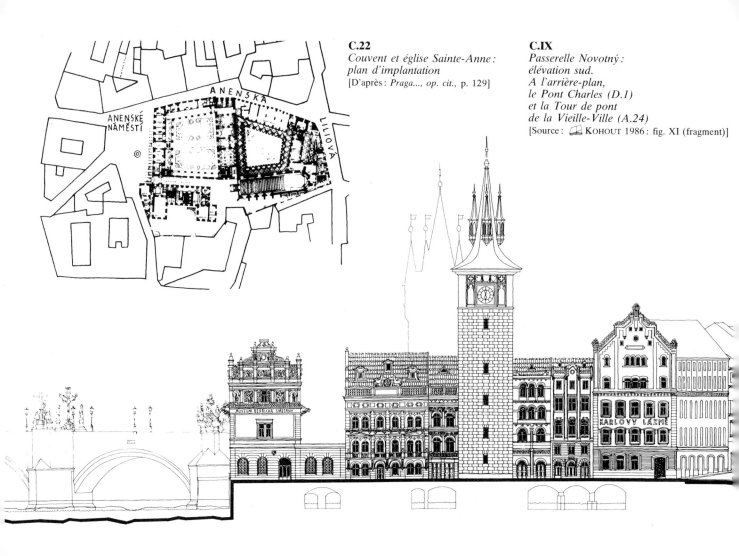

C.22
*Couvent et église Sainte-Anne :
plan d'implantation*
[D'après : *Praga..., op. cit.*, p. 129]

C.IX
*Passerelle Novotný :
élévation sud.
A l'arrière-plan,
le Pont Charles (D.1)
et la Tour de pont
de la Vieille-Ville (A.24)*
[Source : KOHOUT 1986 : fig. XI (fragment)]

Týn (cf. A.12). Aujourd'hui, les deux maisons, modernisées avec sobriété, sont de nouveau réunies en un seul bâtiment qui abrite la Galerie d'art de la Bohême centrale.

C.21		Maison "A la cigogne" *(dům U Čapků)*	ca 1200	restauration (1951-65)		★★
		Řetězová ulice, 3.čp 222				

Une des plus remarquables maisons romanes de Prague, où tout le sous-sol actuel (rez-de-chaussée d'un ancien palais) a conservé son aspect du XIIIe siècle. Les voûtes des deux salles latérales sont soutenues par un gros pilier central, tandis que celles de la salle principale reposent sur deux colonnes. Remarquable escalier intérieur. Au XVe siècle, ce palais roman appartenait à Georges de Poděbrady, futur roi de Bohême.

C.22		Couvent et église Sainte-Anne	1330		
		Anenské náměstí, 2.čp 211			

Couvent des sœurs dominicaines et église Sainte-Anne, édifiés en 1330 sur l'emplacement d'une ancienne rotonde romane. Au XVIIIe siècle, le couvent fut fermé et devint la propriété de l'éditeur-imprimeur Schönfeld dont les ateliers de lithographie existent toujours.

C.23		Palais Pachta. Arch. Jan Josef WIRCH (ca 1765). Immeuble rococo, surtout intéressant pour l'architecture de sa cour intérieure. Anenské náměstí, 4.čp 208.	

C.IX NOVOTNÉHO LÁVKA (PASSERELLE NOVOTNÝ)

■ La tour de l'**ancien château d'eau de la Vieille-Ville** (1489) domine la petite presqu'île Novotný. Sa belle toiture à versants concaves, flanquée de quatre clochetons, est une reconstruction de la fin du XIXe siècle.

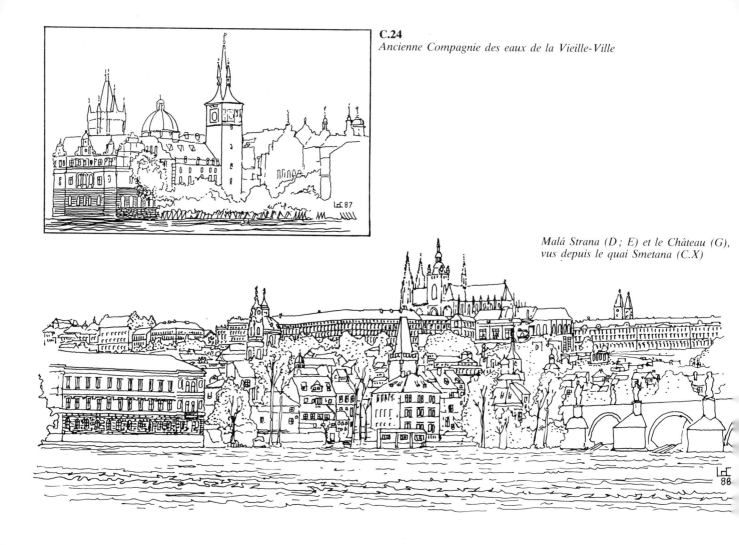

C.24
Ancienne Compagnie des eaux de la Vieille-Ville

Malá Strana (D ; E) et le Château (G), vus depuis le quai Smetana (C.X)

C.24		Ancienne Compagnie des eaux de la Vieille-Ville (Musée Smetana)	1883	Antonín WIEHL	★
		Novotného lávka, 1. čp 201			

Le musée consacré au compositeur Bedřich Smetana est installé dans les anciens bâtiments du château d'eau. La façade, ornée de sgraffites représentant des personnages historiques, est un bel exemple du style qu'on appelle "néo-Renaissance tchèque".

 Intéressante vue sur le Pont Charles et panorama sur la Vltava, Malá Strana, Hradčany et le Château (★★).

C.X	SMETANOVO NÁBŘEŽÍ (QUAI SMETANA)	

Le plus ancien quai de Prague. Il a fait l'objet d'un plan d'urbanisation en 1841.

■ 16. čp 330/18. čp 329. — Union d'amitié tchéco-soviétique. — Bel exemple à Prague d'architecture néo-Renaissance flamande, datant de 1895.
■ Monument à François Ier, dont l'architecture néo-gothique est de Josef KRANNER.
■ 2. čp 1012. — Ancien palais Lažanský (Académie des arts du théâtre et du cinéma). Arch. Vojtěch Ignác ULLMANN (1862). — Cet édifice de style néo-Renaissance fut habité par Smetana qui y fonda une école de musique.

 Vue remarquable sur la Vltava, le Pont Charles et le Château de Prague (★★★★).

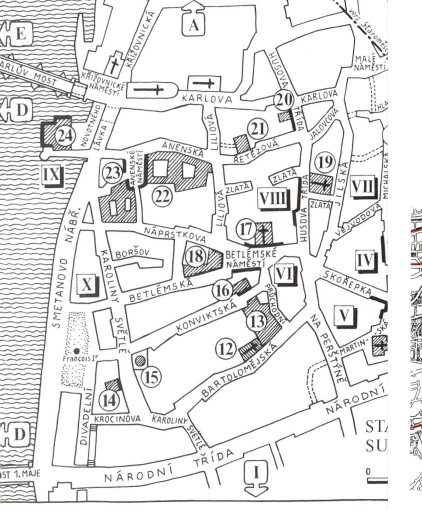

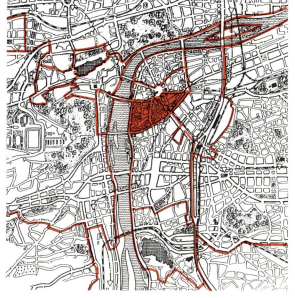

D.1
Le Pont Charles, vu depuis le couvent des Chevaliers à l'Etoile Rouge (A.23).
A l'arrière-plan, Malá Strana (D ; E) et le Château (G).
[Gravure de Vincenc MORSTADT, 1825]

MALÁ STRANA : PARCOURS D ET E
La Voie royale des princes de Bohême, du Pont Charles à la place de Hradčany

Malá Strana, c'est-à-dire " petit côté " ou " petite ville ", est la deuxième cité pragoise, fondée en 1257 par Otakar II. La ville connaît un essor important sous Charles IV qui l'agrandit, la dote d'églises et l'entoure d'une enceinte fortifiée, dite " Muraille de la Faim ". Ravagée à maintes reprises, par plusieurs incendies et par la bataille de la Montagne Blanche, Malá Strana est reconstruite de fond en comble durant les XVIIe et XVIIIe siècles. Des îlots entiers, des rues et des jardins disparaissent. De nouvelles artères sont tracées ; des places, créées ; de merveilleux jardins en terrasses, aménagés au pied du Château ; de somptueux palais et édifices religieux, construits pour la noblesse et le clergé par d'éminents architectes : c'est de cette époque que date l'aspect baroque de Malá Strana. [📖 HLAVSA 1983]

PARCOURS D

LE PONT CHARLES, MALÁ STRANA - SUD

D.1	Pont Charles *(Karlův most)* sur la Vltava	1357-XV^{e}s.	Peter PARLER	★★★★

Chronologie
— Avant le Xe s. : Un gué permet le passage de la Vltava un peu en aval de la courbe resserrée de son cours.
— Xe s. : Un pont en bois est construit, qui enjambe la rivière non loin du gué primitif.
— 1170 : Vladislav Ier fait construire un pont de pierre auquel il donne le nom de son épouse Judith. Ce pont, le plus ancien d'Europe centrale après celui de Regensburg, était plus étroit et moins haut que l'ouvrage actuel.
— 1342 : Le pont Judith est emporté par les crues déchaînées de la Vltava.
— 1357 : Charles IV confie à Peter PARLER la construction d'un nouveau pont qui portera plus tard le nom de l'illustre Roi-bâtisseur.
— 1683-1714 : On installe tout le long du pont des statues évoquant l'histoire religieuse de la Cité (œuvres baroques de Jäkel, Braun, Mayer, Kohl, Mandl, ainsi que de Jan Brokof et de ses fils Michal Jan Josef et Ferdinand Maxmilián).
— 1857-59 : La galerie de statues est complétée par des œuvres d'Emanuel Max.
— 1908-1937 : Plusieurs statues sont ajoutées, d'autres remplacées par des copies.

D.1
*Le Pont Charles, vu depuis l'île de Kampa (D.I).
A l'arrière-plan, la Vieille-Ville (A ; B ; C)*
[Dessin de Vincenc MORSTADT, 1835]

Caractéristiques

Construit en blocs de grès, long de 516 m et large de 10, le pont repose sur 16 piles dont certaines sont fondées sur les ruines de l'ancien pont Judith, ce qui explique le tracé légèrement brisé de son implantation. A l'entrée de la Vieille-Ville, la place Křižovnické (cf. A.IX), exhaussée par rapport au niveau de la rive droite, se trouve de plain-pied avec la chaussée du pont, tandis que celle-ci, sur la rive gauche, descend doucement pour passer sous la porte de Malá Strana.

Fonctions

Le Pont Charles a été depuis ses origines le lieu de la vie sociale et militaire. On y traitait les affaires, percevait les droits de douane, réglait les litiges et exécutait les malfaiteurs. C'est par là que passaient les armées, mais aussi le cortège triomphal des rois de Bohême vers le Château. Rendu à présent aux piétons, le pont, trait d'union entre la Vieille-Ville et Malá Strana, reste, aujourd'hui comme hier, un lieu de promenades unique au monde, d'où l'on jouit de vues splendides sur la Vltava et sur les différentes parties de la ville.

Signification poétique

Le célèbre pont, élément unificateur du paysage urbain, doit son charme à l'ensemble de son environnement ; il y est à la fois centre et passage. La puissance de ses piles l'ancre solidement dans la rivière, tandis que l'élan vertical de ses tours et la ponctuation de ses statues l'en détachent ; l'ample succession de ses arches lui confère, quant à elle, un rythme majestueux. Il est aussi un croisement du temps : dans un sens, il consent à l'écoulement de la rivière ; dans l'autre, il assure le cheminement des personnes auquel il imprime son rythme. Ce pont ne conduit pas en dehors de la ville ; il est en son sein et en est le signe. Il draine à lui les rues des deux versants, il invite dômes et clochers à une dialectique fructueuse entre les styles et les époques. Ce lieu évocateur des légendes de Bohême, admirablement chantées par Smetana, incite le promeneur à rêver à la princesse Libuše ou aux ardeurs virginales de Šarka.

D.2		Tours de pont et porte de Malá Strana	1166-1464	★★★
		Pont Charles, čp 56 / 57		

Ensemble architectural formé d'une porte gothique (1410) et de deux tours. La tour la plus petite (1166) qui faisait partie des fortifications romanes du pont Judith est donc antérieure à la construction du Pont Charles. Ses pignons et sa décoration de sgraffites furent ajoutés à la Renaissance. La tour la plus haute (1464) fait pendant à celle de la Vieille-Ville. Il faut admirer la séquence urbaine formée par la descente du pont, le passage sous la porte et la montée vers la ville baroque de Malá Strana, d'où émergent les tours de Saint-Nicolas et, sur les hauteurs, la silhouette du Château.

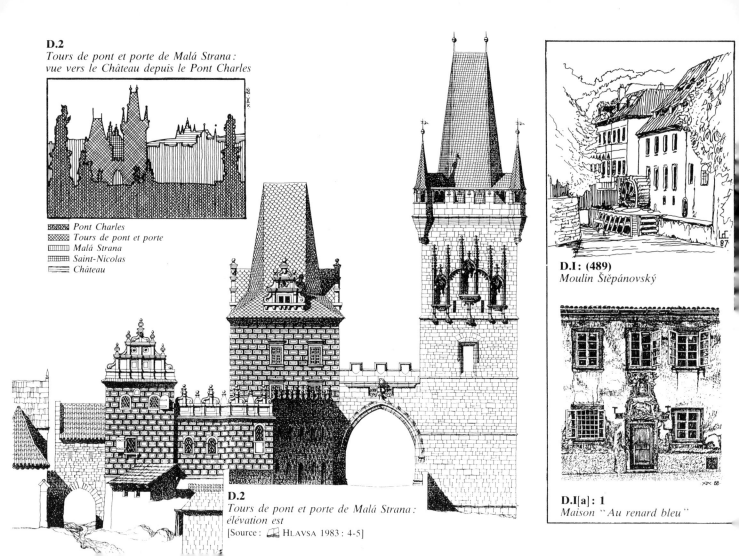

D.2
*Tours de pont et porte de Malá Strana :
vue vers le Château depuis le Pont Charles*

- Pont Charles
- Tours de pont et porte
- Malá Strana
- Saint-Nicolas
- Château

D.2
*Tours de pont et porte de Malá Strana :
élévation est*
[Source : HLAVSA 1983 : 4-5]

D.I : (489)
Moulin Štěpánovský

D.I[a] : 1
Maison "Au renard bleu"

Du haut de la grande tour, très belle vue sur toute la ville (★★★).

| D.I | ILE DE KAMPA : LA "VENISE DE PRAGUE" | ★ |

Pittoresque île romantique, séparée de Malá Strana par un bras de la Vltava, la Čertovka, dont le cours actionnait jadis les roues des moulins. Subsistent encore notamment les moulins Huť (Všehrdova ulice, 10.čp 447/14.čp 449), Štěpánovský (Velkopřevorské náměstí, 7.čp 489) et Odkolek (ulice U Sovových mlýnů, 2.čp 503).

[a] Na Kampě :
La place Na Kampě, qui se prolonge au nord sous le Pont Charles, est bordée de jolies maisons.
- 7.čp 493. — Maison " Au lion d'or " *(dům U zlatého lva)*. Arch. Giuseppe Bartolomeo SCOTTI (1732).
- 13.čp 510. — Maison " A la botte blanche " *(dům U bílé boty)*. Attr. à l'arch. František Josef JÄGER.
- 2.čp 499. — Maison " Au raisin d'or " *(dům U zlatého hroznu)*.
- 1.čp 498. — Maison " Au renard bleu " *(dům U modré lišky)*.

[b] Ulice U Sovových mlýnů :
- 4.čp 506. — Ancien palais Liechtenstein.
- 7.čp 501. — Ancienne maisonnette jardinière.

 Belle vue sur la Vltava, le Pont Charles et toute la Vieille-Ville (★).

| D.II | DRAŽICKÉHO NÁMĚSTÍ ET MÍŠEŇSKÁ ULICE | |

D.3		Hôtel "Aux trois autruches"	1597		★
		Dražického náměstí, 12.čp 76			

La maison *U tří pštrosů* est un édifice Renaissance à deux pignons jumelés avec restes de polychromie originale, dont les trois

D.6
Palais Kounic : portail

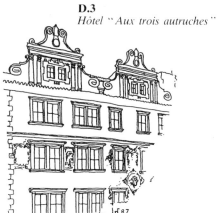

D.3
Hôtel "Aux trois autruches"

D.II *DRAŽICKÉHO NÁMĚSTÍ ET MÍŠEŇSKÁ ULICE*
D.III *MOSTECKÁ ULICE*

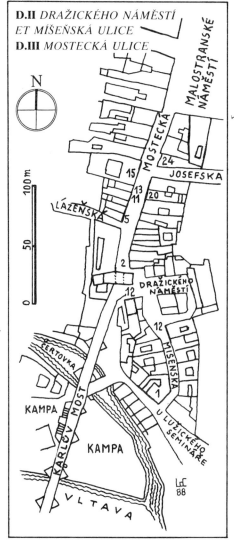

D.III
Mostecká ulice : vue vers Saint-Nicolas de Malá Strana (E.1)

D.4
Maison, Míšeňská ul., 12.čp 66

autruches. C'est ici qu'en 1714 s'ouvrit le premier café de Malá Strana, aujourd'hui transformé en hôtel. Dans le restaurant, beau plafond à solives.

D.4		Maison d'angle. – Arch. Kryštof DIENZENHOFER. Belle construction du premier baroque avec statue sur le coin. Míšeňská ulice, 12.čp 66.		

D.5		Maison d'angle. – Arch. Kilián Ignác DIENZENHOFER. Belle construction de style baroque tardif avec statue sur le coin. Míšeňská ulice, 1.čp 90.		

D.III MOSTECKÁ ULICE ★★

Une des plus importantes artères de la cité baroque, qui constitue le troisième tronçon de la Voie royale entre le Pont Charles et la place de Malá Strana.

■ 5.čp 282, 11.čp 279 et 13.čp 278. — Belles maisons baroques.

■ Du 2.čp 58 au 12.čp 49, ainsi que du 20.čp 45 au 24.čp 42. — Belles maisons Renaissance et baroques ; certaines sont remarquables pour leur façade à fronton se découpant sur le ciel.

■ 15.čp 277. — Palais Kounic (commentaire en D.6).

D.6		Palais Kounic (ambassade de Yougoslavie)	1773-75	Anton SCHMIDT	★★
		Mostecká ulice, 15.čp 277			

Remarquable édifice rococo, probablement l'unique œuvre de SCHMIDT à Prague. La façade tripartite est richement travaillée et l'attique, orné de sculptures d'Ignác Platzer. La partie centrale est la plus raffinée : son porche est légèrement gonflé pour recevoir le balcon incurvé, la fenêtre de l'étage noble est traitée comme une interprétation baroque de la "serlienne" et, surtout, le merveilleux fronton courbe se lie de façon continue à la corniche des corps latéraux.

D.IV LÁZEŇSKÁ ULICE

■ 6.čp 286. — Maison "Aux bains" (dům V lázních). — Célèbre hôtel où descendirent entre autres Pierre le Grand, tsar de Russie, et le poète français Châteaubriand. La façade est de style classique.

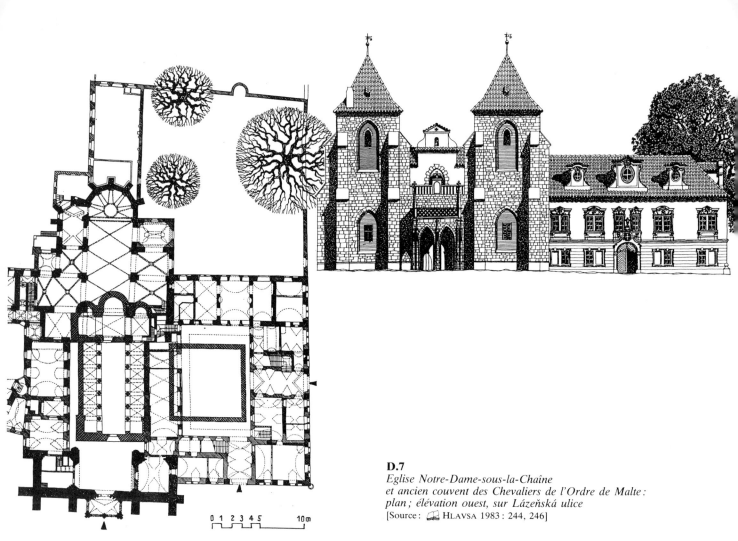

D.7
Eglise Notre-Dame-sous-la-Chaîne et ancien couvent des Chevaliers de l'Ordre de Malte : plan ; élévation ouest, sur Lázeňská ulice
[Source : HLAVSA 1983 : 244, 246]

- 11.čp 285. — Maison "A la licorne d'or" *(dům U zlatého jednorožce)*. — Bel hôtel baroque, célèbre pour avoir hébergé Beethoven en 1796.
- 4.čp 287. — Ancien couvent des Chevaliers de l'Ordre de Malte. Arch. Tomáš HAFFENECKER (1728-31). — Elégante façade baroque.
- Eglise Notre-Dame-sous-la-Chaîne (commentaire en D.7).

D.7	Eglise Notre-Dame-sous-la-Chaîne	XIIe...XVIIes.	remaniement baroque du chœur : Carlo LURAGO	★
	Lázeňská ulice			

Cette basilique romane fondée au XIIe siècle est la plus ancienne église de Malá Strana. Ses deux tours imposantes à contreforts massifs contrastent avec le caractère intimiste de la rue.

- A droite de l'église, beau **cloître des Chevaliers de l'Ordre de Malte** (Musée instrumental).

D.V	VELKOPŘEVORSKÉ NÁMĚSTÍ	★

D.8	Palais Hrzan (1617). De style Renaissance (très beau portail), remanié à l'époque baroque. Velkopřevorské náměstí, 1.čp 490.	

D.9	Palais Buquoy-Valdštejn (ambassade de France)	ca 1682-1738	Jean-Baptiste MATHEY(?) (ca 1682) ; reconstruction : František Maxmilán KAŇKA (1719)	★★
	Velkopřevorské náměstí, 2.čp 486			

Edifié sans doute par J.-B. MATHEY, ce beau palais fut reconstruit en 1719 par F.M. KAŇKA et remanié en 1738 dans le goût classique. L'édifice se distingue par les proportions harmonieuses de sa façade et par son imposant portail caractéristique du haut baroque pragois. A l'intérieur, l'escalier d'honneur est de style néo-Renaissance et, à l'arrière, le grand jardin s'étend jusqu'à la rivière Čertovka.

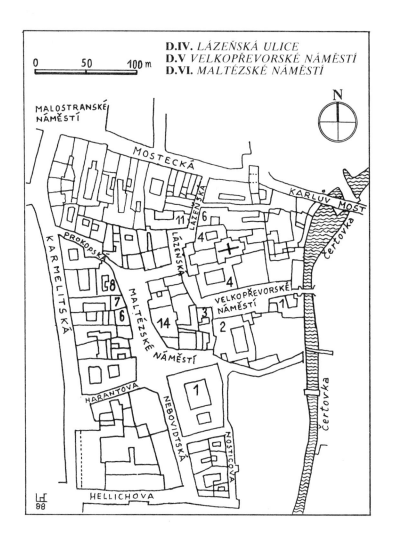

D.IV. *LÁZEŇSKÁ ULICE*
D.V *VELKOPŘEVORSKÉ NÁMĚSTÍ*
D.VI. *MALTÉZSKÉ NÁMĚSTÍ*

D.11
Palais maltais : portail

D.12
Palais Turba

| D.10 | | Petit palais Buquoy (XVIᵉ s.). De style Renaissance. A l'intérieur, escalier monumental (1773). Velkopřevorské náměstí, 3. čp 484. | | | |

| D.11 | | Palais maltais | 1726-28 | Giuseppe Bartolomeo SCOTTI | ★ |
| | | Velkopřevorské náměstí, 4. čp 485 | | | |

L'ancien siège du grand prieur de l'Ordre de Malte est un des beaux palais baroques de Malá Strana, remarquable pour son majestueux portail, l'ordonnance de ses fenêtres, son monumental escalier intérieur et ses sculptures provenant de l'atelier de Matyáš Bernard Braun.

D.VI MALTÉZSKÉ NÁMĚSTÍ ★★

Place en forme de L, bordée de grands palais et de maisons bourgeoises. Desservie par des rues au tracé sinueux, elle forme un ensemble urbain riche en perspectives.

- 8. čp 480. — Ancien bureau de poste de Malá Strana, construit en 1622.
- 7. čp 479. — Belle façade rococo à trois travées de fenêtres géminées.
- 6. čp 477. — Palais Turba (commentaire en D.12).
- 14. čp 476. — Palais Straka (commentaire en D.13).
- 1. čp 471. — Palais Nostic (commentaire en D.14).

| D.12 | | Palais Turba (ambassade du Japon) | 1767-68 | František Josef JÄGER | ★ |
| | | Maltézské náměstí, 6. čp 477 | | | |

Bel exemple d'architecture rococo. Grand étage en attique à deux frontons courbes rappellant celui du palais Kounic (cf. D.6). Façade rythmée par des pilastres d'ordre colossal.

D.17
Eglise Saint-Jean-du-Lavoir

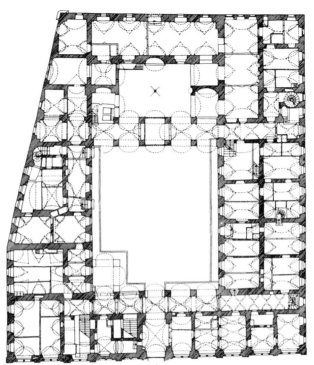

D.14
Palais Nostic :
plan
[Source : HLAVSA 1983 : 249]

D.15
Maison "Aux deux tourerelles"

D.14
Palais Nostic :
portail

D.13	Palais Straka	ca 1700	
	Maltézské náměstí, 14.čp 476		

Grande maison construite sur un soubassement à arcades. Salles du deuxième étage ornées de plafonds peints par J.R. Byss (1710).

D.14	Palais Nostic (ambassade des Pays-Bas)	1660-70	Francesco CARATTI (attr.) ; portail : Antonín HAFFENECKER (1760)	★★
	Maltézské náměstí, 1.čp 471			

Immense palais de style baroque primitif composé de quatre corps de logis entourant deux cours intérieures. La façade est rythmée par 12 pilastres colossaux aux motifs palladiens ; il s'agirait là d'une des premières applications à Prague par CARATTI de cette ordonnance rigoureuse qu'il systématisera trente ans plus tard au palais Černín (cf. F.7). L'édifice est couronné d'un attique à balustrade surmonté de sculptures de Brokof (1720). Les larges fenêtres jumelées dont les châssis sont dans le plan du parement extérieur contribuent à donner à la composition un caractère de continuité. Le beau portail rococo dû à HAFFENECKER (1760) orne la façade en son milieu. A la même époque, des garde-corps en fer furent, hélas, ajoutés aux fenêtres du deuxième étage.

D.15	Maison "Aux deux tourterelles" *(dům U dvou hrdlicek)*. – Arch. K.I. DIENZENHOFER.	
	Nosticova ulice, 5.čp 466.	

D.16	Important palais néo-Renaissance.	
	Hellichova ulice, 3.čp 457.	

D.17	Eglise Saint-Jean-du-Lavoir	XIIIe s.	
	Říční ulice		

Située sur le territoire de l'ancien bourg d'Újezd, cette petite église de caractère rural, une des plus anciennes de la ville, se caractérise par la simplicité et la beauté de ses volumes.

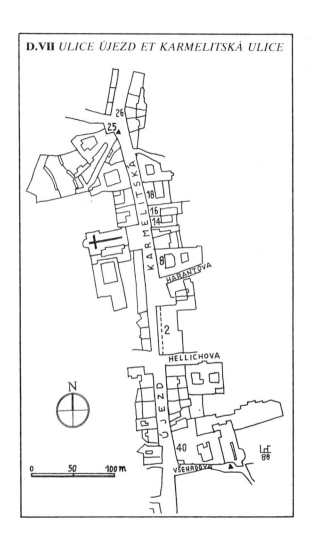

D.VII ULICE ÚJEZD ET KARMELITSKÁ ULICE

D.VII[b]
*Karmelitská ulice :
vue vers Saint-Nicolas
de Malá Strana (E.1)*

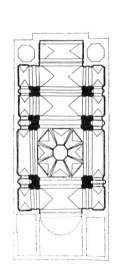

D.VII [b] : 2
*Eglise Sainte-Marie-Madeleine :
plan primitif*
[Source : 📖 LORENC 1980 : 35]

D.VII [b] : 2
*Couvent Sainte-Marie-Madeleine :
plan du 1er étage après transformations*
[D'après : 📖 HLAVSA 1983 : 252]

| D.VII | ULICE ÚJEZD ET KARMELITSKÁ ULICE | |

Importante voie de communication nord-sud qui reliait Malá Strana à Újezd, une des plus anciennes localités de Prague. Dès la fin du XVI[e] siècle, la noblesse, désireuse de vivre à proximité du Château, se fit construire le long de cette route et à l'intérieur de l'enceinte, plusieurs palais qui comptent parmi les plus anciens de ce quartier.

[a] Ulice Újezd

■ 40.čp 450. — Palais Michna de Vacínov (commentaire en D.18).
■ En face du palais Michna, funiculaire montant à la colline de Petřín (cf. M.II).

[b] Karmelitská ulice

■ 2..čp 388. — Couvent et église Sainte-Marie-Madeleine. Celle-ci est due à Francesco CARATTI et Kryštof DIENZENHOFER (1656...1713). — Le bâtiment est actuellement affecté aux archives de l'Etat.
■ 8.čp 386. — Palais Rohan, de style classique avec façade Empire. Arch. Josef Klement ZOBEL (1796). — Aménagement intérieur de Louis-Joseph MONTOYER. Actuellement, Ministère de l'Enseignement.
■ 14.čp 382. — Palais Sporck, de style baroque de la première moitié du XVIIIe siècle.
■ 16.čp 380. — Palais Muscon, de style Renaissance.
■ 18.čp 379. — Palais baroque Thun-Hohenstein datant de 1747 (★).
■ Eglise Notre-Dame-de-la-Victoire (commentaire en D.19).
■ 25.čp 373. — Palais et jardins Vrtba (commentaire en D.20).
■ 26.čp 268. — Maison d'inspiration cubiste du début du XXe siècle.

D.18		Palais Michna de Vacínov (faculté des sports de l'Univ. Charles)	1580-1644	aile baroque : Francesco CARATTI (1631-44)		★
		ulice Újezd, 40.čp 450				

Ensemble inachevé de grands bâtiments dont le plus ancien date de la Renaissance. L'aile baroque, due à CARATTI, est un édifice massif dont l'architecture rassemble une profusion de détails architectoniques d'inspiration italienne : pilastres toscans au rez-de-chaussée et corinthiens à l'étage, frontons brisés et classiques, frise dorique à métopes et triglyphes, fenêtres grillagées, niches, oculi, balcons à loggia, etc., le tout traité à la romaine et donnant sur ce qui fut jadis de grands jardins.

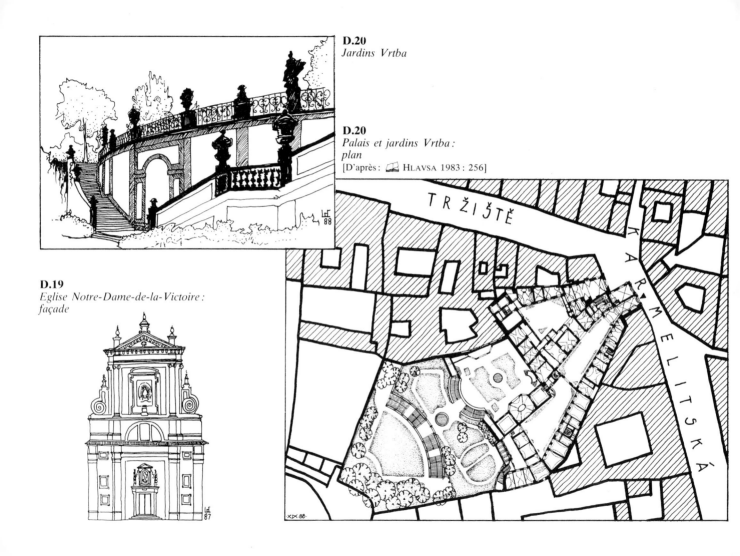

D.20
Jardins Vrtba

D.20
Palais et jardins Vrtba : plan
[D'après : HLAVSA 1983 : 256]

D.19
Eglise Notre-Dame-de-la-Victoire : façade

D.19	Eglise Notre-Dame-de-la-Victoire	1611-40		
	Karmelitská ulice, 9.čp 385			

Cet édifice construit pour des luthériens allemands est la première église baroque de Prague — chose surprenante puisque ce style était celui de la Contre-Réforme. En 1624, elle passe aux mains des carmélites qui en font une sorte de mémorial pour célébrer la victoire des Habsbourg à la bataille de la Montagne Blanche. L'église actuelle avec sa façade baroque date de 1640.

A l'intérieur, célèbre statue espagnole en cire de l'" Enfant Jésus de Prague " offerte aux carmélites par Polyxène de Lobkowicz (1628). Beaux tableaux aux clairs-obscurs dramatiques (★) de Petr Brandl (1700).

D.20	Palais et jardins Vrtba	ca 1720		jardins :
	Karmelitská ulice, 25.čp 373		František Maxmilián KAŇKA	★★

A partir d'une maison Renaissance datant de 1631, KAŇKA construisit un palais baroque et le dota d'un magnifique jardin en terrasses où la végétation naturelle se mélange aux feuillages figurés des sculptures (★★★). Le grand escalier, le pavillon et les balustrades sont ornés de vases et de statues provenant de l'atelier de Matyáš Braun ; les peintures de la *sala terrena* sont de V.V. Reiner.

 Des jardins, vue sur Malá Strana et Saint-Nicolas (★★).

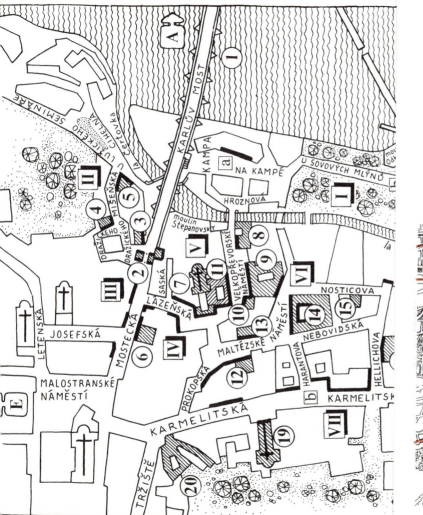
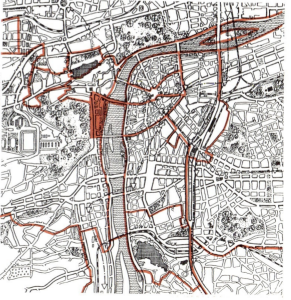

D

E.I *MALOSTRANSKÉ NÁMĚSTÍ*

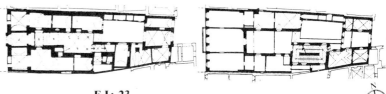

E.I : 23
Palais Kaiserstein :
plans du rez-de-chaussée et du 1er étage
[D'après : HLAVSA 1983 : 187]

E.I : 1 ; E.I : 2
Maison "Au persil" et maison voisine :
plans du rez-de-chaussée et du 1er étage
[D'après : HLAVSA 1983 : 179, 180]

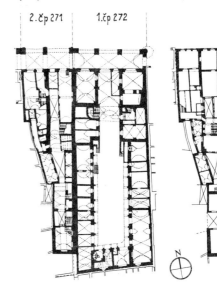

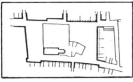

E.I
Malostranské náměstí :
plan avant le XVIIe siècle
[Source : LORENC 1982 : fig. 14a]

E.I : 10
Maison "Au lion d'or" :
façade ; plan du 1er étage
[D'après : HLAVSA 1983 : 181]

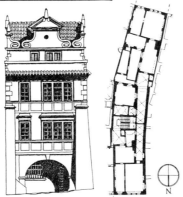

PARCOURS E

LE CENTRE DE MALÁ STRANA

Situé sous la colline de Petřín et au pied du Château, le cœur de Malá Strana s'adapte à merveille au relief de son environnement naturel et se concentre aux abords de la Voie royale formée par les rues Mostecká (cf. D.III) et Nerudova. Celles-ci se greffent sur une place à deux niveaux située à mi-chemin entre la rivière et le Château. Cette disposition spatiale originale renforce le caractère des architectures qui s'y trouvent.

E.I | MALOSTRANSKÉ NÁMĚSTÍ (PLACE DE MALÁ STRANA)

Pour se faire une idée de la place de Malá Strana telle qu'elle se présentait avant le XVIIe siècle, il faut se l'imaginer comme une grande étendue en pente douce de 250 m sur 150 avec en son milieu une modeste église romane flanquée de quelques maisons de peu d'importance. Aujourd'hui, le centre, occupé par l'église Saint-Nicolas et le couvent des jésuites, est devenu le pôle autour duquel la place s'organise. Ce vaste ensemble, véritable forteresse spirituelle de la Contre-Réforme, s'impose par son gabarit et l'échelle monumentale de ses éléments architectoniques. Les maisons et palais qui bordent l'ancienne place sont des constructions postérieures au grand incendie qui ravagea la ville en 1541. L'ensemble de ces demeures patriciennes développe autour de la place comme un merveilleux décor de théâtre.

■ 1.čp 272. — Maison " Au Persil " *(dům U petržílků)*. — Construction gothique remaniée en 1600 dans le style Renaissance. Beau *pavlač* (★).

■ 2.čp 271. — Maison ayant servi autrefois d'hôtel de ville.

■ 5.čp 266. — Maison *U Glaubiců*. — Construction Renaissance remaniée à l'époque baroque et dotée d'une façade classique.

■ 10.čp 261. — Maison " Au lion d'or " *(dům U zlatého lva)*. — La seule maison de la place en pur style Renaissance (1608).

■ 13.čp 258. — Palais Liechtenstein. — Sa longue façade classique due à Mathias HUMMEL (1791) occupe toute la partie supérieure du côté ouest de la place.

■ Colonne de la Peste, érigée d'après un projet de l'architecte ALLIPRANDI (1715), pour célébrer la fin de la peste pandémique du XVIIe siècle.

E.1
*Eglise Saint-Nicolas de Malá Strana :
plan*
[D'après : *Praga..., op. cit.,* p. 219 ; 📖 Hlavsa 1983 : 189] ;
axonométrie montrant la voûte selon le projet original
[D'après : 📖 Norberg-Schulz 1983 : 54]

E.1
*Eglise Saint-Nicolas de Malá Strana :
tribune*

E.1
*Eglise Saint-Nicolas de Malá Strana :
façade*

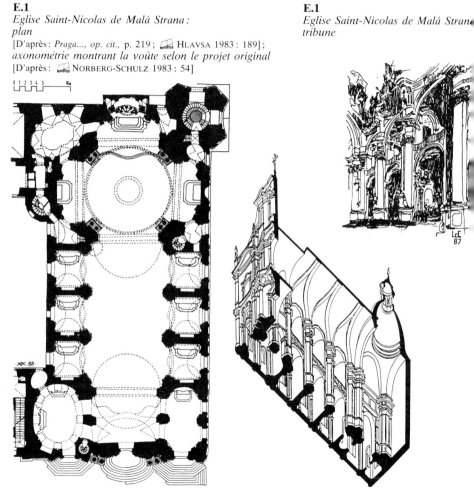

■ Eglise Saint-Nicolas (commentaire en E.1).
■ 17.čp 1. — Ancien gymnase des jésuites. — Grand bâtiment baroque remanié dans le goût classique.
■ 18.čp 6. — Palais Smiřický-Montágů (commentaire en E.2).
■ 19.čp 7. — Maison Šternberk (1710).
■ 21.čp 35. — Hôtel de ville de Malá Strana (commentaire en E.3).
■ 22.čp 36. — Maison *U Splavinů*. — Construction Renaissance remaniée dans le style baroque en 1720.
■ 23.čp 37. — Maison *U Petzoldů* (palais Kaiserstein). Arch. ALLIPRANDI (1700). — En attique, sculptures d'O. Mosta.
■ 25.čp 2. — Ancien collège des jésuites. Arch. Giovanni Domenico ORSI (1673). — Il abrite aujourd'hui la faculté de mathématique et de physique de l'Université Charles.
■ 28.čp 5. — Maison "A la table de pierre" *(dům U kamenného stolu)*. Architecture rococo de František Josef JÄGER (1772).

| E.1 | Eglise Saint-Nicolas de Malá Strana | 1703-55 | Kryštof DIENZENHOFER (1703-17) ; Kilián Ignác DIENZENHOFER (1737-52) ; Anselmo LURAGO (1755) | ★★★ |
| | Malostranské náměstí | | | ★★★★ |

Cette monumentale église jésuite est un des plus grands chef-d'œuvres de l'architecture rococo et un manifeste du baroque pragois. Paul Claudel la définit comme « un sanctuaire où tout est pénétré d'une vie et d'une éloquence intérieures, où l'édifice entier est une action de grâce à laquelle nous sommes aussitôt associés, où tout est paix, joie et non seulement sourire, mais éclat de rire [...]. C'est la jubilation orchestrale et l'ascension de la lumière [...]. Ce n'est plus la conception tragique du christianisme, c'est son aspect à la fois triomphant et miséricordieux, c'est son accord avec les besoins et les soulèvements les plus profonds et les plus généreux de notre nature. » *(Introduction au Soulier de satin)*.

Kryštof DIENZENHOFER compose le plan, la façade et la nef (1703-17). Son fils Kilián Ignác poursuit l'ouvrage par le chœur, la voûte et la coupole (1737-52). La tour sera ajoutée plus tard par Anselmo LURAGO (1755).

Une tension entre le niveau du sol et celui du couvrement baigne toute la nef : le plan est basé sur la succession régulière de travées juxtaposées, tandis que les ellipses virtuelles des voûtes s'interpénètrent dans l'espace. Ce mécanisme est engendré par l'intervalle entre les piliers et la disposition diagonale de ceux-ci, ce qui rend les ellipses, ici tangentes, là sécantes. De cette interaction géométrique résultent une contradiction apparente et une ambiguïté formelle qui confèrent à tout l'espace une dynamique exceptionnelle. Celle-ci est encore renforcée par l'ondulation des tribunes, l'extrême dilatation des voûtes et

E.1
*Eglise Saint-Nicolas de Malá Strana :
vue depuis la place de Malá Strana (E.I)*
[Lithographie de Samuel PROUT, 1820]

E.2
Palais Smiřický-Montágů
[Dessin de Vincenc MORSTADT, 1873]

E.II : 19
Maison "A l'Enfant Jésus"
[Dessin anonyme, XIXe s. ;
source : HLAVSA 1983 : 263]

E.2 ; E.I : 19
*Palais Smiřický-Montágů ;
maison Šternberk :
plan des rez-de-chaussée*
[D'après HLAVSA 1983 : 184]

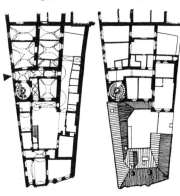

E.II : 19
*Maison "A l'Enfant Jésus" :
plans du rez-de-chaussée
et du 2e étage*
[D'après HLAVSA 1983 : 261]

l'irrésistible attraction de la grande coupole. Les fresques du plafond, par Jan Lukáš Kracker (1761-70), et celles de la coupole, par Karl Palko (1752), sont indissociables de l'architecture qu'elles prolongent en une multitude de trompe-l'œil.

La façade à double courbure inverse, établie sur trois registres, est également animée de mouvements contradictoires, ce qui la rend imposante et légère à la fois. Cette continuelle dualité de la puissance et de l'élégance se retrouve enfin au niveau de la coupole qui se hisse sur un haut tambour à proximité de la grande tour avec laquelle elle rivalise et se confond pour ne former qu'un seul élan, accent essentiel au profil de Prague.

A l'intérieur, un grand nombre d'œuvres d'art meublent l'édifice, dont des sculptures de Platzer le Vieux (★★), une remarquable chaire de Prachner (★★), une pietà, des tableaux de Škréta et un somptueux buffet d'orgue lié au souvenir de Mozart (★★★).

E.2	Palais Smiřický-Montágů	1606 ; ap. 1763	Anonyme ; reconstruction : František Josef JÄGER (ap. 1763)	★
	Malostranské náměstí, 18.čp 6			

Imposant palais de quatre étages sur rez-de-chaussée. Il date de 1606, mais fut reconstruit par F.J. JÄGER dans le style baroque tardif après 1763. En façade, le trottoir est couvert d'une galerie voûtée. C'est ici qu'en 1618 se trama le complot de la défenestration des gouverneurs impériaux qui devait avoir lieu au Château (cf. G.11[7]) et mettre le feu aux poudres de la guerre de Trente Ans.

E.3	Hôtel de ville de Malá Strana	1617-22	Giovanni CAMPIONE de BOSSI	★
	Malostranské náměstí, 21.čp 35			

La façade, particulièrement belle, est rythmée par un jeu de pilastres et de bandeaux cadrant des fenêtres jumelées terminées par des frontons brisés.

E.II	ULICE TRŽIŠTĚ			

■ 15.čp 365. — Palais Schönborn-Colloredo (commentaire en E.4).

■ 19.čp 303 # Břetislavova ulice, 2.čp 303. — Maison " A l'Enfant Jésus " *(dům U Ježíška)*. Construction baroque de 1704/05 attribuée à Jan Blažej SANTINI AICHL.

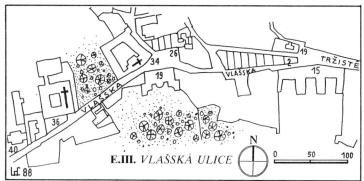

E.III. VLAŠSKÁ ULICE

Gian Lorenzo BERNINI:
premier projet pour le Louvre,
Paris, 1665:
façade principale

E.5
Palais Lobkowicz:
façade sur jardin

E.4
Palais Schönborn-Colloredo

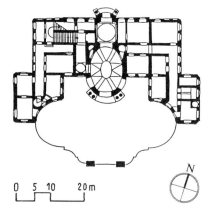

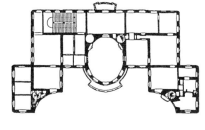

E.5
Palais Lobkowicz:
plans du rez-de-chaussée
et du 1er étage
[Source: MENCL 1969 : 140]

E.4	Palais Schönborn-Colloredo (ambassade des U.S.A)	1643-56 ; 1715	Anonymes ; remaniement baroque : Jan Blažej SANTINI AICHL (1715)	
	ulice Tržiště, 15. čp 365			

Grande demeure patricienne construite sur l'emplacement de cinq maisons anciennes. A l'arrière, s'étend un vaste jardin agrémenté d'une gloriette baroque à arcades, axée sur le vestibule du corps central du bâtiment.

E.III VLAŠSKÁ ULICE ★

- 2. čp 364. — Maison " A la Balance d'or " (*dům U zlaté váhy*).
- 19. čp 347. — Palais Lobkowicz (commentaire en E.5).
- 26. čp 331. — Faisant partie d'un ensemble baroque, cette maison est due à Anselmo LURAGO (1739).
- 34. čp 335. — Séminaire et hôpital Vlašský. Ensemble baroque de caractère rural (★). Chapelle de D. de BOSSI (1608-17).
- 36. čp 336/38. čp 337. — Clinique " sous Petřín ", avec l'église Saint-Charles-Borromée de style Empire tardif (1855).
- 40. čp 338. — Annexe de la clinique, appelée " *Casa d'Italia* " en raison de l'installation d'une colonie d'Italiens en ces lieux dès le XVIe siècle.

E.5	Palais Lobkowicz (ambassade de R.F.A.)	1703-13 ; 1769	G.B. ALLIPRANDI (1703-13) ; 2e étage : I.J. PALLIARDI (1769)	★★★
	Vlašská ulice, 19. čp 347			★★

Un des plus remarquables palais baroques de Prague, dont le plan s'organise autour d'un grand vestibule ovale précédé d'un hall ouvrant sur les jardins. Cette disposition s'inspire du projet non réalisé de G.L. BERNINI pour la façade du Louvre à Paris en 1665. Si la façade à rue est classique, celle donnant sur les jardins se creuse en un large mouvement concave pour recevoir en son milieu l'arrondi convexe du vestibule et des salons aux étages. Les toitures, où l'on retrouve l'influence de FISCHER von ERLACH, sont traitées à la manière des pagodes comme celles du Belvédère à Vienne.

A l'intérieur, toutes les pièces sont richement décorées de peintures.

 Vue inhabituelle sur le Château depuis le balcon de la salle ovale du premier étage ou des jardins en terrasses (★).

E.IV : 47
*Maison
"Aux deux soleils":
cartouche*

E.IV *NERUDOVA ULICE*

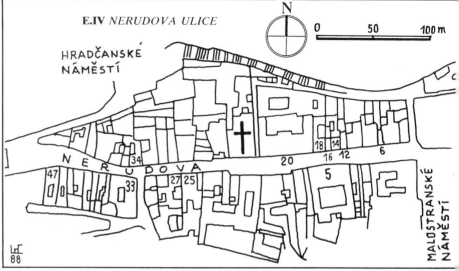

E.IV
*Nerudova ulice :
côté nord, en bas de la rue*

E.IV
*Nerudova ulice :
haut de la rue*

| E.IV | NERUDOVA ULICE | ★★ |

Jadis principale liaison entre la ville et le Château, la rue Nerudova formait le quatrième tronçon de la Voie royale des princes de Bohême. Parcourue ici dans le sens inverse, cette rue, réputée pour ses magnifiques palais et maisons baroques, est une des plus belles de Malá Strana.

- 47.čp 233. — Maison " Aux deux soleils " *(dům U dvou slunců)*, de style baroque (1673), habitée au XIXe siècle par le poète Jan Neruda.
- 34.čp 220. — Maison " Au fer à cheval d'or " *(dům U zlaté podkovy)*. — Ancienne pharmacie, la première de Malá Strana.
- 33.čp 240. — Ancien palais Bretfeld. Arch. Jan Josef WIRCH (?) (1765). — Façade rococo. Reliefs d'Ignác Platzer.
- 27.čp 243. — Maison " A la clef d'or " *(dům U zlatého klíče)*.
- 25.čp 244. — Maison " A l'âne près du berceau " *(dům Osel u kolébky)*. — Façade baroque (1706).
- Eglise Notre-Dame-du-Perpétuel-Secours-chez-les-Théatins (commentaire en E.6).
- 20.čp 214. — Palais Thun-Hohenstein-Kolovrat (commentaire en E.7).
- 18.čp 213. — Maison " Chez Saint-Jean-Népomucène " *(dům U sv. Jana Nepomuckého)*. — Reconstruction dans le style baroque d'une maison Renaissance dont il subsiste des traces de sgraffites datant de 1566.
- 16.čp 212. — Maison " A la coupe d'or " *(dům U zlaté číše)*, de style Renaissance.
- 14.čp 211. — Maison Valkoun, de style Renaissance, remaniée dans le goût baroque par Kryštof DIENZENHOFER en 1704.
- 12.čp 210. — Maison " Aux trois petits violons " *(dům U tří housliček)*. — Maison baroque célèbre pour son enseigne.
- 5.čp 256. — Palais Morzin (commentaire en E.8).
- 6.čp 207. — Maison " A l'aigle rouge " *(dům U červeného orla)*. — Remaniement baroque d'une maison Renaissance.

E.6	Eglise Notre-Dame-du-Perpétuel-Secours-chez-les-Théatins Nerudova ulice	1691-1717	J.-B. MATHEY (?) ; façade : J.B. SANTINI AICHL (1707)

Edifice baroque attribué à J.-B. MATHEY, avec façade et portail de J.B. SANTINI-AICHL (1707). La façade est ponctuée de pilastres plats à reliefs en trompe-l'œil, dispositif architectonique qui accentue la verticalité de l'édifice par rapport aux lignes horizontales du palais Thun voisin.

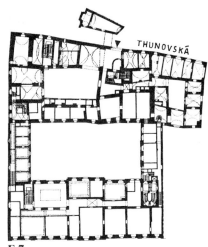

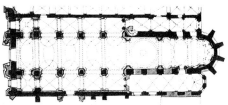

E.9
*Eglise Saint-Thomas :
plan*
[Source : Hlavsa 1983 : 226]

E.9
*Eglise Saint-Thomas :
partie supérieure de la façade*

E.7
*Palais Thun-Hohenstein-Kolovrat :
plans du rez-de-chaussée
et du 2ᵉ étage (au niveau de la rue Thunovská)*
[D'après : Hlavsa 1983 : 198, 199]

E.7
*Palais Thun-Hohenstein-Kolovrat :
portail*

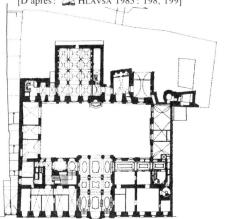

E.8
*Palais Morzin :
balcon soutenu par des atlantes maure*

■ A côté de l'église se trouve l'ancien **couvent des théatins** (★), intéressant exemple d'architecture baroque de caractère modeste.

E.7	Palais Thun-Hohenstein-Kolovrat (ambassade d'Italie)	1716-ca 1725	Jan Blažej SANTINI AICHL	★★
	Nerudova ulice, 20.čp 214			★★

La façade sévère et sobre met en valeur les deux aigles gigantesques de Matyáš B. Braun situés de part et d'autre du portail. Celui-ci ouvre sur un remarquable vestibule tripartite, centré sur quatre paires de colonnes, qui dessert une belle cour ainsi qu'un prestigieux escalier. Une des caractéristiques du palais est cette cour sur laquelle donnent, d'une part, le palais Thun lui-même au niveau de la rue Nerudova et, d'autre part, le palais Hradce-Slavata situé deux niveaux plus haut dans la rue Thunovská (cf. E.18).

E.8	Palais Morzin (ambassade de Roumanie)	1713-14	Jan Blažej SANTINI AICHL	★★
	Nerudova ulice, 5.čp 256			

Ce palais présente une des plus belles façades de la rue, avec ses deux portails figurant le Jour et la Nuit, son balcon surbaissé soutenu par des atlantes maures, les fronteaux de ses fenêtres et, en attique, les allégories figurant les Quatre Parties du Monde. La sobriété de la façade met en valeur les statues de Brokof qui font partie intégrante d'un ensemble harmonieux où s'unissent architecture et sculpture.

E.9	Eglise et couvent Saint-Thomas	1285...1731	église : Kilián Ignác DIENZENHOFER	★★
	impasse donnant dans la Letenská ulice			★

L'église Saint-Thomas fait partie d'un ermitage des augustins, fondé au XIIIe siècle, qui incluait un couvent et une brasserie (cf. E.V:12). A côté du presbytère, qui date de 1285-1315, les moines édifièrent en 1379 un cloître et une grande église à trois nefs. Celle-ci fut détruite et reconstruite dans le style baroque par Kilián Ignác DIENZENHOFER (1723-31). L'architecte parvint à imprimer la dynamique baroque à cet édifice enserré dans une ruelle étroite en dimensionnant avec art les éléments architectoniques de la façade conçue pour être vue selon des perspectives plafonnantes.

A l'intérieur, fresques des voûtes par V.V. Reiner, scuptures de F.M. Brokof, tableaux divers — dont deux copies de P.P. Rubens.

E.10
*Eglise Saint-Joseph :
plan.
A gauche, palais Lobkowicz :
plan du 1er étage*
[D'après 📖 Hlavsa 1983 : 226, 227]

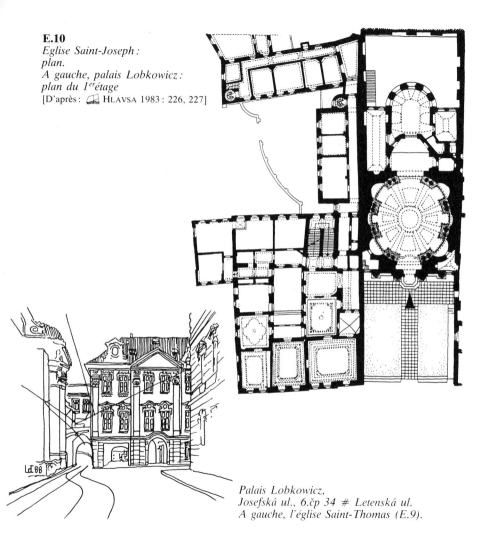

*Palais Lobkowicz,
Josefská ul., 6.čp 34 # Letenská ul.
A gauche, l'église Saint-Thomas (E.9).*

E.10
Eglise Saint-Joseph

E.10		Eglise Saint-Joseph	1683-93		★
		Josefská ulice			★

Edifice de style baroque romain avec coupole centrale de forme ovoïde. Façade de 1691 traitée dans le style baroque flamand, dit "à la Rubens", avec colonnes annelées et bandeaux soulignant l'horizontalité de l'édifice.

E.V LETENSKÁ ULICE

■ 12.čp 33. — Célèbre brasserie *U Tomáše*, fondée en 1358, dont les bâtiments d'origine gothique ont été remaniés dans le style baroque. La brasserie, qui existe toujours, est installée dans les caves voûtées.

■ 5.čp 120. — Palais Vrtba-Thurn-Taxis. — Beau bâtiment baroque de 1720, actuellement siège de l'Union des architectes tchèques.

■ Dans le grand mur longeant la Letenská ulice, on trouve l'accès aux jardins publics du palais Valdštejn (cf. E.16).

E.VI NÁBŘEŽÍ KAPITÁNA JAROŠE (QUAI CAPITAINE JAROŠ)

■ ...čp 128. — Bureau du Gouvernement de la ČSSR, ancienne Académie Straka. Arch. Václav ROŠTLAPIL (1892-96). — Gigantesque bâtiment néo-baroque.

■ ...čp 337. — Piscine municipale *(Občanská plovárna)*. Arch. Josef KRANNER (1840). — Le plus ancien établissement de natation en plein air de Prague.

E.VII VALDŠTEJNSKÁ ULICE ET VALDŠTEJNSKÉ NÁMĚSTÍ ★★

De Klárov à la place Valdštejn, la rue du même nom est bordée d'importants palais derrière lesquels se trouvent de remarquables jardins en terrasses, anciennes propriétés de plusieurs familles princières de Malá Strana. Dessinés sur les modèles italiens, ces jardins, installés au pied du Château, s'adaptent admirablement au relief du site. De la plate-forme de la Tour noire, au Château, on peut en admirer la composition (cf. G.VI).

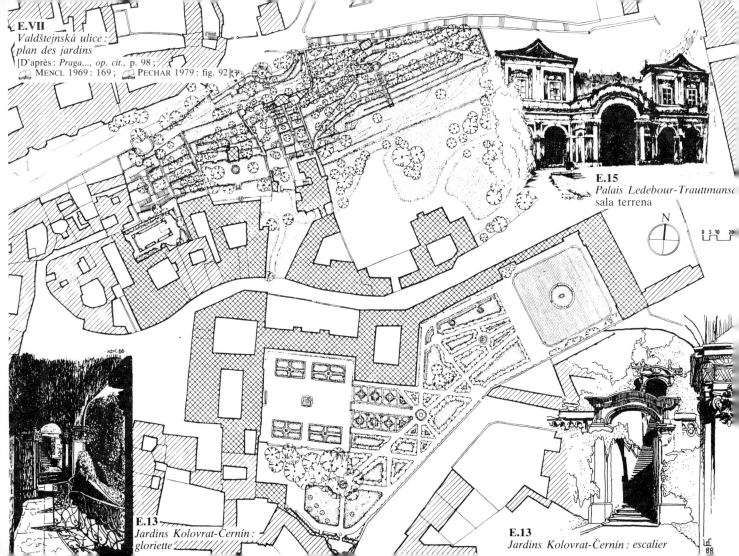

E.VII
*Valdštejnská ulice :
plan des jardins*
[D'après : *Praga...*, op. cit., p. 98 ;
MENCL 1969 : 169 ;   PECHAR 1979 : fig. 92]

E.15
*Palais Ledebour-Trauttmansdorff :
sala terrena*

E.13
*Jardins Kolovrat-Černín :
gloriette*

E.13
Jardins Kolovrat-Černín : escalier

E.11		Station de métro Malostranská	1978	station : O. KUČA, jardin : Z. DROBNÝ	★
		Valdštejnská ulice # Klárov			

Une des plus réussies des stations du métro, reprenant dans une esthétique nouvelle plusieurs thèmes baroques du quartier, dont par exemple le patio, la grille ondulée, les trois petits violons (cf. E.IV:12) et la clef d'or (cf. E.IV:27).

E.12		Palais Fürstenberg (ambassade de Pologne)	1743-47		★
		Valdštejnská ulice, 8.čp 153			

Ce palais, dont l'architecte n'est pas identifié, est une construction Renaissance remaniée à l'époque baroque sous l'influence de K.I. DIENZENHOFER.

Les jardins baroques en terrasses de 1750 ont été établis en exploitant au mieux le relief naturel. Toute la composition tient en un jeu subtil de relations entre les escaliers, la loggia et les pavillons.

E.13		Palais Kolovrat-Černín	1784	Ignác Jan PALLIARDI	★★
		Valdštejnská ulice, 10.čp 154			

Construction en baroque tardif, qui suit la courbe de la rue.

Remarquables jardins rococo en terrasses que PALLIARDI avait imaginés dès 1770.

E.14		Palais Pálffy	déb. XVIIIe s.		
		Valdštejnská ulice, 14.čp 158			

Reconstruction baroque de deux anciennes maisons avec, dans la cour, une belle fontaine Empire et, à l'arrière, un jardin à trois terrasses reliées entre elles par un escalier couvert et une loggia.

E.15		Palais Ledebour-Trauttmansdorff	1787	jardins : J.B. SANTINI AICHL (1716) ; palais : I.J. PALLIARDI (1787)	★★
		Valdštejnské náměstí, 3.čp 162			

Lorsque PALLIARDI entreprit la construction de ce palais de style baroque tardif, le beau jardin, dû à SANTINI AICHL,

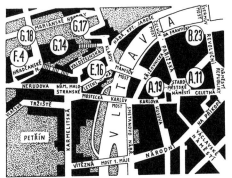

GALERIE NATIONALE
A.11 ART GRAPHIQUE
A.19 PEINTURE TCHEQUE XX€
B.23 ART TCHEQUE XIX€
E.16 EXPOSITIONS DIVERSES
F.4 ART EUROPEEN
G.14 ART TCHEQUE ANCIEN
G.17 EXPOSITIONS DIVERSES
G.18 EXPOSITIONS DIVERSES
N.8 SCULPTURE TCHEQUE

E.16
Palais Valdštejn :
sala terrena

E.16
Palais Valdštejn :
plans du rez-de-chaussée et du 1er étage
[Source : 📖 MENCL 1969 : 122]

E.16
Palais Valdštejn :
façade ouest,
sur Valdštejnské náměstí

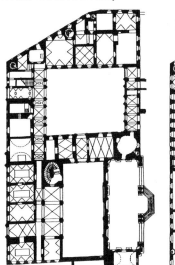
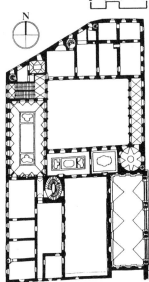

existait déjà. Ses terrasses en pente sont limitées dans le haut par un pavillon et dans le bas par une petite *sala terrena* ; deux pièces d'eau, des fontaines et une statue d'Hercule complètent le décor paysager.

E.16	Palais Valdštejn (ou Wallenstein)	1623-30	conception : Andrea SPEZZA, Niccolo SEBREGONDI, réalisation : Giovanni PIERONI	★★★ ★★
	Valdštejnské náměstí, 4.čp 17			

Somptueux palais construit et décoré par une série de grands artistes pour le duc de Wallenstein, l'illustre généralissime de la guerre de Trente Ans immortalisé par Schiller. Cet édifice de la Renaissance tardive est fait d'un ensemble d'éléments de styles différents harmonieusement agencés, comme les lucarnes en toiture fortement influencées par la Renaissance allemande, les portails latéraux en corbeille d'inspiration maniériste, la *sala terrena* qui n'est pas sans rappeler la *Loggia dei Lanzi* de Florence, et plusieurs motifs baroques, première manifestation de ce style à Prague.

Le plan comprend deux parties bien distinctes : d'une part, les pièces d'habitation organisées autour d'une grande cour ; d'autre part, les pièces de réception groupant la grande salle des fêtes et la *sala terrena* ouverte sur les jardins. La salle des fêtes, qui occupe la hauteur de deux étages, est ornée de stucs et de fresques dues à Baccio di Bianco ; celles-ci se reflètent délicatement dans des vitrages traités en miroir. Trois salles plus petites, un cabinet de travail, une chapelle, une rotonde et un escalier sur plan ovale complètent ce luxueux palais.

La *sala terrena* (★★★), chef-d'œuvre de PIERONI (1626-27), construite dans le style maniériste, s'harmonise parfaitement avec les jardins ornés de fontaines et de pièces d'eau où se mirent les sculptures d'Adriaen de Vries (copies).

 Le palais sert aussi aux expositions temporaires de la Galerie Nationale.

■ Le **jardin** (★★) est accessible au public à partir de la rue Letenská (cf. E.V).

E.VIII	SNĚMOVNÍ ULICE	

Cette très ancienne rue typique de Malá Strana, bordée de belles maisons baroques, se termine en une petite place triangulaire qui, à l'époque romane, était un marché très fréquenté.

■ 10. čp 165. — Maison " Au cygne d'or " *(dům U zlaté labutě)* (★). Arch. Ulrico AVOSTALIS (1589). — Construction dans le style de la Renaissance tchèque, une des plus belles de ce style à Prague.

■ **Ruelle** " **Au puits d'or** " *(ulička U zlaté studně)*. — Impasse pittoresque.

E.18
Palais Hradce-Slavata :
gâbles

E.18
Palais Hradce-Slavata :
plan du 1ᵉʳ étage
[D'après : 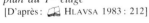 Hlavsa 1983 : 212]

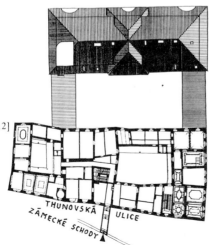

La rue Ke Hradu ("vers le Château"),
montant vers la place de Hradčany (F.I),
vue depuis Radnické schody.
A gauche, le palais Schwarzenberg-Lobkowicz (F.I
[Gravure de Vincenc Morstadt, 1852]

E.IX	TOMÁŠSKÁ ULICE	

Ancienne rue médiévale bordée d'intéressantes maisons baroques, dont :

- 4. čp 26. — Maison " Au cerf d'or " *(dům U zlatého jelena)* (★). Arch. Kilián Ignác DIENZENHOFER (1726). — Ornant la façade, une grande sculpture de saint Hubert par F.M. Brokof.
- 2. čp 27. — Brasserie *U Schnellů*, installée dans un décor de 1787.

E.X	THUNOVSKÁ ULICE	★★

Rue typique du vieux Malá Strana, sorte de raccourci pour monter au Château, la voie ordinaire empruntant plutôt les rues Nerudova et Ke Hradu.

- 14. čp 180. — Ancien palais Thun (commentaire en E.17).
- 13. čp 199. — Maison Renaissance, avec beau portail de la même époque.
- 20. čp 184. — Palais Věžníkovský, de style Renaissance, avec façade baroque et jardins en terrasses.
- 19. čp 196. — Maison *U Zelenků*, de style Renaissance, conservée dans son état d'origine.
- 25. čp 193. — Palais Hradce-Slavata (commentaire en E.18).

E.17		Ancien palais Thun (ambassade de Grande-Bretagne)	1656 ; 1716-27	Anonyme (1656) ; façade : A.G. LURAGO (1716-27)		★
		Thunovská ulice, 14.čp 180				

Immeuble Renaissance avec façade baroque d'Antonio Giovanni LURAGO. Etant donné la configuration du sol, le grand jardin qui se développe près du palais n'est accessible qu'à partir du troisième étage de celui-ci, ce qui a amené l'architecte à inverser les fonctions des différents niveaux.

E.18		Palais Hradce-Slavata	1564...1679		★
		Thunovská ulice, 25.čp 193			

Palais de style Renaissance avec en façade une série de pignons ornés de pinacles en pierre se détachant sur le ciel. La ruelle

E.IX : 4
Maison "Au cerf d'or"

E.X
Thunovská ulice

montante permet d'apprécier à différents niveaux la richesse de ce couronnement. L'édifice est relié au palais Thun-Hohenstein-Kolovrat situé à la rue Nerudova (cf. E.7).

L'étroite ruelle se termine par un escalier à paliers successifs qui débouche sur la place de Hradčany (cf. F.I), dernière étape de la Voie royale avant d'entrer au Château.

PARCOURS E
MALÁ STRANA-CENTRE

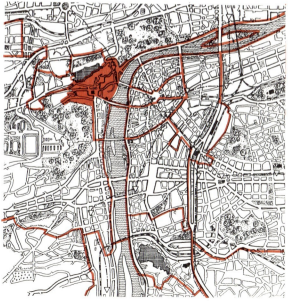

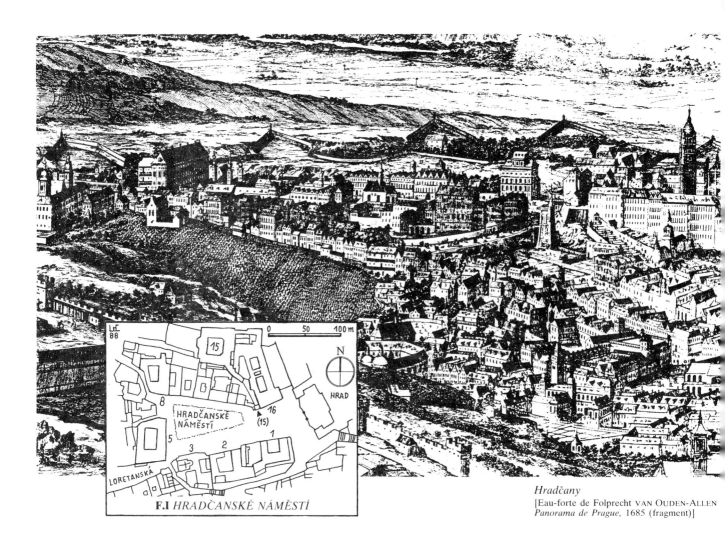

Hradčany
[Eau-forte de Folprecht van Ouden-Allen
Panorama de Prague, 1685 (fragment)]

F.I *HRADČANSKÉ NÁMĚSTÍ*

PARCOURS F

HRADČANY

Troisième cité pragoise, fondée en 1320, Hradčany, installée sur la colline du Château, domine fièrement toute la ville. Limitée à l'origine aux abords immédiats de l'actuelle place, elle absorba, sous le règne de Charles IV, les communes de Pohořelec et de Strahov pour s'étendre ensuite jusqu'à la colline de Petřín. Hradčany doit son nom au Château *(Hrad)* auquel elle resta assujettie jusqu'en 1598. C'est à cette époque, sous Rodolphe II, qu'elle fut élevée au rang de ville royale, acquérant une indépendance qu'elle conservera jusqu'à son rattachement en 1784 aux autres cités de Staré Město, Malá Strana et Nové Město. Aujourd'hui, le quartier historique de Hradčany, remarquablement conservé, forme avec le Château un ensemble urbain des plus harmonieux.

F.I HRADČANSKÉ NÁMĚSTÍ ★★

 Superbe vue panoramique sur la ville entière (★★★★).

Malgré la présence d'importants palais construits du XVIe au XVIIIe siècle, ce lieu historique, à l'entrée du Château, présente l'aspect urbain d'une grand-place médiévale. C'est seulement après l'incendie de 1541 que le caractère architectural des constructions de Hradčany fut totalement renouvelé, modifiant ainsi le rapport d'échelle entre la place et les édifices qui la bordent.

■ Sur la place, la Colonne de la Peste, œuvre de Ferdinand Brokof (1726-36), rappelle la terrible épidémie de 1679.

■ 1. čp 186. — Ancien palais Schwarzenberg. Arch. Fr. PAVIČEK (1795-1810). — Cet édifice Empire, formé de trois grandes ailes disposées autour d'une cour ouverte sur la place, est actuellement le siège de l'ambassade de Suisse.

■ 2. čp 185. — Palais Schwarzenberg-Lobkowicz (commentaire en F.1).

■ 3. čp 184. — Ancien couvent des barnabites et église Saint-Benoît qui fut jadis l'église paroissiale de Hradčany. Derrière le couvent, se trouve un escalier étroit et raide qui relie la place à la rue Nerudova.

F.2
Palais Thun-Hohenstein

F.1
*Palais Schwarzenberg-Lobkowicz :
plans du rez-de-chaussée et de l'étage*
[Source : MENCL 1969 : 111]

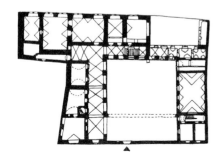
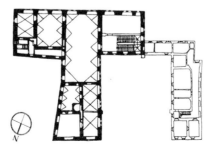

F.1
Palais Schwarzenberg-Lobkowicz

- 5. čp 182. — Palais Thun-Hohenstein (commentaire en F.2).
- 8. čp 67. — Ancien palais Martinic (commentaire en F.3).
- 15. čp 57. — Palais Šternberk (commentaire en F.4).
- 16. čp 56. — Palais archiépiscopal (commentaire en F.5).

F.1		Palais Schwarzenberg-Lobkowicz	1545-63	Augustin VLACH	★★★
		Hradčanské náměstí, 2.čp 185			

Admirablement conservé, ce palais est un des plus beaux exemples du style Renaissance tchèque, influencée certes par l'Italie, mais qui se résout ici en une expression architectonique d'une réelle authenticité. Tout est nouveau dans ce palais : le rapport des volumes, l'allure des pignons, le couronnement du mur fermant la cour, le traitement des corniches et des fenêtres, ainsi que les façades ornées de sgraffites représentant sur toute leur surface un bossage à pointes de diamant. Au deuxième étage, plusieurs pièces possèdent des plafonds richement ornés de peintures datant de 1580. Ce palais, construit pour Jean de Lobkowicz le Jeune, cédé ensuite à plusieurs familles princières, dont les Schwarzenberg, est aujourd'hui transformé en Musée militaire.

F.2		Palais Thun-Hohenstein (dit "toscan")	1689-91	Jean-Baptiste MATHEY	★★
		Hradčanské náměstí, 5.čp 182			

L'ancien palais des ducs de Toscane est un édifice baroque dont la grande façade symétrique ferme la perspective ouest de la place. Son architecture peut être considérée comme la subtile adaptation, à l'échelle de l'environnement, du modèle du palais romain. Afin d'accentuer le caractère imposant des portails, l'architecte a installé en toiture un étage flanqué de deux pavillons à belvédère. Ceux-ci sont reliés par une balustrade ornée de statues de Brokof. Le palais est actuellement le siège du Ministère des Affaires étrangères.

F.3		Ancien palais Martinic	1618-24		★★
		Hradčanské náměstí, 8.čp 67 # Kanovnická ulice			

Intéressant groupement de trois maisons gothiques de 1583 transformées en palais Renaissance à trois pignons symétriques ; celui de gauche épouse la courbure de la rue au départ de la place. La composition respecte l'ancien tracé parcellaire et résout

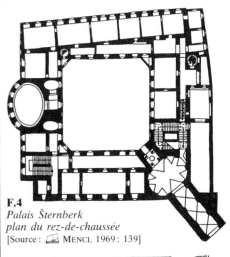

F.4
*Palais Šternberk
plan du rez-de-chaussée*
[Source: MENCL 1969 : 139]

F.5
Palais archiépiscopal
[Gravure de Vincenc MORSTADT, 1847]

F.3
Ancien palais Martinic

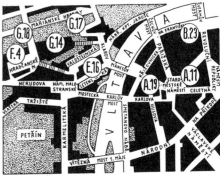

GALERIE NATIONALE
A.11 ART GRAPHIQUE
A.19 PEINTURE TCHEQUE XXe
B.23 ART TCHEQUE XIXe
E.16 EXPOSITIONS DIVERSES
F.4 ART EUROPEEN
G.14 ART TCHEQUE ANCIEN
G.17 EXPOSITIONS DIVERSES
G.18 EXPOSITIONS DIVERSES
N.B SCULPTURE TCHEQUE

avec grande élégance le passage de la façade à l'entrée de la rue Kanovnická. Le rez-de-chaussée et l'étage noble sont ornés de merveilleux sgraffites qui figurent des scènes bibliques et mythologiques.

F.4	Palais Šternberk	1698-1707	conception : D. MARTINELLI, réalisation : J.B. SANTINI AICHL, G.B. ALLIPRANDI	★★ ★★
	Hradčanské náměstí, 15.čp 57			

Remarquable palais baroque avec cour intérieure aux murs recouverts de stucs. L'accès au bâtiment, enserré dans l'îlot, se fait par un corridor et un vestibule implantés selon la diagonale du plan. Le palais, invisible de la place, est axé sur un jardin intérieur à partir d'un pavillon central elliptique traité "à la viennoise". L'originalité de la composition réside dans le mouvement ascensionnel des parois intérieures plus ornées au sommet qu'à la base.

NG La palais abrite des chefs-d'œuvre de la peinture et de la sculpture françaises des XIXe et XXe siècles (Cézanne, Gaugin, Bonnard, Braque, Picasso, Matisse, Renoir, Rodin, Van Gogh, etc.) appartenant à la Galerie Nationale (★★★). Dans le jardin, se trouve notamment l'*Héraclès-archer*, chef-d'œuvre d'Emile-Antoine Bourdelle (Paris, 1909).

F.5	Palais archiépiscopal	1562…1765	conc. : B. WOHLMUT, réal. : U. AVOSTALIS (1562-64) ; reconstr. : J.-B. MATHEY (1675-94) ; façade : J.J. WIRCH (1763-65).	★★
	Hradčanské náměstí, 16.čp 56			

L'ancien palais Gryspek, remanié par AVOSTALIS pour l'archevêché de Prague, a été reconstruit dans le style baroque par MATHEY qui modifia une partie de sa structure. Enfin, WIRCH dota l'édifice d'une élégante façade rococo dont l'ordonnance italienne rappelle certaines œuvres de Carlo CARLONE.

A l'intérieur, les pièces du deuxième étage sont ornées d'une série de huit gobelins à sujets exotiques (Paris, 1753).

F.II KANOVNICKÁ ULICE

■ 4. čp 70. — Ancien palais Hložek, construction baroque de 1670, actuellement ambassade d'Autriche.
■ Eglise Saint-Jean-Népomucène (commentaire en F.6).

F.6	Eglise Saint-Jean-Népomucène	1720-28	Kilián Ignác DIENZENHOFER	★ ★★
	Kanovnická ulice			

Cette église, une des premières constructions pragoises de l'architecte, est surtout intéressante pour son intérieur animé d'un

F.6
Eglise Saint-Jean-Népomucène :
façade

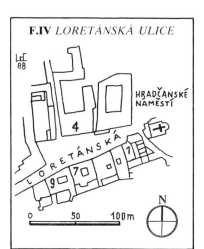

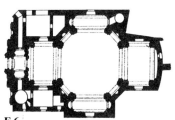

F.6
Eglise Saint-Jean-Népomucène :
plan
[D'après : NORBERG-SCHULZ 1983 : 65]

F.IV : 1
Ancien hôtel de ville de Hradčany

F.V
Loretánské náměstí
[Dessin de Vincenc MORSTADT, 1852]

mouvement ondulatoire. La composition combine la centralité d'un schéma en croix grecque avec un plan longitudinal. Un étonnant effet de pulsation se dégage de la voûte centrale du narthex dont les côtés convexes semblent se contracter sous la pression des espaces adjacents. La grande subtilité dans l'emploi de ces effets contradictoires est renforcée par une série d'éléments décoratifs tels les encorbellements, les stucs dorés et les tribunes aux courbes sinueuses. Les fresques, qui datent de 1728, sont de V.V. Reiner.

F.III ULICE NOVÝ SVĚT (RUE DU NOUVEAU MONDE)

A quelques pas des riches palais de la ville royale de Rodolphe II, ce quartier des pauvres s'établit le long d'une ruelle, curieusement appelée "Nouveau Monde", bordée de maisons que les touristes qualifient aujourd'hui de romantiques et de pittoresques. Les maisons aux numéros 1. čp 76 et 3. čp 77 sont de bons exemples d'architecture vernaculaire des XVIIe et XVIIIe siècles.

F.IV LORETÁNSKÁ ULICE

■ 1. čp 173. — Ancien hôtel de ville de Hradčany, de style Renaissance tardif, installé dans une maison bourgeoise transformée par l'architecte Caspar OEMICHEN (1598-1604). La façade est ornée de sgraffites aux motifs géométriques disposés selon une composition abstraite.
■ 7. čp 176. — Palais Dietrichstein.
■ 9. čp 177. — Palais Hrzán.
■ 4. čp 181. — Palais Martinic. Arch. Giuseppe Bartolomeo SCOTTI (1702). — Bon exemple à Prague d'architecture romaine inspirée de Carlo FONTANA.

F.V LORETÁNSKÉ NÁMĚSTÍ (PLACE DE LORETTE) ★★

La place de Lorette, un des plus beaux lieux de Prague, fut créée en 1703, à l'époque où les seigneurs Černín achetèrent et firent démolir les maisons et cabanes qui s'y trouvaient, pour y aménager une esplanade devant leur palais. L'espace est divisé longitudinalement par une balustrade qui crée un lien entre les différents niveaux de la place, avec d'un côté le gigantesque palais Černín et de l'autre l'ensemble raffiné de Notre-Dame-de-Lorette. Le contraste entre les deux édifices est

F.7
Palais Černín :
façade est, sur la place de Lorette
[Gravure anonyme, 1ʳᵉ moitié du XIXᵉ s. ; source : LORENC 1980 : 41]

F.7
Palais Černín :
composition
d'une travée
de la façade
a.1 / selon le projet
original de
F. CARATTI (1669) et
a.2 / après la
restauration par
P. JANÁK (ca 1930),
comparée à celle du
b / palais Porto-Breganze,
à Vicence, par
A. PALLADIO
et V. SCAMOZZI
(ca 1570-80)
[Source : LORENC 1980 : 76, 77]

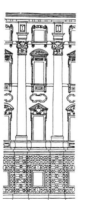 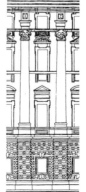

b   a.1   a.2

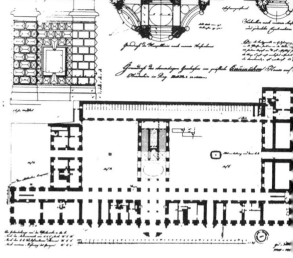

F.7
Palais Černín :
plan du
rez-de-chaussée ;
détails de
la façade
et des entrées
[Relevé de l'arch.
Antonín VACH, 1834 ;
source : LORENC
1980 : 143]

F.7
Palais Černín :
vue du nord-est
[Gravure de A.C. GUSTAV, 1815 (fragment)]

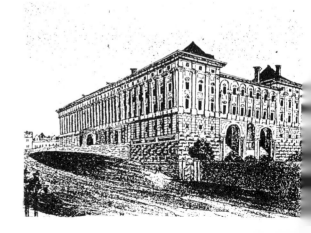

surprenant et l'élégante façade du sanctuaire de Lorette supporte avec fierté le vis-à-vis de l'imposante masse du palais Černín.

F.7		Palais Černín	1669…1934	F. CARATTI ; D.E. ROSSI ; G.B. ALLIPRANDI ; F.M. KAŇKA ; A. LURAGO ; P. JANÁK	★★★
		Loretánské náměstí, 5.čp 101			

Longue de 150 m, la façade monumentale est divisée en 29 travées égales cadencées par 30 colonnes engagées d'ordre colossal, d'inspiration palladienne ; celles-ci reposent sur un haut soubassement à bossage en pointes de diamant percé de trois portails. Quant à la façade latérale donnant sur le jardin, elle appartient encore à la Renaissance de l'Italie du Nord : le rythme se fragmente et l'ordre colossal s'atténue par la présence de niches, de pilastres plats, d'arcades engagées et de portiques en forme de " serliennes ".

De nombreux architectes travaillèrent au palais Černín : Francesco CARATTI (conception et construction, 1669-77/79), Domenico Egidio ROSSI (aménagements intérieurs et conception des jardins, 1693), Giovanni Battista ALLIPRANDI (esplanade devant le palais, 1696-1702), František Maxmilián KAŇKA (transformations de l'intérieur et des jardins, 1717-23), Anselmo LURAGO (remaniement de l'entrée, 1747-49), enfin Pavel JANÁK (restauration et restitution du palais dans son état d'origine, 1928-34). [📖 LORENC 1980]

A l'intérieur, salles richement décorées, grand escalier d'honneur et plafonds peints par V.V. Reiner (1718). Le palais est actuellement affecté au Ministère des Affaires étrangères.

F.8		Sanctuaire Notre-Dame-de-Lorette	1626…1734	G.D. ORSI (1626-31) ; K. DIENZENHOFER (1716-22), K.I. DIENZENHOFER (1720-23 ; 47-51) ; J.J. AICHBAUER (1734)	★★
		Loretánské náměstí, 7.čp 100			

Le sanctuaire de Lorette doit son nom au village de Loreto en Italie, un des plus célèbres lieux de pèlerinage marial du monde chrétien. Il comprend entre autres :

■ [a] un **bâtiment frontal** donnant sur la place et construit par Giovanni Domenico ORSI en 1626. La merveilleuse façade tripartite de style baroque (★★★) est de Kryštof DIENZENHOFER (1716-22) avec la collaboration de son fils Kilián Ignác (1720-23). La partie centrale est surmontée d'une élégante tour abritant un carillon de Petr Neumann (1694). La rigueur de la composition est basée sur l'équilibre qui règne entre tous les éléments horizontaux et verticaux du bâtiment et du clocher, délicate résolution à laquelle contribue chaque détail architectonique des lucarnes, frontons, pinacles et volutes.

F.8 [a]
Sanctuaire Notre-Dame-de-Lorette

F.8 [b]
*Sanctuaire Notre-Dame-de-Lorette :
Santa Casa*
[Source : J. HEROUT, *op. cit.*, p. 142]

F.9 [a]
*Abbaye de Strahov :
portail d'entrée de la cour*

F.9 [c]
*Abbaye de Strahov :
église de la Vierge-Marie :
façade*

F.9
*Abbaye de Strahov :
axonométrie*
[Source : J. HEROUT, *op. cit.*, p. 127]

- **[b]** la *Santa Casa*, située dans la cour, édifice construit en 1631 par Giovanni Domenico ORSI à la demande de Benigna Kateřina de Lobkowicz, désireuse de raviver la dévotion mariale. Selon une tradition du XVe siècle, la maison de la Vierge à Nazareth aurait été miraculeusement transportée par des anges à Loreto qui devint ainsi un important centre de pélerinage. Parmi les quelque cinquante copies de la *Santa Casa* italienne, la version pragoise est sans doute la plus connue.

- **[c]** la **cour intérieure** et les **cloîtres** datant de 1661. C'est au premier étage de l'aile ouest, construite par K.I. DIENZENHOFER (1747-51), que se trouve la salle du trésor où est exposé le fabuleux ostensoir viennois de 1669, ouvrage en vermeil serti de plus de 6 000 diamants, dessiné par l'architecte J.B. FISCHER von ERLACH.

- **[d]** l'**église de la Nativité**, due à J.J. AICHBAUER (1734), décorée de fresques de V.V. Reiner.

F.VI	POHOŘELEC	★

Créé en 1375, cet ancien faubourg de Hradčany, plusieurs fois incendié, reçut son aspect actuel aux XVIIe et XVIIIe siècles.

- Les maisons les plus remarquables de la longue **place de Pohořelec** sont celles aux numéros 25. čp 111, 24. čp 112, 22. čp 114 et 8. čp 147. Cette dernière possède un passage donnant accès à la cour de Strahov.

F.9	Abbaye de Strahov	XIIe...XVIIIe s.	Anonyme ; G.D. ORSI (1671-79), J.-B. MATHEY (1680-98) ; I.J. PALLIARDI (1782-92)	★ ★★★
	Strahovské nádvoří (cour de Strahov)			

Cet ancien couvent des prémontrés, fondé en 1140 par Vladislav II, est l'un des plus remarquables ensembles architecturaux de Prague. Remanié aux XVIe et XVIIe siècles, il revêtit son aspect actuel à l'époque baroque. Le couvent de Strahov comprend plusieurs parties :

- **[a]** le **portail d'entrée de la cour** (★★).
- **[b]** l'**église Saint-Roch**, ancienne église paroissiale de Strahov, de style Renaissance tardive (1603-12).
- **[c]** l'**église de la Vierge-Marie** (★). Edifiée sur un plan basilical roman du XIIe siècle, l'église actuelle est le résultat de remaniements baroques de parties datant des époques gothique et Renaissance. La voûte est décorée de stucs dessinés par Michal Ignác Palliardi.

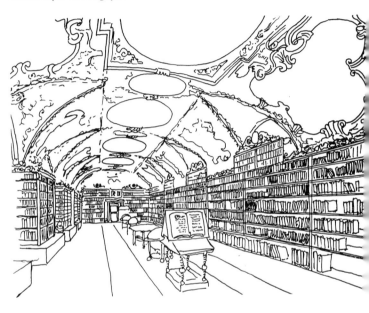

F.9 [g]
*Abbaye de Strahov:
bibliothèque théologique*

F.9 [h]
*Abbaye de Strahov:
salle philosophique
de la nouvelle bibliothèque*

■ **[d] les bâtiments conventuels,** actuellement Musée de la Littérature nationale, dans lesquels on pénètre par l'ancienne salle capitulaire ornée d'un beau plafond peint par Siard Nosecký. Les principales parties du couvent sont :
■ le **réfectoire d'hiver [e],** orné de stucs du XVIIIe siècle.
■ le **réfectoire d'été [f]** (★★★). Arch. J.-B. MATHEY (1680-98). — Voûte ornée d'une magnifique peinture en trompe-l'œil de Nosecký (1732) où peinture et architecture se fondent en une composition d'une extraordinaire unité.
■ la **bibliothèque théologique [g]** (★★★★). Arch. G.D. ORSI (1671-79). — Longue galerie de livres sous une voûte surbaissée richement ornée de stucs de Silvestro Carlone et de fresques de Siard Nosecký (1721-27).
■ la **salle philosophique de la nouvelle bibliothèque [h]** (★★★★). Arch. I.J. PALLIARDI (1782-92). — La façade, aux pilastres colossaux supportant un fronton curviligne, est un magnifique morceau d'architecture classique de l'époque de Joseph II (★★). Alors qu'il était déjà en chantier, le bâtiment dut être adapté aux dimensions des superbes étagères provenant de l'abbaye, sécularisée, de Louka, qui furent réassemblées à Strahov par leur créateur Jan Lahofer de Tasovice. L'édifice a donc été réellement construit " autour " du mobilier ! La salle, haute de deux étages, est tout entière conçue pour mettre les livres en valeur : les fins pilastres, les frises délicatement ornées, la balustrade de la galerie, ponctuée par des vases, les rayonnages en noyer de style Empire, et jusqu'à la lumière subtilement dosée par les fenêtres ménagées sur un seul côté. La fresque qui décore le berceau du plafond, consacrée à l'*Histoire de l'Humanité,* est la dernière œuvre de F.A. Maulbertsch (1794).

 Des jardins, vue magnifique sur toute la ville de part et d'autre de la Vltava (★★★).

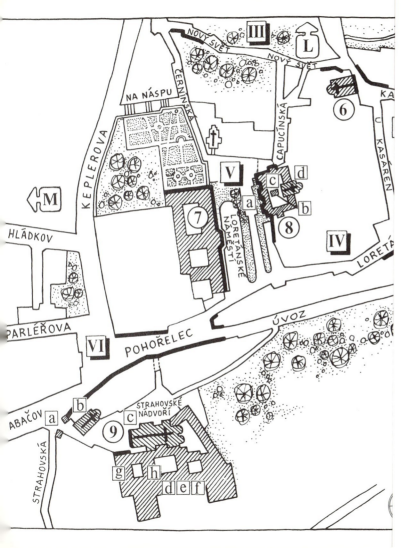
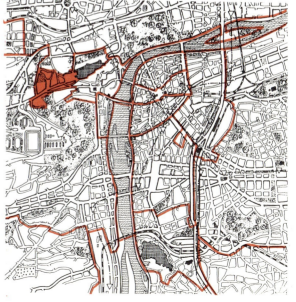

F

Evolution historique du Château de Prague
[Source : BURIAN 1974 : 8, 14, 29]

PLACE FORTE PREROMANE (870 - Xe s.)

CHATEAU FORT ROMAN (1041 - 1253)

CHATEAU FORT GOTHIQUE (1344 - 1486)

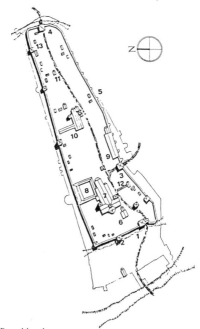

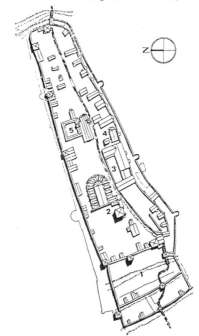

1 Fossé
2 Petite église de la Sainte-Vierge
3 Maison épiscopale
4 Rotonde Saint-Guy
5 Palais princier
6 Basilique et couvent Saint-Georges
7 Chapelle Sainte-Anne (primitivement de la Sainte-Vierge) (G.14[9])

1 Tour blanche
2 Tour épiscopale
3 Tour sud
4 Tour noire (G.VI)
5 Fortifications
6 Maison épiscopale (G.III)
7 Basilique Saint-Guy
8 Couvent des chanoines de l'église de Prague
9 Palais princier/royal (G.11)
10 Basilique et couvent Saint-Georges (G.14[1], G.14[8])
11 Chapelle Saint-Jean-Baptiste
12 Chapelle Saint-Barthélemy
13 Maison du Burgrave (G.VI:4)

1 Fossés
2 Cathédrale Saint-Guy (G.10)
3 Palais royal (G.11)
4 Chapelle de Tous-les-Saints (G.11[10])
5 Basilique et couvent Saint-Georges (G.14[1], G.14[8])

PARCOURS G

PRAŽSKÝ HRAD (LE CHATEAU DE PRAGUE)
Une ville dans la ville et point culminant de la Voie royale

Planté sur un éperon dominant la ville, là où la Vltava fait une boucle, le Château de Prague occupe une position stratégique privilégiée, parfaitement intégrée au paysage urbain. Sa silhouette liée à celle du Pont Charles et aux toits de Malá Strana a donné naissance à la célèbre " vue de Prague " (cf. C.X) qui, du XVIIe siècle à nos jours, n'a cessé de séduire artistes et visiteurs. [📖 HLAVSA 1984] Situé au sommet de la colline de Hradčany, cet ensemble monumental, émergeant d'une couronne de jardins et de toits, déploie sa longue façade horizontale d'où jaillissent les tours de la Cathédrale. Ancrage au sol, émergence, jaillissement vers le ciel sont les éléments-clefs de ce paysage qui résume toute la ville en un geste grandiose.

Le *Hrad*, jadis lieu du couronnement et siège des souverains de Bohême, aujourd'hui résidence officielle des présidents de la République tchécoslovaque, fut au cours des siècles tour à tour aimé, redouté et respecté des habitants de la ville. Le Château de Prague est une microstructure urbaine focalisée sur le Palais royal et la Cathédrale. De ce foyer, occupant plus de la moitié de la superficie du site, part une rue dorsale où, pendant plus de dix siècles, s'établirent princes, religieux et artisans au service du roi. Le Château de Prague est aujourd'hui considéré comme l'un des plus prestigieux joyaux d'art de l'Europe centrale. [📖 BURIAN 1974]

Jalons historiques

— IXe s. : Bořivoj, fondateur de la dynastie des Přemyslides et premier prince de Bohême, fait construire sur la colline une place forte, modeste mais stratégiquement efficace (870).

— Xe s. : Vratislav et Venceslas fondent, l'un, l'église Saint-Georges (905), l'autre, la rotonde Saint-Guy (925). Sous le règne de Boleslav II, des religieuses bénédictines construisent près de Saint-Georges le premier couvent de Bohême (973), autour duquel se rassemblent quelques maisons de bois.

— XIe s. : Après l'incendie de la place forte, Břetislav Ier fait construire une muraille fortifiée en pierre (1041) et Spytihněv II fonde la basilique romane Saint-Guy (1060). De 1067 à 1139, le Château de Prague est abandonné par les ducs de Bohême qui lui préfèrent celui de Vyšehrad situé plus au sud.

— XIIe s. : Soběslav Ier fait bâtir un château ducal à un étage (1135) et de nouvelles fortifications surplombées de tours. Il projette la construction de la nef et des tours de la basilique romane Saint-Georges.

Evolution historique du Château de Prague (suite)
[Source : BURIAN 1974 : 36, 38, IIe de couv.]

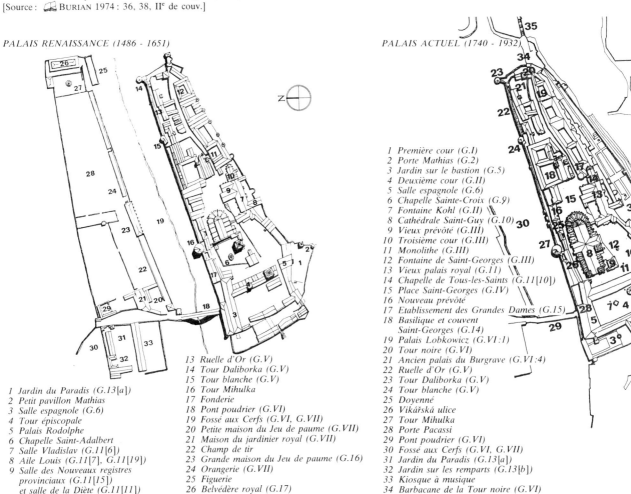

PALAIS RENAISSANCE (1486 - 1651)

PALAIS ACTUEL (1740 - 1932)

1 Jardin du Paradis (G.13[a])
2 Petit pavillon Mathias
3 Salle espagnole (G.6)
4 Tour épiscopale
5 Palais Rodolphe
6 Chapelle Saint-Adalbert
7 Salle Vladislav (G.11[6])
8 Aile Louis (G.11[7], G.11[19])
9 Salle des Nouveaux registres provinciaux (G.11[15]) et salle de la Diète (G.11[11])
10 Chapelle de Tous-les-Saints (G.11[10])
11 Palais Rožmberk (G.VI:[2])
12 Palais Lobkowicz (G.VI:1)
13 Ruelle d'Or (G.V)
14 Tour Daliborka (G.V)
15 Tour blanche (G.V)
16 Tour Mihulka
17 Fonderie
18 Pont poudrier (G.VI)
19 Fossé aux Cerfs (G.VI, G.VII)
20 Petite maison du Jeu de paume (G.VII)
21 Maison du jardinier royal (G.VII)
22 Champ de tir
23 Grande maison du Jeu de paume (G.16)
24 Orangerie (G.VII)
25 Figuerie
26 Belvédère royal (G.17)
27 Jardin du Belvédère et Fontaine chantante (G.17)
28 Verger

1 Première cour (G.I)
2 Porte Mathias (G.2)
3 Jardin sur le bastion (G.5)
4 Deuxième cour (G.II)
5 Salle espagnole (G.6)
6 Chapelle Sainte-Croix (G.9)
7 Fontaine Kohl (G.II)
8 Cathédrale Saint-Guy (G.10)
9 Vieux prévôté (G.III)
10 Troisième cour (G.III)
11 Monolithe (G.III)
12 Fontaine de Saint-Georges (G.III)
13 Vieux palais royal (G.11)
14 Chapelle de Tous-les-Saints (G.11[10])
15 Place Saint-Georges (G.IV)
16 Nouveau prévôté
17 Etablissement des Grandes Dames (G.15)
18 Basilique et couvent Saint-Georges (G.14)
19 Palais Lobkowicz (G.VI:1)
20 Tour noire (G.VI)
21 Ancien palais du Burgrave (G.VI:4)
22 Ruelle d'Or (G.V)
23 Tour Daliborka (G.V)
24 Tour blanche (G.V)
25 Doyenné
26 Vikářská ulice
27 Tour Mihulka
28 Porte Pacassi
29 Pont poudrier (G.VI)
30 Fossé aux Cerfs (G.VI, G.VII)
31 Jardin du Paradis (G.13[a])
32 Jardin sur les remparts (G.13[b])
33 Kiosque à musique
34 Barbacane de la Tour noire (G.VI)
35 Vieil escalier (G.VI)
36 Nouvel escalier
37 Place de Hradčany (cf. F.1)

— XIIIe s. : C'est le début de la reconstruction romane du Palais royal (1252) détruit par le feu en 1142. Le système de fortifications est encore amélioré (1253).

— XIVe s. : Charles IV ouvre le chantier de la cathédrale gothique Saint-Guy (1344). Il fait construire la chapelle de Tous-les-Saints et celle de Saint-Venceslas (1362).

— XVe et XVIe s. : Vladislav II Jagellon dote le Palais royal d'ouvrages prestigieux de style gothique flamboyant, dont la salle Vladislav (1486), l'Escalier des Cavaliers (1500), la deuxième cour et le palais Louis (1502). Entre 1538 et 1602 — sous Ferdinand Ier de Habsbourg et, plus tard, sous Rodolphe II —, se construisent le Belvédère, le palais Rožmberk, l'ancienne salle de la Diète, la maison du Jeu de paume, la Galerie Rodolphe et la Salle espagnole. En 1597 on ouvre la ruelle d'Or au nord du site.

— XVIIe s. : Sous Mathias et Ferdinand III, entre 1614 et 1651, la première cour reçoit la porte Mathias ; le palais Lobkowicz est reconstruit et les jardins Renaissance, aménagés.

— XVIIIe s. : De 1740 à 1780, Marie-Thérèse transforme profondément le Palais royal et donne à l'ensemble des édifices du Château l'aspect baroque que nous lui voyons aujourd'hui.

— XIXe s. : Création de jardins sur les remparts, aménagement intérieur du Belvédère et révision de la Salle espagnole.

— XXe s. : Au cours de la présidence de Masaryk, la cathédrale Saint-Guy est enfin achevée ; PLEČNIK aménage le Palais, et ses jardins, en nouvelle résidence des présidents de la République.

G.I I. NÁDVOŘÍ (PREMIERE COUR) ★★

Appelée "Cour d'honneur", cette cour, conçue au XVIIIe siècle, est l'entrée principale du Château. Elle est séparée de la place de Hradčany par une grille monumentale, ornée de géants en lutte sculptés par Ignác Platzer le Vieux (copies).

G.1		Aménagements de la cour	1920-23	Jože PLEČNIK	★
		I. nádvoří (première cour)			

L'aménagement comprend le pavement de la cour, l'éclairage, les deux mâts en pin de Moravie et deux nouvelles percées à travers l'aile transversale est. Afin d'éviter la porte Mathias, symbole de la domination des Habsbourg, PLEČNIK marque l'aire de la cour par deux chemins en dalles plus sombres, qui conduisent, l'un à la porte des nouveaux appartements présidentiels, l'autre au grand hall précédant la Salle espagnole.

G.4
Salle Plečnik

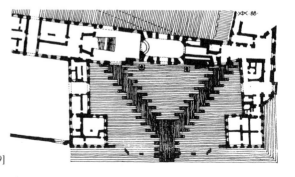

G.2
Porte Mathias

G.1
Première cour :
plan des aménagements
[D'après : BURKHARDT 1986 : 59]

Les deux mâts de 25 m de haut, placés symétriquement par rapport à l'axe de la porte Mathias, évoquent la magnificence du lieu. Liés aux sons des trompettes et aux fastes de la Nation, ils jouent un rôle semblable à ceux situés devant les façades des temples égyptiens ou de la basilique Saint-Marc à Venise.

| G.2 | Porte Mathias | 1614 | conception : Vicenzo SCAMOZZI (attr.), | ★★ |
| | I. nádvoří (première cour) | | réalisation : Giovanni Maria PHILIPPI | |

La porte Mathias s'élevait jadis sur les remparts. Composée sur le modèle des arcs de triomphe romains, elle est l'unique ouvrage maniériste du Château. Au moment des transformations thérésiennes, elle fut intégrée au long bâtiment de la cour.

| G.3 | Palais royal et présidentiel | 1753-75 ; 1921-24 | conception : N. PACASSI, | ★ |
| | I. nádvoří (première cour) | | réalisation : A. KUNZ, A. HAFFENECKER, A. LURAGO (1753-75) ; J. PLEČNIK (1921-24) | ★ |

Les trois bâtiments, surmontés d'un attique à balustrade et ornés de sculptures de Platzer, ferment la perspective de la place de Hradčany. L'esthétique thérésienne de cet ensemble a exigé une révision complète des constructions de la place, et en particulier du Palais archiépiscopal.

A l'intérieur, à droite de la porte Mathias, l'escalier Pacassi donne accès aux salles d'apparat du Palais, dont la salle du trône, la salle des glaces, la salle de musique et la salle Brožík, accessibles seulement au printemps lors de la semaine des portes ouvertes.

En 1921, PLEČNIK est chargé par Masaryk de l'aménagement de toute l'aile destinée à recevoir les nouveaux appartements présidentiels. A partir de la porte donnant sur la première cour, il crée un escalier et un ascenseur distribuant les étages, agrandit l'escalier vers le Jardin du paradis (cf. G.13 [a]) et installe dans les vieux bâtiments les pièces d'habitation, le salon des Dames, la bibliothèque Masaryk et le grand impluvium (ce dernier à l'intersection des ailes sud et est).

| G.4 | Salle Plečnik | 1926-28 | Jože PLEČNIK | |
| | I. nádvoří (première cour, aile est) | | | ★★ |

Le grand hall, établi sur quatre niveaux, précède la Salle espagnole à la manière d'un péristyle. Le plafond en plaques de cuivre repose sur des chapiteaux ioniques portés par trois étages de colonnes superposées. Quant au mur du fond, il est traité comme

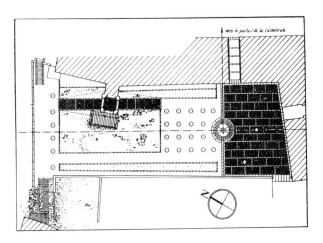

G.5
Jardin sur le bastion :
plan
[D'après : 📖 BURKHARDT 1986 : 61]

G.6
Galerie Rodolphe

G.5
Jardin sur le bastion

unc entrée triomphale reliée aux autres parois par le deuxième niveau de la colonnade. Cette importante transformation est l'œuvre la plus prestigieuse de PLEČNIK à l'intérieur du palais.

G.5		Jardin sur le bastion	1927	Jože PLEČNIK	★
		entrée : Hradčanské náměstí ou II. nádvoří			

A l'emplacement d'un ancien bastion médiéval, PLEČNIK établit sur un espace architectoniquement hétérogène un jardin à deux niveaux, l'un dallé, l'autre planté, articulés par un escalier à deux volées semi-circulaires, la première convexe, la seconde concave. Le palier de cet escalier constitue véritablement le nœud de toute la composition dont l'axe réel croise en son centre un autre axe, virtuel celui-là, qui rejoint, à travers la deuxième cour, le portail de la Cathédrale. D'habiles liaisons sont ménagées entre le jardin et son environnement bâti, comme la rampe en dos d'âne qui passe sous la pergola d'entrée de la Salle espagnole, ou la passerelle qui mène vers le Pont aux poudres.

G.II	II. NÁDVOŘÍ (DEUXIEME COUR)	★

Conçue au XVIe siècle à l'endroit de l'ancien faubourg, la deuxième cour fit l'objet d'un nouveau pavage dû à Jože PLEČNIK.
■ Au centre, la fontaine baroque avec sculptures de Jeroným Kohl (1686).
■ A l'ouest, le corps de bâtiment construit durant le règne de Marie-Thérèse (1763-75).
■ Au nord, la Salle espagnole et la Galerie Rodolphe (commentaire en G.6), et les anciennes écuries (commentaire en G.7).
■ A l'est, l'aile centrale contenant les anciens remparts de Soběslav Ier. Le rez-de-chaussée a été aménagé en centre d'information par K. FIRBAS, et d'autres espaces intérieurs par J. FRAGNER (1965).
■ Au sud, le Bâtiment dit "municipal" (commentaire en G.8) et la chapelle Sainte-Croix (commentaire en G.9).

G.6		Galerie Rodolphe(1) et Salle espagnole(2)	1597-1606 ; 1866 s.	(1) A. VALENTI, G. GARGIOLI (1597-98) ; H. von FERSTEL (1867-68) ; (2) G.M. PHILIPPI (1602-06) ; F. KIRSCHNER (1866-68)		★★
		entrée : II.nádvoří ou Jardin sur le bastion				

Grandes salles de réception dont la décoration néo-baroque a été exécutée en 1866 par Ferdinand KIRSCHNER d'après des projets viennois d'Heinrich von FERSTEL. La Salle espagnole est surtout réputée pour les proportions grandioses de son volume, ainsi que pour son ornementation somptueuse, son plafonds de stucs, ses lustres et appliques.

G.8
*Bâtiment dit "municipal"
(troisième cour, aile sud)*

G.7
Galerie de peinture du Château

G.9 ; G.8
*Chapelle Sainte-Croix ;
à l'arrière-plan,
Bâtiment dit "municipal"
(deuxième cour) ;
à l'avant-plan,
fontaine Kohl*

G.7		Anciennes écuries (Gal. de peint.)	1576(?)-1601 ; 1929-64	U. AVOSTALIS (1576), O. FONTANA (1601) ; J. PLEČNIK (1929), J. HRUBY, F. CUBR (1964)		★
		II. nádvoří (deuxième cour)				

Les salles qui servaient jadis d'écuries et de manège ont été progressivement transformées en galerie de tableaux entre 1929 et 1964. Le projet initial de PLEČNIK a été adapté par HRUBÝ et CUBR. Aménagée avec grand sobriété, cette galerie abrite aujourd'hui des œuvres de Titien, Tintoret, Véronèse, Rubens, Brandl, etc. (★★★).

G.8		Bâtiment dit "municipal"	av. 1534-1615 ; 1755-61	B RIED (av. 1534), H. TIROL (ap. 1541), LUCCHESE (1560), B. WOHLMUT (1567), G.M. PHILIPPI (1613-15) ; N. PACASSI (1755-61)	★
		II.- III. nádvoří (deuxième et troisième cours)			

Ce long bâtiment se prolonge dans la troisième cour et serpente jusqu'au Vieux palais royal. Il s'agit en fait de plusieurs constructions transformées progressivement en un seul palais résidentiel. Le caractère unitaire et monotone de ce bâtiment, qui date des aménagements effectués sous le règne de Marie-Thérèse, correspond bien à l'esprit rationnel du Siècle des Lumières. Le front sud de ce grand ensemble souligne d'une longue barre horizontale la silhouette de la colline du *Hrad*.

G.9		Chapelle Sainte-Croix	1756-63	conception : Niccolo PACASSI, réalisation : Anselmo LURAGO	
		II. nádvoří (deuxième cour)			

Cette chapelle, implantée en annexe de l'aile sud, est l'édifice religieux le plus récent du Château. Prolongée par une sacristie en hémicycle, elle s'avance fortement dans la cour et s'inscrit en intruse dans le cadre des bâtiments austères. Le sanctuaire richement décoré de sculptures et de peintures d'époque abrite le trésor de la cathédrale Saint-Guy.

■ Près de la chapelle se trouve la **fontaine au Lion**. Arch. J. FRAGNER et sculpt. V. Makovský (1967).

G.III	III. NÁDVOŘÍ (TROISIEME COUR)	★

Aménagée après le grand incendie de 1541, la troisième cour est établie sur des fondations médiévales et des vestiges de maisons romanes et gothiques. Sont à voir :

■ la cathédrale Saint-Guy (commentaire en G.10),
■ le Vieux prévôté, ancien palais épiscopal roman reconstruit au XVIIe siècle,

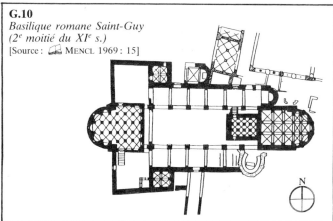

G.10
*Basilique romane Saint-Guy
(2ᵉ moitié du XIᵉ s.)*
[Source : MENCL 1969 : 15]

G.10[5]
*Cathédrale Saint-Guy :
fenêtre de la grande tour sud*

G.10
*Cathédrale Saint-Guy,
avant son achèvement*
[Dessin de Vincenc MORSTADT, 1835]

- le monolithe de granit, Monument aux victimes de la Première Guerre mondiale, par l'architecte PLEČNIK (1928),
- la fontaine et la statue de Saint-Georges par Georges et Martin de Cluj (1373),
- la grande aile sud en prolongation du Bâtiment "municipal", avec façade de Niccolo PACASSI (1755),
- le Vieux palais royal (commentaire en G.11),
- les aménagements de la cour et l'accès aux jardins sur les remparts (commentaire en G.12).

G.10	Cathédrale Saint-Guy (ou Saint-Vith)	1344...1929	MATHIEU d'Arras, P., V. et J. PARLER ; H. TIROL, B. WOHLMUT ; N. PACASSI ; J. KRANNER, J. MOCKER, K. HILBERT	★★★ ★★★★
	III. nádvoří (troisième cour)			

La cathédrale Saint-Guy forme avec le Château un tout indissociable où religion et politique s'unissent en un long processus d'élaboration au fil de l'histoire de la Bohême. Commencé en 1344 sous Charles IV, l'édifice fut seulement terminé en 1929.

Chronologie
— 929 : Rotonde à plan circulaire d'environ 13 m de diamètre avec quatre absides en fer à cheval.
— 1060-96 : Basilique romane à trois nefs.
— 1344-52/53 : MATHIEU d'Arras établit le plan général de la cathédrale gothique et construit la partie inférieure du chœur jusqu'à hauteur du triforium.
— 1352/53(?)-99 : Peter PARLER édifie le haut du chœur et la porte d'Or, commence la nef et imagine un nouveau dispositif de voûte.
— 1399-1420 : Václav et Jan PARLER continuent l'œuvre de leur père et entament la construction de la tour sud.
— 1509-11 : Fondations de la tour nord.
— 1541 : Suite au grand incendie, Hans TIROL et Bonifác WOHLMUT restaurent l'édifice.
— 1560-62 : WOHLMUT coiffe la tour sud d'un dôme Renaissance à bulbe et tourelles d'angles.
— 1575 : Ulrico AVOSTALIS construit la chapelle du tombeau de saint Adalbert.
— 1673 : Domenico ORSI établit un projet de nef baroque qui ne sera pas exécuté.
— 1770 : Niccolo PACASSI reconstruit la tour sud incendiée par la foudre, sur laquelle il installe un toit baroque en forme de bulbe.
— 1871-1929 : Achèvement de toute la partie ouest par Josef KRANNER, Josef MOCKER, puis Kamil HILBERT, qui respectent toutes les données du style gothique.

G.10
Cathédrale Saint-Guy : plan
[Source : BURIAN 1974 : 63]

1. Chapelle Sainte-Ludmila
2. Chapelle du Saint-Sépulcre
3. Chapelle Thun
4. Bibliothèque capitulaire
5. Chapelle Házmburk
(5) Grande tour sud
6. Chapelle Saint-Venceslas
7. Epitaphe du comte Leopold Šlik
8. Chapelle des seigneurs de Martinice
9. Chapelle Sainte-Croix
(10) Caveau royal
11. Mausolée royal
12. Oratoire royal
13. Chapelle Valdštejn
14. Reliefs baroques
15. Chapelle Saint-Jean-Népomucène
16. Tombeau de saint Jean Népomucène
17. Chapelle de Saxe
18. Chapelle de la Sainte-Vierge
19. Autel Saint-Guy
20. Chapelle Saint-Jean-Baptiste
21. Vieille chapelle archiépiscopale
22. Monument du cardinal Schwarzenberg
23. Relief baroque
24. Chapelle Sainte-Anne
25. Vieille sacristie
26. Chapelle Saint-Sigismond
27. Chœur avec maître-autel
28. Chaire
29. Chapelle de chœur
30. Autel Bílek
31. Escalier vers la chambre du Trésor
32. Nouvelle sacristie
33. Nouvelle chapelle archiépiscopale
34. Chapelle Schwarzenberg
35. Chapelle Bartoň de Dobenín
36. Porte d'Or
(37) Tour sud
(38) Tour nord
(39) Tribune des orgues

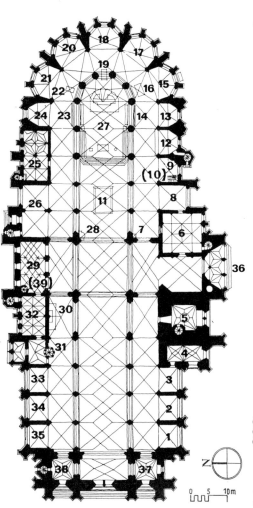

MATHIEU d'Arras, 1344-52/53

Peter PARLER, 1352/53(?)-99

G.10
Cathédrale Saint-Guy : plan du chœur
[Source : MENCL 1969 : 85]

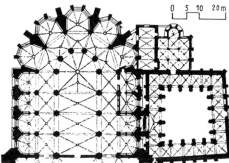

Jean DESCHAMPS : cathédrale Saint-Just, Narbonne, 1272-95 : plan du chœur
[Source : Maurice MALINGUE, *Cathédrales de France*, Paris : éd. des Deux Mondes, 1950, p. 31]

Extérieur
La Cathédrale se présente comme un grand vaisseau à arcs-boutants recouvert d'une toiture à versants à forte pente ornés de motifs losangés.

■ **La façade ouest** à trois portails fermés par des portes de bronze est flanquée de deux tours de 82 m de haut encadrant une grande rosace.

■ **La façade sud** groupe la grande tour haute de 96 m accolée au transept, la porte d'Or [36] décorée d'une mosaïque vénitienne de 1370 représentant *Le Jugement dernier* (★★), la grande verrière et, à côté, la fenêtre de la tour fermée par un grillage Renaissance d'une extraordinaire finesse (★★★).

■ **A l'est, le chevet** est formé d'une couronne de cinq chapelles polygonales rayonnantes, rythmées par la forêt d'arcs-boutants qui épaulent le grand chœur.

■ **Le flanc nord** est surtout impressionnant vu des jardins Renaissance (cf. G.17).

Les inventions de la Cathédrale
Le plan général, conçu par MATHIEU d'Arras en 1344, est basé sur le modèle des cathédrales françaises. Le chœur, entouré d'un déambulatoire sur lequel s'ouvrent cinq chapelles polygonales, est d'ailleurs fortement inspiré de celui de la cathédrale de Narbonne conçu cinquante ans plus tôt par Jean DESCHAMPS. A la mort de MATHIEU, Peter PARLER poursuit l'ouvrage et expérimente de nouvelles techniques d'articulation de voûtes et de nervures dont le système devait vite se répandre en Europe centrale. Cette nouvelle vision gothique est à la base du fabuleux expressionnisme flamboyant que Benedikt RIED allait conduire à son paroxysme dans l'Escalier des Cavaliers au Vieux palais royal. Et l'absence d'arcs doubleaux, remplacés par le jeu des liernes et tiercerons qui s'entrecroisent, et la perte du caractère ascensionnel des ogives, interrompues dans leur élan, font que la liaison entre la voûte et ses supports disparaît au profit de l'indépendance du couvrement, presque aérien. Au niveau des étages, le triforium devient un élément autonome qui, au lieu de buter directement contre les piliers, se brise pour créer un mouvement ondulatoire sur toute la longueur de la nef. Triforium et claire-voie sont en outre unifiés en un seul registre, lequel, illuminé par les verrières immatérielles, contraste avec la pénombre des bas-côtés.

Chapelles et oratoires
Parmi les innombrables chefs-d'œuvre de la Cathédrale, quelques-uns méritent une attention particulière :

■ [36] le **portail sud** (★★★) aux voûtes à nervures dédoublées formant des triangles curvilignes raidisseurs avec, à droite, la tour ajourée des escaliers à hélices inversées.

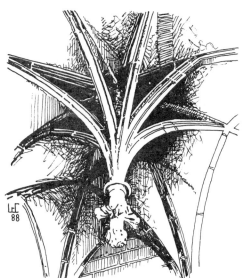

G.10 [25]
Cathédrale Saint-Guy :
vieille sacristie :
clef pendante

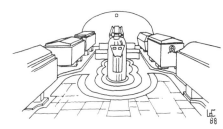

G.10 [10]
Cathédrale Saint-Guy :
caveau royal

G.11
Vieux palais royal :
plan à la fin du règne de Vladislav II
(début du XVIᵉ siècle)
[Source : MENCL 1969 : 101]

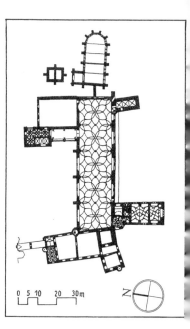

G.11 [6]
Vieux palais royal :
salle Vladislav

G.11 [6]
Vieux palais royal :
fenêtre de la salle Vladislav

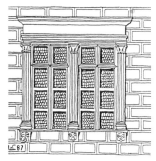

■ [6] la **chapelle Saint-Venceslas** (★★), grand espace carré entièrement quadrillé par des peintures murales et de fines nervures entrecroisées au niveau de la voûte. Arch. P. PARLER (av. 1366).

■ [10] le **caveau royal**, avec les sarcophages des rois de Bohême, dans la crypte romane, restaurée et adaptée par Kamil ROŠKOT (1928-35).

■ [12] l'**oratoire royal** (★★), en gothique flamboyant, par B. RIED (1490-93). La tribune repose sur des voûtes ornées de branchages stylisés formant nervures. L'oratoire est relié par un passage couvert au Vieux palais.

■ [16] le **tombeau** en argent **de saint Jean Népomucène**. Arch. J.E. FISCHER von ERLACH, avec J. Würth (orfèvre).

■ [25] la **vieille sacristie** avec sa voûte particulière dont les nervures dédoublées tombent sur une clef pendante (★★★). Arch. P. PARLER (av. 1362).

■ [39] la **tribune des orgues** par WOHLMUT (1557-61).

■ les chapiteaux et les sculptures de Peter PARLER, dont un autoportrait et un buste de Charles IV dans le triforium.

■ les vitraux (1920-30), dont celui d'Alfons Mucha.

G.11		Vieux palais royal	XIIe...XVIIIe s.	P. PARLER, B. RIED ; B. WOHLMUT ; K.I. DIENZENHOFER ; K. FIALA ; O. ROTHMAYER	★★ ★★★★
		III. nádvoří (troisième cour)			

Le palais, habité du XIIIe au XVIe siècle par les rois de Bohême, fut abandonné par les Habsbourg qui lui préférèrent les bâtiments ouest bordant les deux premières cours. Après avoir servi de bureaux, et mêmes d'entrepôts, le Palais royal, entièrement restauré au cours du XXe siècle, est aujourd'hui un des lieux du Château les plus riches en souvenirs historiques.

■ [1] **Fontaine de l'Aigle et escaliers d'accès au palais.** Arch. Francesco CARATTI (1664).

■ [6] **Salle Vladislav** (★★★★). Composée par Benedikt RIED sur ordre du roi Vladislav II Jagellon et construite entre 1493 et 1502, cette grande salle en gothique flamboyant est basée sur la combinaison de deux systèmes de construction différents : d'une part le coffre massif des murs ancrés aux bâtiments adjacents, qui évoque le monde minéral, d'autre part la voûte, faite de nervures entrelacées comme des lianes, qui évoque le monde végétal et, avec lui, l'idée de croissance vers des cieux immatériels. Déjà amorcé par PARLER à la Cathédrale, le traitement ambigu des formes gothiques relève en fait d'une attitude qu'on pourrait qualifier de baroque avant la lettre : les nervures qui normalement sont d'ordre structurel, jouent ici le rôle d'ornement au service d'une dynamique spatiale — la stabilité étant assurée par des tirants. La voûte contraste curieusement avec les fenêtres et d'autres détails nettement inspirés de la Renaissance, mais traités de façon gothique.

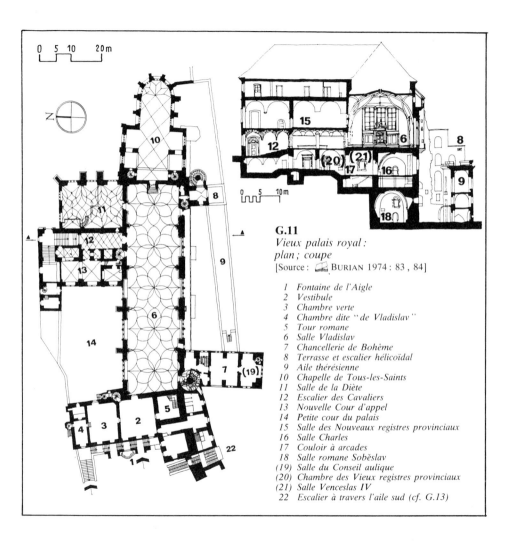

G.11
Vieux palais royal:
plan; coupe
[Source: BURIAN 1974: 83, 84]

1. Fontaine de l'Aigle
2. Vestibule
3. Chambre verte
4. Chambre dite "de Vladislav"
5. Tour romane
6. Salle Vladislav
7. Chancellerie de Bohême
8. Terrasse et escalier hélicoïdal
9. Aile thérésienne
10. Chapelle de Tous-les-Saints
11. Salle de la Diète
12. Escalier des Cavaliers
13. Nouvelle Cour d'appel
14. Petite cour du palais
15. Salle des Nouveaux registres provinciaux
16. Salle Charles
17. Couloir à arcades
18. Salle romane Soběslav
(19) Salle du Conseil aulique
(20) Chambre des Vieux registres provinciaux
(21) Salle Venceslas IV
22. Escalier à travers l'aile sud (cf. G.13)

G.11 [12]
Vieux palais royal:
Escalier des Cavaliers

G.11 [8]
Vieux palais royal:
terrasse et escalier hélicoïdal

■ [8] **Terrasse de la salle Vladislav et escalier hélicoïdal** (★). Arch. Otto ROTHMAYER (1951).

 De cette terrasse, vue remarquable sur toute la ville (★★★).

■ [7] **Chancellerie de Bohême** (★), au rez-de-chaussée du palais Louis. Lieu historique qui fut en 1618 le théâtre de la célèbre " Défenestration de Prague ", début de la révolte des Tchèques contre la domination des Habsbourg, qui déclencha la guerre de Trente Ans.

 Vues intéressantes, à l'est sur la façade Renaissance de la salle Vladislav, à l'ouest sur l'escalier vers les Jardins sur les remparts (cf. G.12).

■ [19] **Salle du Conseil aulique**, au premier étage du palais Louis. Arch. Benedikt RIED (1502-09).

■ [10] **Chapelle de Tous-les-Saints**, construite entre 1370 et 1387 par Peter PARLER sur ordre de Jan Očko de Vlašim, archevêque de Prague. Malheureusement, lors des transformations du XVIe siècle, la voûte en treillis fut détruite et remplacée par celle que nous voyons aujourd'hui.

■ [11] **Salle de la Diète** (★★★). Arch. Benedikt RIED (1500). Reconstruite, après le grand incendie de 1541, par Bonifác WOHLMUT (1550), la salle est couverte d'une merveilleuse voûte dont les nervures en lianes se tordent en tous sens pour s'entrelacer ou s'interrompre brusquement. En entrant, on remarquera les deux pieds-droits hélicoïdaux de la porte (★★).

■ [15] **Salle des Nouveaux registres provinciaux**. Arch. K.I. DIENZENHOFER (1737).

■ [12] **Escalier des Cavaliers** (★★★). Arch. Benedikt RIED (ca 1500). Le jeu très expressif des nervures en liernes et tiercerons est ici porté à son paroxysme. Ce sont de puissantes branches qui jaillissent des murs pour s'entrecroiser, s'arrêter ou se prolonger suivant des chemins complexes. Ce morceau d'architecture est un des plus hauts et des plus puissants manifestes du gothique flamboyant.

■ [20] **Chambre des Vieux registres provinciaux** (★), aménagée avec grande sobriété par Karel FIALA.

■ [17] **Couloir à arcades**, [16] **salle Charles** et [21] **salle Venceslas IV**, qui font partie du palais d'Otakar II situé sous le complexe de la salle Vladislav.

■ [18] **Salle romane Soběslav** (★★) du XIIe siècle — fragment du premier palais royal — avec voûtes en plein cintre renforcées par des arcs doubleaux.

■ [9] **Aile thérésienne**, reliant le palais Louis à l'établissement des Grandes Dames.

G.12
Aménagements de la troisième cour : axonométrie.

G.12
Escalier à travers l'aile sud : balcons sur les jardins.

G.12
Escalier à travers l'aile sud : plan ; coupe.

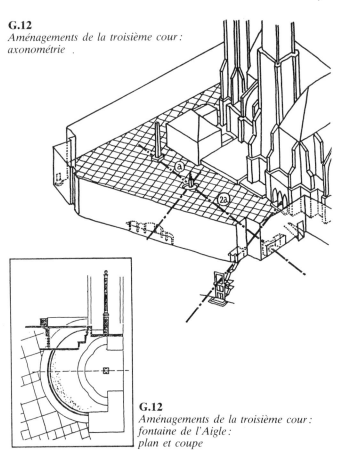

G.12
Aménagements de la troisième cour : fontaine de l'Aigle : plan et coupe.

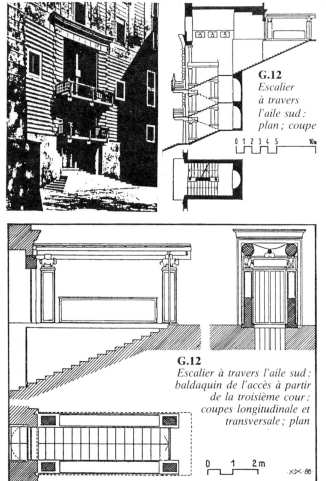

G.12
Escalier à travers l'aile sud : baldaquin de l'accès à partir de la troisième cour : coupes longitudinale et transversale ; plan.

G.12	Aménagements de la cour	1928-32	Jože PLEČNIK	★★
	III. nádvoří (troisième cour)			

Suite aux fouilles archéologiques effectuées en 1927 entre la Cathédrale et le Palais royal, Masaryk confie à PLEČNIK la remise en état de la cour qui présentait à l'origine une légère pente vers le sud. L'architecte décide de niveler la cour afin de dégager le haut des fondations de la Cathédrale, ce qui a pour effet d'enterrer partiellement le Palais royal et les bâtiments qui le jouxtent. La symbolique de cette disposition accentue l'élan vertical de l'édifice religieux, tandis qu'elle enracine horizontalement les bâtiments civils. L'exécution d'un tel parti a nécessité de la part de PLEČNIK une adaptation minutieuse du nivellement autour de lieux aussi chargés d'Histoire que la Cathédrale, les entrées du Palais, les fontaines de l'Aigle et de Saint-Georges et le Vieux prévôté. L'architecte a étudié chaque détail avec un soin particulier et sans compromis, allant jusqu'à ne pas toucher à l'assise des statues et des fontaines.

■ En même temps, Masaryk demande à PLEČNIK de relier la troisième cour aux jardins du versant sud du Château, nouvellement aménagé. Pour cela, l'architecte établit un **escalier à travers l'aide sud** (★★★) selon un axe reliant la porte d'Or de la Cathédrale au château de Vyšehrad en passant par Saint-Nicolas de Malá Strana. Les 13 mètres de dénivellation entre la cour et les jardins allaient faire l'objet d'une remarquable organisation de l'espace par un jeu de six volées réparties en deux cages. Du côté de la cour, l'entrée, de dimension modeste, est traitée avec un grand raffinement du détail, tandis que du côté des jardins, la composition s'ouvre avec ampleur par une porte triomphale à l'échelle du paysage et de la haude façade. Dans ce projet où tout se joue en coupe, PLEČNIK a su tirer parti avec un réel bonheur des moindres contraintes de l'environnement, qu'il s'agisse des bâtiments ou du paysage.

 Vues remarquables sur toute la ville jusqu'au rocher de Vyšehrad à partir des deux balcons de l'escalier (★★★).

G.13	Jardin du Paradis et Jardin sur les remparts	1920-24	Jože PLEČNIK	★★
	versant sud du Château			

Le versant sud du Château était jadis occupé par un avant-poste de défense. Au XVIIe siècle, les premiers jardins furent créés à cet endroit et, avec eux, les bains impériaux et divers édicules de plaisance. Lorsque PLEČNIK entreprend l'aménagement de

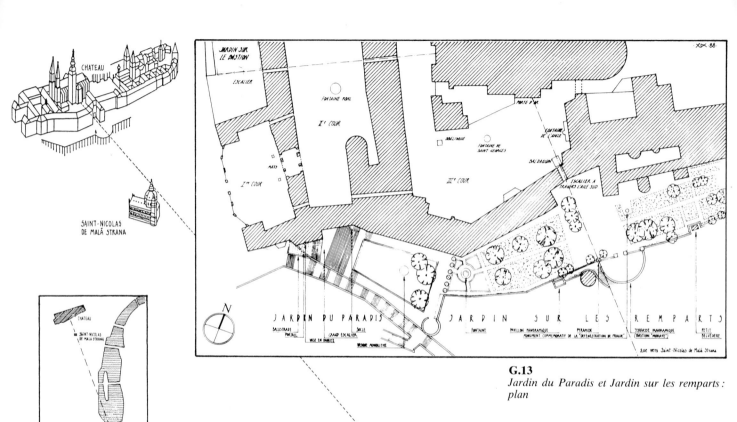

G.13
Jardin du Paradis et Jardin sur les remparts : plan

G.12 ; G.13[b]
*Escalier à travers l'aile sud ;
Jardin sur les remparts :
axe ordonnant la composition*

cette longue et étroite bande de terrain, il n'y a là qu'un seul jardin, dans le goût baroque. Pour rendre vie à cet espace assez monotone, il le divise en trois zones : le Jardin du Paradis, le Jardin sur les remparts et, entre les deux, un morceau du jardin baroque qu'il conserve et dont il se sert pour articuler les deux autres.

■ [a] Le **Jardin du Paradis** est formé d'un triangle et d'un trapèze assemblés en une séquence paysagère qui débute à la pointe supérieure par une porte, se poursuit par deux escaliers libres et s'achève par un espace vert. Dès le départ, le regard est attiré par l'immense vasque, taillée dans un monolithe de granit, posée sur le tapis de gazon.

■ [b] Le **Jardin sur les remparts,** sis au pied de l'aile thérésienne, comprend une multitude de lieux. Ceux-ci offrent sur la ville, ses clochers et ses coupoles, des points de vue originaux qui enrichissent les perspectives du jardin. Le mobilier et les constructions qui y sont disposés forment le contrepoint de la composition. On y trouve entre autres : une pergola meublée d'une table de granit, une volière, la fontaine de Samson, un escalier menant à l'arboretum alpin, une poutre de granit devant l'obélisque de Slovat et, surtout, la grande terrasse panoramique du bastion morave mise en relation avec la pyramide située précisément sur l'axe qui, passant par le grand escalier, relie la Cathédrale au rocher de Vyšehrad. Tous ces éléments sont disposés de façon réfléchie, afin d'élargir la plate-forme, de cadrer les vues, d'engendrer de multiples relations spatiales et d'en accroître l'intensité formelle.

 De la terrasse panoramique, vues embrassant toute la ville (★★★).

G.IV NÁMĚSTÍ U SVATÉHO JIŘÍ (PLACE SAINT-GEORGES)

Pendant tout le haut Moyen Age, la place Saint-Georges formait l'espace central, et même la grand-place, du Château de Prague.

G.14	Basilique Saint-Georges et couvent des bénédictines	1142...1722	Anonymes ; B. RIED (ca 1500) ; F.M. KAŇKA,	★★
	náměstí U svatého Jiří		K. et K.I. DIENZENHOFER (1718-22)	★★★

En 920, Vratislav Ier fit construire une première église en bois qu'il dédia à saint Georges. L'édifice actuel est une **basilique romane** [1] à deux tours qui date de 1142, remaniée à la Renaissance, dont la belle **façade** [2] polychrome est baroque. A l'intérieur, on remarquera particulièrement la longueur et l'étroitesse de la nef reliée au chœur par un extraordinaire **escalier**

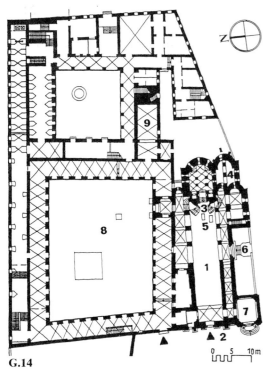

G.14
*Basilique et couvent Saint-Georges :
plan*
[Source : BURIAN 1974 : 96]

1. *Basilique Saint-Georges*
2. *Façade baroque*
3. *Escalier baroque*
4. *Chapelle Sainte-Ludmila*
5. *Tombeaux des princes Přemyslides*
6. *Portail Renaissance*
7. *Chapelle Saint-Jean-Népomucène*
8. *Ancien couvent des bénédictines (Galerie Nationale)*
9. *Chapelle Sainte-Anne*

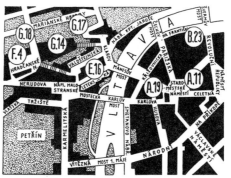

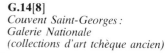

G.14[8]
*Couvent Saint-Georges :
Galerie Nationale
(collections d'art tchèque ancien)*

G.14
*Basilique Saint-Georges :
façade*

G.V
Ruelle d'Or

baroque [3] à deux bras incurvés, les fenêtres à triple arcature des tribunes, la **chapelle Sainte-Ludmila [4]**, les **tombeaux des princes Přemyslides [5]** et, sous le chœur, la belle **crypte romane** de 1142 couverte d'une voûte reposant sur des piliers à chapiteaux cubiques. Dans la rue Jiřská, l'accès à la basilique se fait par un beau **portail Renaissance [6]** de Benedikt RIED (ca 1500).

■ A côté de l'église se trouve la **chapelle Saint-Jean Népomucène [7]** (★), construite entre 1718 et 1722 par KAŇKA et les DIENZENHOFER.

■ Le **couvent [8]** à deux cloîtres qui jouxte la basilique est le premier monastère construit en Bohême. Son bâtiment le plus ancien est la **chapelle Sainte-Anne [9]** située à côté du petit cloître.

Le complexe monacal a été remarquablement aménagé par F. CUBR et J. PILAŘ (1970-75) pour recevoir les chefs-d'œuvre de l'art tchèque ancien (Brokof, Brandl, Braun, Škreta, etc.) (★★★).

G.15	Etablissement des Grandes Dames	1755	conception : Niccolo PACASSI,
	náměstí U svatého Jiří, 2		réalisation : Anselmo LURAGO

Etablissement thérésien, construit sur l'emplacement de quelques maisons bourgeoises pour servir d'ouvroir aux dames nobles et aux religieuses bénédictines. Le bâtiment est relié au Palais royal.

G.V	ZLATÁ ULIČKA (RUELLE D'OR). Accès par Jiřská ulice.	★

Cette ruelle, la plus pittoresque du Château est formée d'une rangée de maisons miniatures implantées dans le mur d'enceinte. Ces petites maisons, construites à la fin du XVIe siècle, étaient habitées par des orfèvres, alchimistes et autres artisans. Au-dessus des boutiques, un couloir de défense reliait la Tour blanche à la tour avancée Daliborka. Depuis 1952, les maisons sont transformées en petits magasins de livres et articles en tous genres pour touristes.

G.VI	JIŘSKÁ ULICE	

La plus ancienne rue du Château formant l'épine dorsale de la vieille place forte.

■ 4.čp 7. — Ancien palais du Burgrave. Arch. Giovanni VENTURA (1541). — L'immeuble, de style Renaissance, a été transformé en Maison des Enfants par l'architecte J. HLAVATÝ (1960-63).

G.16
Grande maison du Jeu de paume

*Jardins Kolovrat-Černín,
vus depuis la plate-forme de la Tour noire (G.VI)*

- ■ ...čp 2. — Palais Rožmberk, de style Renaissance. Arch. Hans VLACH (1545-56). Remaniement par Niccolo PACASSI (1753-55).
- ■ 1.čp 3. — Palais Lobkowicz, construit vers 1677 par Carlo LURAGO dans le style baroque primitif.
- ■ Au bout de la rue se trouve la Tour noire qui faisait partie du système des fortifications romanes. Cette construction munie d'une belle barbacane servait aussi de prison et de porte d'accès au Château à partir du Vieil escalier, un des lieux les plus pittoresques du versant est (★).

 De la plate-forme, vue sur toute la ville, notamment sur les jardins des palais de la rue Valdštejnská (★★★★).

En revenant par la rue Jiřská et la place Saint-Georges, on emprunte la rue Vikářská qui longe le flanc nord de la Cathédrale et conduit au parvis d'où l'on peut accéder à la deuxième cour. De celle-ci un couloir donne sur le Pont poudrier franchissant le Fossé aux cerfs que l'on traverse pour joindre le Jardin royal.

G.VII KRÁLOVSKÁ ZAHRADA (JARDIN ROYAL)

Le vaste terrain situé au nord du Fossé aux cerfs fut aménagé sous le règne de Ferdinand Ier qui y créa en 1524 un jardin Renaissance à la fois décoratif et utilitaire. C'était un lieu d'acclimatation de plantes exotiques, un champ de tir, mais aussi une esplanade pour réceptions en plein air.
- ■ La petite maison du Jeu de paume et la maison du jardinier royal.
- ■ La grande maison du Jeu de paume (commentaire en G.16).
- ■ L'orangerie.
- ■ Le Belvédère royal (commentaire en G.17).
- ■ La faisanderie et la maison du Veneur.
- ■ Le Manège royal (commentaire en G.18).

G.16	Grande maison du Jeu de paume	1565-69 ; 1950	Bonifác WOHLMUT, Ulrico AVOSTALIS ; restauration : Pavel JANÁK (1950)
	Jardin royal		

Pavillon de style Renaissance dont la façade nord, ornée de sgraffites, est traitée en portique à colonnes engagées. Certaines baies se présentent dans le mur selon des perspectives obliques.

G.17
Belvédère royal

G.17
Fontaine chantante

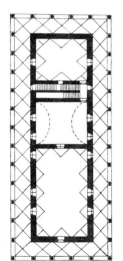

G.17
*Belvédère royal :
plan*
[Source : MENCL 1969 : 104]

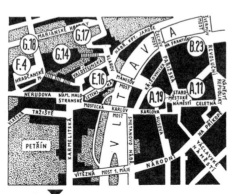

G.18
Manège royal

Devant l'édifice, sculpture représentant *La nuit* par Matyáš B. Braun (1734).

G.17	Belvédère royal	1537-69 ; 1952-55	P. della STELLA (1537-52), B. WOHLMUT (1552-69), U. AVOSTALIS (1557-63) ; restauration : P. JANÁK (1952-55)	★★
	Jardin royal			

Cet édifice est sans doute l'expression la plus pure de l'architecture Renaissance italienne en Europe centrale. Le coffre du rez-de-chaussée est entouré d'une loggia richement décorée dont les proportions rappellent celles des portiques de BRUNELLESCHI. L'étage, consacré à une grande salle de bal, est couvert d'une grandiose toiture carénée due à Bonifác WOHLMUT.

■ Le **jardin du Belvédère** est aménagé dans le style d'un *giardinetto* Renaissance avec, au centre, la célèbre "Fontaine chantante" de Tomáš Jaroš sur un projet de l'Italien Francesco Terzio (1563).

 Expositions temporaires de la Galerie Nationale.

◄ Des jardins, vue intéressante sur le flanc nord de la Cathédrale, l'ensemble du Château, la ruelle d'Or et les fortifications ponctuées par la tour Daliborka, la Tour blanche et la tour de Mihulka (★★).

G.18	Manège royal	1694-1700 ; 1948-54	concep. : J.-B. MATHEY (1694), réal. : G.A. CANEVALE (1694-1700) ; reconstr., rénov. : P. JANÁK (1948-54)	★
	Jardin royal			

Bel exemple d'architecture utilitaire traitée avec grande simplicité dans le plus pur style du baroque culminant, le Manège fut partiellement reconstruit et remarquablement aménagé en galerie d'art par Pavel JANÁK.

 Expositions temporaires de la Galerie Nationale.

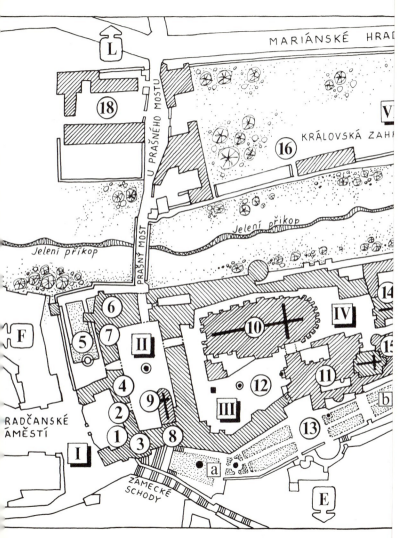

G

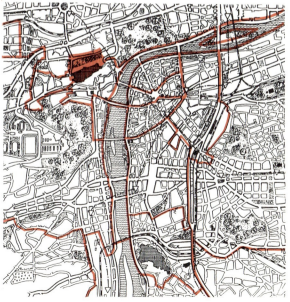

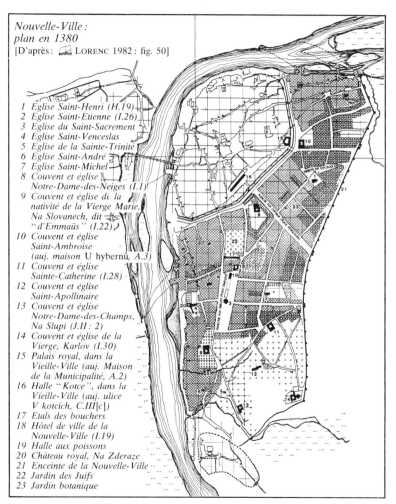

*Nouvelle-Ville :
plan en 1380*
[D'après : LORENC 1982 : fig. 50]

1. Eglise Saint-Henri (H.19)
2. Eglise Saint-Etienne (I.26)
3. Eglise du Saint-Sacrement
4. Eglise Saint-Venceslas
5. Eglise de la Sainte-Trinité
6. Eglise Saint-André
7. Eglise Saint-Michel
8. Couvent et église Notre-Dame-des-Neiges (I.1)
9. Couvent et église de la nativité de la Vierge Marie, Na Slovanech, dit "d'Emmaüs" (I.22)
10. Couvent et église Saint-Ambroise (auj. maison U hybernů, A.3)
11. Couvent et église Sainte-Catherine (I.28)
12. Couvent et église Saint-Apollinaire
13. Couvent et église Notre-Dame-des-Champs, Na Slupi (J.II : 2)
14. Couvent et église de la Vierge, Karlov (I.30)
15. Palais royal, dans la Vieille-Ville (auj. Maison de la Municipalité, A.2)
16. Halle "Kotce", dans la Vieille-Ville (auj. ulice V kotcích, C.III[c])
17. Etals des bouchers
18. Hôtel de ville de la Nouvelle-Ville (I.19)
19. Halle aux poissons
20. Château royal, Na Zderaze
21. Enceinte de la Nouvelle-Ville
22. Jardin des Juifs
23. Jardin botanique

La place Venceslas en 1877
[Gravure anonyme ; source : KOHOUT 1986 : 94]

La place Charles vers 1820
[Aquatinte de Luigi Ernest BUQUOY, ca 1820]

NOVÉ MĚSTO (NOUVELLE-VILLE) : PARCOURS H ET I

En 1348, pour pallier la surpopulation de la vieille ville, Charles IV crée une nouvelle ville *(Nové Město)*, la quatrième cité pragoise, afin d'y transférer les artisans dont les activités troublaient la quiétude des habitants installés dans le quartier de l'université du Carolinum nouvellement fondée. Le plan d'urbanisme, un des plus grandioses et des plus structurés du Moyen Age en Europe centrale, s'articule autour de trois marchés situés en des lieux que fréquentaient déjà des marchands : les marchés aux chevaux (place Venceslas), aux bœufs (place Charles) et au foin (place Gorki). Au XVIIIe siècle, la nouvelle ville s'étend, vers le sud, jusqu'à Vyšehrad et, vers le nord, jusqu'à Poříčí, si bien que l'on édifie de nouvelles fortifications destinées à contenir et protéger la nouvelle formation urbaine. Au moment de la fusion de Nové Město avec les autres cités pragoises (1784), les remparts de la Vieille-Ville sont démolis et les fossés comblés, ce qui rend possible la création des rues Národní et Na příkopě. Le T formé par ces rues et la place Venceslas est appelé la " Croix d'Or " en raison de l'opulence des commerces qui s'y établissent. Nové Město est aujourd'hui encore le centre des affaires, où foisonnent hôtels, restaurants, boîtes de nuit, cinémas, banques et magasins luxueux. [📖 LORENC 1982]

PARCOURS H

NOVÉ MĚSTO (NOUVELLE-VILLE)-NORD
De Na příkopě à Na poříčí

| H.I | ULICE NA PŘÍKOPĚ | ★★ |

Constituant la limite entre la Vieille et la Nouvelle-Ville, cette voie, qui relie la place de la République à la place Venceslas, fut créée en 1760 sur l'emplacement d'un fossé comblé, comme l'indique son nom (*na příkopě* = " sur le fossé "). Cette rue animée, partiellement piétonne depuis 1985, compte parmi les plus importantes artères commerçantes de la Nouvelle-Ville.

■ 24.čp 860/26.čp 862. — Banque d'Etat de Tchécoslovaquie. Arch. F. ROITH (1929-38). — Comparable au n° 33.

■ 33.čp 989. — Ministère des Transports (★). — Construction typique de la fin des années 30.

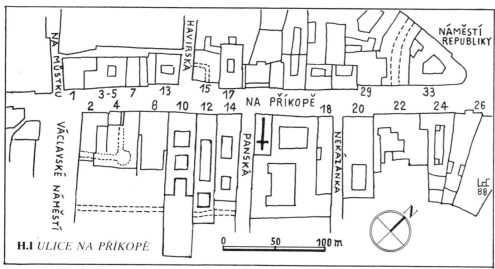

H.I ULICE NA PŘÍKOPĚ

H.I: 4><6 ; H.I: 4
Maison Koruna ;
Maison des Tissus

H.I
Eglise Sainte-Croix
[Aquatinte de Josef ŠEMBERA, ca 1820]

H.I: 3/5
Banque d'Etat de Tchécoslovaquie

■ 22.čp 859. — Palais Příchovský (Maison slave) (★). Arch. Filip HEGER (1798). — Construction classique sur un substrat baroque existant.

■ 29.čp 584. — Restaurant Moskva. — Aménagé par l'arch. J. KADEŘÁBEK (1959-60) aux trois premiers niveaux d'un bâtiment des années 30.

■ 20.čp 858. — Ancienne Banque d'Investissement *(Zemská banka)* (commentaire en H.1).

■ 18.čp 857. — Ancienne Banque provinciale (commentaire en H.2).

■ Eglise Sainte-Croix (★). Arch. G. FISCHER (1816-24). — Construction Empire aux formes massives.

■ 17.čp 1047. — Immeuble éclectique.

■ 15.čp 583. — Maison des Enfants *(Dětský dům)*. Arch. Ludvík KYSELA (1928). — Edifice fonctionnaliste comprenant un grand magasin de jouets et un théâtre pour enfants.

■ 14.čp 854. — Banque commerciale tchécoslovaque (1930).

■ 12.čp 853. — Maison " A la rose noire " *(dům U černé růže)*. Arch. O. TYL (1928-32).

■ 10.čp 852. — Palais Sylva-Taroucca (commentaire en H.3).

■ 8.čp 850. — Beau bâtiment éclectique.

■ 7.čp 391. — Bâtiment Sécession de 1905, dont les deux niveaux inférieurs ont été malheureusement "modernisés".

■ 4><6. — Maison Koruna (★★). — La composition de sa façade, la plus étroite de Prague, est un petit chef-d'œuvre du Jugendstil, proche déjà de l'Art déco (voir aussi commentaire en H.5).

■ 4.čp 847. — Maison des tissus (★★). — Le plus ancien grand magasin de la ville, construit vers 1870 en style Empire.

■ 3/5.čp 390. — Banque d'Etat de Tchécoslovaquie (ancienne Banque de Vienne) (★★). Arch. Josef ZASCHE (1906-08). — Remarquable édifice revêtu de granit poli. Sculptures de Franz Metzner.

■ 2.čp 846. — Palais Koruna (cf. H.II:1, commentaire en H.5).

■ 1.čp 388. — Immeuble Universal (commentaire en H.4).

H.1		Ancienne Banque d'Investissement *(Zemská banka)*	1894-96	Osvald POLÍVKA	
		ulice Na příkopě, 20.čp 858			

Construction de style néo-Renaissance tchèque avec, en partie supérieure, un décor Jugendstil de Mikoláš Aleš, Celda Klouček et Stanislav Sucharda (★★).

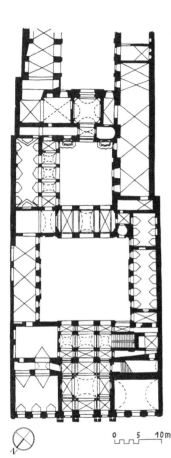

H.3
Palais Sylva-Taroucca
[Gravure de Vincenc MORSTADT, 1863]

H.3
Palais Sylva-Taroucca :
plan
[Source :  MENCL 1969 : 157]

H.4
Immeuble Universal

H.2	Ancienne Banque provinciale	1911-12		
	ulice Na příkopě, 18.čp 857			

Construction au beau couronnement Jugendstil revêtu de mosaïques (★★), où l'on sent l'influence d'Otto WAGNER. Ce bâtiment est relié au précédent par deux ponts qui enjambent la rue Nekázanka.

H.3	Palais Sylva-Taroucca	1743-51	Kilián Ignác DIENZENHOFER, Anselmo LURAGO	★★
	ulice Na příkopě, 10.čp 852			

L'un des plus élégants palais de la Nouvelle-Ville, remarquable surtout pour le raffinement de sa façade et l'agencement de ses détails architectoniques admirablement modulés. Le plan s'organise autour d'une enfilade de trois cours reliées par des passages couverts. Les statues en attique sont d'Ignác Platzer le Vieux, qui est aussi l'auteur des sculptures ornant l'escalier intérieur de style rococo.

H.4	Immeuble Universal	1974-83	Jan ŠRÁMEK, Alena ŠRÁMKOVÁ	★
	ulice Na příkopě, 1.čp 388			

Intéressant témoin de la récente évolution de l'architecture contemporaine à Prague. Tout en répondant à la fois à des nécessités fonctionnelles hétérogènes et aux exigences urbanistiques de la place Venceslas, les architectes ont donné à cet édifice une expression architecturale convaincante et résolument moderne, adaptée aux nouvelles techniques mises en œuvre. Au rez-de-chaussée, le bar "Espresso" forme l'articulation entre le niveau de la place et de l'entrée du métro, et celui de la rue Provaznická.

 Du toit-terrasse, vues intéressantes sur la cité Saint-Gall, la rue Na příkopě et la place Venceslas (★★).

H.II	VÁCLAVSKÉ NÁMĚSTÍ (PLACE VENCESLAS)	★★★

Par ses dimensions (750 × 60 m) et sa forme, la place Venceslas constitue le principal boulevard de Prague et le cœur de la Nouvelle-Ville. C'est un lieu historique important ; c'est aussi le théâtre de nombreux rassemblements populaires. Au sud de la

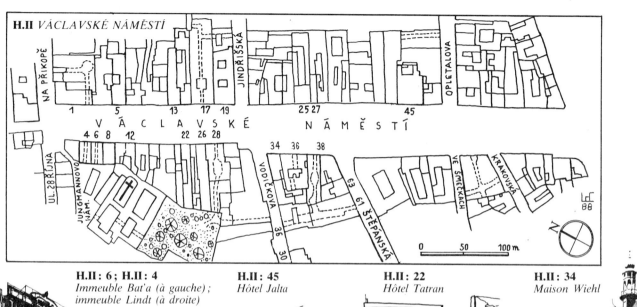

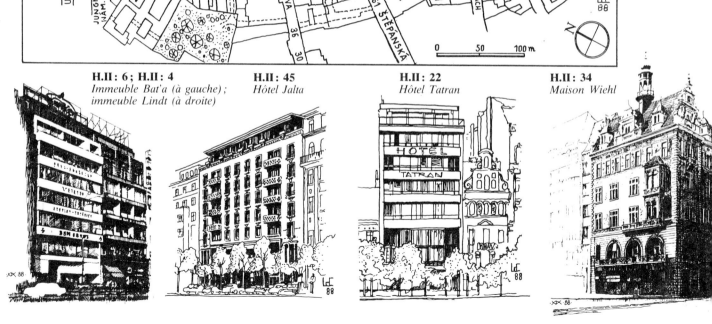

H.II : 6 ; H.II : 4
*Immeuble Baťa (à gauche) ;
immeuble Lindt (à droite)*

H.II : 45
Hôtel Jalta

H.II : 22
Hôtel Tatran

H.II : 34
Maison Wiehl

place se trouve la statue équestre de saint Venceslas, œuvre de Václav Myslbek, érigée en 1912. L'ensemble des immeubles prestigieux qui bordent la place constitue un exemple urbain d'une parfaite homogénéité, en dépit de leur diversité architecturale.

De nombreuses galeries pénètrent dans les îlots, amenant jusqu'au cœur de ceux-ci la vie active de la place.

■ **Station de métro Můstek.** Arch. Zdeněk VOLMAN et Jaromír SRPA (1978). Station de communication des lignes A et B, où l'on peut voir les vestiges d'un petit pont *(můstek)* de pierre médiéval qui faisait partie des premières fortifications de la Vieille-Ville.

■ 1.čp 846. — Palais Koruna (commentaire en H.5).

■ 4.čp 773. — Immeuble Lindt (★). Arch Ludvík KYSELA (1924-26). — Un des premiers exemples du fonctionnalisme à Prague.

■ 6.čp 774. — Immeuble Bat'a. Arch. Ludvík KYSELA (attr.) avec J. GOČÁR (?) et le bureau d'études Bat'a (1926-28).

■ 5.čp 840. — Hôtel Ambassador. — Immeuble apparenté à l'Art déco, reprenant les thèmes baroques de la façade ondulée et des couronnements multiples.

■ 8.čp 775. — Maison Jugendstil (★). — Intéressante façade, dissymétrique aux niveaux de l'entrée et du bow-window. Ce dernier est soutenu par deux figures humaines remarquablement intégrées à l'ensemble.

■ 12.čp 777. — Maison Peterka (commentaire en H.6).

■ 13.čp 836(?). — Immeuble Aeroflot. — Intéressante construction baroque.

■ 17.čp 834. — Immeuble Práce. — Construction moderne avec galeries.

■ 19.čp 832. — Maison de la culture polonaise. — Construction néo-baroque.

■ 21.čp 831. — Grand magasin Družba (1975). — Le bâtiment le plus récent de la place.

■ 22.čp 782. — Hôtel Tatran (★). Arch. Pavel JANÁK (1931-32). — Immeuble fonctionnaliste où règne une grande unité dans l'agencement des matériaux : fines huisseries métalliques, verre et verre émaillé blanc.

■ 25/27.čp 825/826. — Grand hôtel *Evropa* (commentaire en H.7).

■ 26.čp 784. — Hôtel Adria. — Un des derniers immeubles baroques, construit à la fin du XVIIIe siècle.

■ 28.čp 785. — Immeuble *U Stýblů* (commentaire en H.8).

■ 34.čp 792. — Maison Wiehl. Arch. A. WIEHL (1896). — Immeuble néo-Renaissance dont la façade ornée de sgraffites de Mikoláš Aleš, détruite en 1945, fut remarquablement reconstituée d'après les dessins originaux par Josef FANTA.

■ 36.čp 793. — Palais Hvězda (?). Arch. B. BENDELMAYER (1911-12).

■ 38/40.čp 794/795. — Ancienne Banque morave *(Moravská banka)* (commentaire en H.9).

■ 45.čp 818. — Hôtel Jalta. Arch. Antonín TENZER (1954-57).

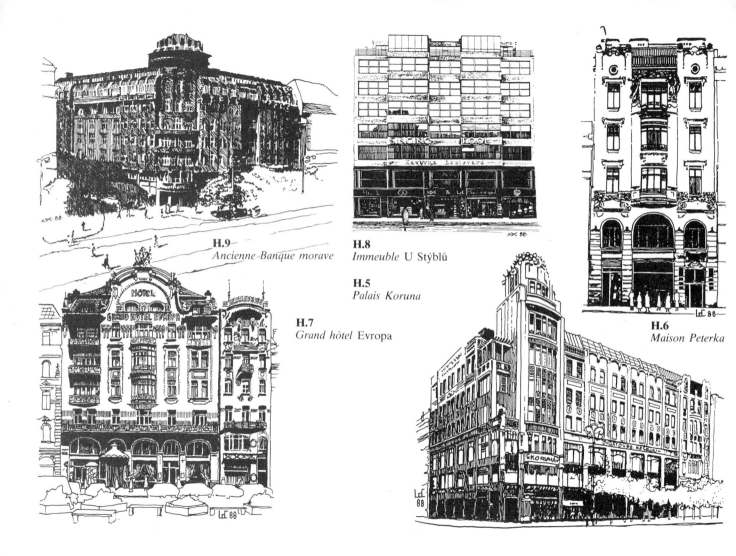

H.9 *Ancienne Banque morave*

H.8 *Immeuble* U Stýblů

H.5 *Palais Koruna*

H.7 *Grand hôtel* Evropa

H.6 *Maison Peterka*

H.5		Palais Koruna	1910-14	Antonín PFEIFFER	★★
		Václavské náměstí, 1.čp 846			

Remarquable immeuble d'angle Jugendstil, annonciateur de l'Art déco. Au niveau du piéton, l'expression unitaire du soubassement monumental à trois niveaux relie la rue Na Příkopě et la place Venceslas, tandis que les niveaux supérieurs des façades sont, eux, habilement différenciés en fonction de la hiérarchie des espaces urbains. Sur l'angle, l'émergence de la tour qui les articule joue le rôle de signal à l'échelle de la ville. Les sculptures sont de Vojtěch Sucharda.

H.6		Maison Peterka (ancienne Banque populaire)	1898-1910	Jan KOTĚRA	★★
		Václavské náměstí, 12.čp 777			

Cette œuvre maîtresse de KOTĚRA, l'une des premières manifestations de la Sécession à Prague, est remarquable pour sa façade où l'on perçoit l'influence qu'Otto WAGNER exerça sur l'architecte lors de son séjour à Vienne.

H.7		Grand hôtel *Evropa*	1903-06	Bedřich BENDELMAYER, Alois DRYÁK	★★★ ★★
		Václavské náměstí, 25/27.čp 825/826			

Cet immeuble est un des plus prestigieux témoignages de la Sécession pragoise. Sa magnifique façade richement ornée, la taverne avec sa galerie ovale, les deux restaurants et l'ensemble de la décoration ont conservé intact le charme du début de ce siècle.

H.8		Immeuble *U Stýblů*	1926-29	L. KYSELA, J. JAROLIM	
		Václavské náměstí, 28.čp 785			

Immeuble d'habitation avec magasins, de style fonctionnaliste, relié par le passage Alfa à la place Jungmannovo et à la rue Vodičkova. Le complexe comprend également un cinéma de 1 200 places et le Théâtre Semafor à l'étonnante vitrine d'inspiration cubiste (★).

H.9		Ancienne Banque morave *(Moravská banka)*	1912-16	Matěj BLECHA	★★
		Václavské náměstí, 38/40.čp 794/795 # Štěpánská ulice, 63.čp 626			

Grand immeuble d'angle articulé sur une imposante rotonde d'où partent deux corps de bâtiment au rythme dense et serré traité avec une forte expression de puissance.

H.12
*Ministère de l'Energie
(détail)*

H.11
Musée national

H.15
*Siège de l'Assemblée fédérale :
perspective du projet.
A droite, le Musée national (H.11)*
[Dessin de l'atelier GAMA ;
source : SIEGEL 1967 : n° 132]

■ Au n° 61.čp 704 de la rue Štěpánská, à côté de la Banque morave, se trouve le **palais Lucerna** (arch. Václav HAVEL, 1907-21). La galerie Lucerna débouche au n° 36.čp 704 de la rue Vodičkova, dans laquelle on trouve aussi l'immeuble Novák (cf. H.10).

H.10	Ancien grand magasin Novák	1878 ; 1901-04	Osvald POLÍVKA (1901-04)	★★
	Vodičkova ulice, 30.čp 699			

Immeuble néo-classique entièrement remanié dans le style de la Sécession, dont sont typiques la porte d'entrée à vitraux, les belles ferronneries des balcons et de la corniche-terrasse, ainsi que les mosaïques de Jan Preisler (1912) qui ornent la façade.

H.11	Musée national *(Národní muzeum)*	1885-90	Josef SCHULZ	★★
	ulice Vítězného února, 74.čp 1700			★

Colossal morceau d'architecture néo-Renaissance de la fin du XIXe siècle. La façade rythmée par une colonnade corinthienne, le vaste perron dominant la place, les rampes d'accès, le hall et les escaliers monumentaux conduisant au grand panthéon sont les parties les plus réussies de cet imposant édifice de plus de cent mètres de longueur. Les sculptures intégrées au bâtiment sont d'Antonín Wagner et Josef Maudr.

Depuis 1970, les environs immédiats du Musée ont fait l'objet d'une restructuration profonde à l'occasion de la construction du métro.

■ **Station de métro Muzeum.** Arch. J. ŠPIČÁK, J. REITERMAN et J. OTRUBA (1974-78).

H.III	VINOHRADSKÁ ULICE	

H.12	Ministère de l'Énergie. Intéressante construction fonctionnelle, un des témoignages les plus modernes de l'architecture officielle. Vinohradská ulice, 8.čp 325.	

H.13	Siège de la Fédération syndicale mondiale. Vinohradská ulice, 10.čp 365.	★

H.16
Théâtre Smetana

H.15
*Siège de l'Assemblée fédérale :
élévation nord-est*

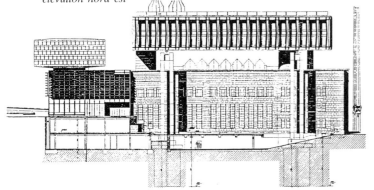

H.17
*Gare centrale :
ancienne gare François-Joseph*

| H.14 | | Ancien siège de la Radiodiffusion tchèque (1931). Grand bâtiment de style constructiviste. Vinohradská ulice, 12.čp 1409. | | | ★ |

| H.15 | | Assemblée fédérale de la ČSSR | 1967-72 | Atelier GAMA (K. PRAGER, avec J. ALBRECHT et J. KADEŘÁBEK) | ★★ |
| | | Vinohradská ulice, 1.čp ... # ulice Vítězného února, 6.čp ... | | | |

Nouvel immeuble administratif englobant l'ancien édifice de l'Assemblée nationale construit en 1936. Aérienne, la superstructure métallique à deux étages repose sur de grands pylones revêtus de pierre. L'ensemble est à l'échelle du Musée national, mais l'ancienne partie aligne son gabarit sur celui de l'édifice voisin, le Théâtre Smetana. La sculpture *L'Age nouveau* fut créée par Vincenc Makovský pour l'Expo'58 à Bruxelles.

| H.16 | | Théâtre Smetana *(Smetanovo divadla)* | 1888 ; 1967-73 | Ferdinand FELLNER, Hermann G. HELMER (1888) | | ★★★ |
| | | ulice Vítězného února, 8.čp 101 | | | | |

Ancien Théâtre allemand qui fut après 1945 la seconde scène du Théâtre National. Entièrement reconstruit entre 1967 et 1973, cet édifice, extérieurement néo-classique, contient une merveilleuse salle néo-rococo à motifs dorés sur fond blanc. Le théâtre, équipé pour des représentations d'opéras, est réputé pour son acoustique excellente.

| H.17 | | Gare centrale *(Hlavní nádraží)* | 1901-09 ; 1970-77 | Josef FANTA (1901-09) ; Jan ŠRÁMEK, Alena ŠRÁMKOVÁ (1970-77) | | ★★ ★★ |
| | | ulice Vítězného února, 16.čp 308 | | | | |

Une première gare avait été construite par BARVITIUS à la fin du siècle passé ; c'est sur son emplacement que FANTA édifia la nouvelle gare François-Joseph en 1901. Bel exemple de la Sécession à Prague, elle est remarquable pour sa conception d'ensemble, et en particulier pour la volumétrie de ses espaces publics.

Suite à la construction du métro, à la restructuration du quartier et à la création en 1970 du boulevard à circulation rapide, la gare fut adaptée et partiellement reconstruite au niveau des accès et du hall central, installés sous l'ancienne esplanade. La liaison de la nouvelle partie à l'ancienne est habilement résolue. Les architectes ŠRÁMEK et ŠRÁMKOVÁ réussirent à donner une expression architecturale de haute qualité à des ouvrages particulièrement exigeants sur le plan technique et circulatoire.

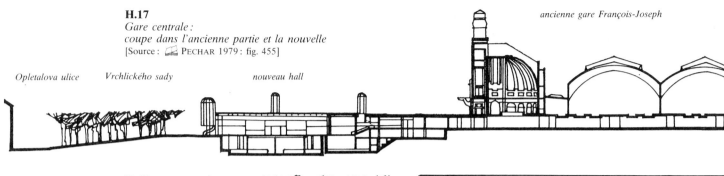

H.17
Gare centrale :
coupe dans l'ancienne partie et la nouvelle
[Source : PECHAR 1979 : fig. 455]

Opletalova ulice   Vrchlického sady   nouveau hall   ancienne gare François-Joseph

H.17
Gare centrale :
nouvelle partie :
hall des guichets

H.20
Synagogue Jubilaire

Quartier de l'église Saint-Henri :
plan dans la 2ᵉ moitié du XIVᵉ siècle
[Source : LORENC 1982 : 171]

1 Eglise paroissiale (H.19)
2 Chapelle de Jérusalem
3 Clocher (H.21)
4 Cimetière
5 Ecole
6 Presbytère

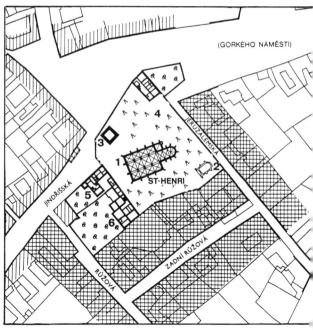

H.IV	TŘÍDA POLITICKÝCH VĚZŇŮ

■ 20.čp 931. — Ancien palais Petschek. Imposante construction néo-Renaissance datant de 1923. Siège de la gestapo pendant la dernière guerre, actuellement Ministère du Commerce extérieur.

■ 11.čp 1419. — Grand immeuble d'inspiration cubiste avec en attique deux étages de style néo-gothique. Un grand balcon dépourvu d'accès souligne l'angle du bâtiment. Arch. Jan KOTĚRA (1921-23).

■ 9.čp 1531. — Palais néo-Renaissance.

■ 7.čp 936. — Ancienne Banque nationale (commentaire en H.18).

■ ...čp 909 # Jindřišská ulice, 14.čp 909. — Poste de Prague-centre (1871-74).

■ Jindřišská ulice ...čp 897 # Panská ulice, 12.čp 897. — Hôtel Palace, immeuble de style Sécession.

H.18		Ancienne Banque nationale
		třída Politických vězňů, 7.čp 936

La façade à trois registres de proportion gigantesque de ce palais néo-Renaissance, et celle du n° 9 voisin, confèrent à la rue un rythme intéressant que souligne leur plastique très prononcée. Au soubassement, comprenant deux niveaux, l'entrée est marquée par un portique fort saillant qui supporte le balcon du *piano nobile*.

H.19		Eglise Saint-Henri. Edifice gothique remanié à l'époque baroque. Jindřišská ulice.

H.20		Synagogue Jubilaire (1906). Edifice pseudo-mauresque haut en couleurs. Jerusalémská ulice, 5.čp 961.

H.21		Tour-beffroi érigée en 1475, remaniée en style néo-gothique par J. MOCKER (1879). Jindřišská ulice.

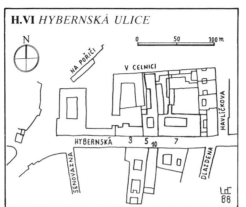

H.VI *HYBERNSKÁ ULICE*

H.VI: 3 ; H.VI: 5 ; H.VI: 7
Palais Sweerts-Sporck ; palais Kinský
[Gravure de Filip et František HEGER, 1792 (détail)]

H.VI: 10
*Ancien hôtel Central :
façade*
[Dessin de l'arch. Friedrich OHMANN, 1898]

H.23
*Gare de Prague-Centre :
façade sud,
sur Hybernská ulice*
[Gravure de Karel WÜRBS, 1850]

H.V NÁMĚSTÍ MAXIMA GORKÉHO (PLACE MAXIME GORKI)

Cette place est l'ancien marché au foin, l'un des trois grands marchés de la Nouvelle-Ville créés en 1348 par Charles IV.

- 10.čp 1984. — Maison Jugendstil de 1903 (★).
- 11.čp 1985. — Maison Jugendstil avec balcons et corniche métalliques (★★). Arch. Josef PODHAJSKÝ.
- 12.čp 1986. — Maison Jugendstil.
- 13.čp 991. — Ancienne Banque hypothécaire, grand bâtiment néo-Renaissance.

H.VI HYBERNSKÁ ULICE

Première rue pavée de Prague, cette importante voie de communication prolongeait au Moyen Age la rue Celetná en direction de l'ancienne porte Horská, reliant ainsi le centre urbain à l'enceinte fortifiée de la Nouvelle-Ville.

- 10.čp 1001. — Ancien hôtel Central (?) (★★). Arch. F. OHMANN, avec B. BENDELMAYER et A. DRYÁK (1899-1902). Remarquable immeuble Sécession.
- 7.čp 1033. — Ancien palais Kinský (commentaire en H.22).
- 5.čp 1034. — Palais Sweerts-Sporck. Arch. Ignác J. PALLIARDI (1790-92).
- 3.čp 1036. — Palais Sweerts-Sporck. Arch. Antonín HAFFENECKER (ca 1780).

| H.22 | Ancien palais Kinský (Musée Lénine) | ca 1660...1986-87 | Carlo LURAGO (ca 1660) ; restauration : NACHÁZEL (1986-87) | ★ |
| | Hybernská ulice, 7.čp 1033 | | | |

Construction du haut baroque, remaniée dans le style classique vers la fin du XVIIIe siècle. A l'intérieur, belle cour avec loggia baroque et salles à plafonds peints à fresque. Le palais, restauré par l'ing. arch. NACHÁZEL, abrite aujourd'hui le Musée Lénine.

| H.23 | Gare de Prague-centre (1845). Triple halle couverte d'une intéressante charpente en bois et fer. Havlíčkova ulice, ...čp 1014 # Hybernská ulice. |

H.VII : 40
Hôtel Axa

*Quartier de l'église Saint-Pierre :
plan dans la 2ᵉ moitié du XIVᵉ siècle*
[Source : LORENC 1982 : 170]

1 Clocher
2 Ecole
3 Presbytère
4 Tour-portail de l'évêché
5 Evêché
6 Jardin de l'hôpital
7 Tour du quartier de l'hôpital

H.24
Musée de la ville de Prague

H.25
Banque Legio

H.24		Musée de la ville de Prague	1895-98	Antonín WIEHL, Antonín BALŠÁNEK	
		Švermovy sady, …čp 1154			

Important bâtiment néo-Renaissance abritant un musée consacrée à l'évolution urbaine et architecturale de la ville.

H.VII ULICE NA POŘÍČÍ

Ancienne route d'échange au cœur du quartier des marchands allemands. A son extrémité est, se dressait dès 1348 la porte Poříčská qui faisait partie des fortifications de la ville.

■ 40.čp 1051. — Hôtel Axa (★★), de style constructiviste. Arch. V. PILC (1935).

■ 31.čp 1064 # Biskupská ulice. — Hôtel Centrum. — Immeuble d'angle intéressant pour le traitement en saillie de la façade à la jonction des deux rues.

■ 24.čp 1046. — Ancienne Banque Legio (commentaire en H.25).

H.25		Ancienne Banque Legio	1922-25	Josef GOČÁR	★★
		ulice Na poříčí, 24.čp 1046			

Cette construction impressionnante par sa puissance est le résultat d'une osmose créatrice entre les théories expérimentées du cubisme et l'évolution d'une tradition locale. Le portail d'ordre colossal est composé de pilastres aux formes cubistes surmontés de chapiteaux figuratifs. Une grande frise historiée sépare le rez-de-chaussée surélevé du reste de l'immeuble. Toute la façade est une mécanique, exemplaire du rondocubisme, où les pilastres s'articulent sur les arcs des fenêtres au moyen de grandes rotules circulaires inscrites dans des carrés. Les fenêtres aux châssis brisés, formellement indépendantes de la structure, accentuent la puissance de celle-ci. L'édifice est actuellement affecté au Ministère des Industries de consommation.

H.26		Eglise et tour Saint-Pierre	XIIe-XVIe s.		★
		Biskupská ulice			

Un des plus anciens monuments historiques de la rive droite de la Vltava. Cette construction gothique conserve quelques éléments romans, dont la façade et le mur sud de la nef centrale.

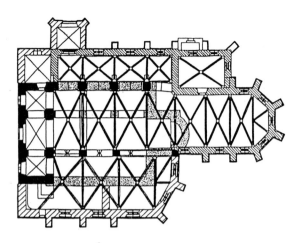

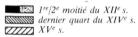
- 1re/2e moitié du XIIe s.
- dernier quart du XIVe s.
- XVe s.

H.26
*Eglise Saint-Pierre :
plan*
[Source : MENCL 1969 : 22]

Ancien grand magasin Kotva

H.27
Grand magasin Kotva

■ A côté de l'église se dresse la **tour Saint-Pierre,** de style Renaissance, surmontée d'une belle toiture baroque à bulbe (1598).

H.27	Grand magasin Kotva	1972-74	Vladimír MACHONIN,
	náměstí Republiky, 8.čp 656		Věra MACHONINOVÁ

Architecture de verre et d'acier, de caractère prismatique, basée sur un plan modulaire. Par son agencement intérieur et son équipement technique, ce complexe commercial de 21 000 m² se range parmi les plus novateurs des abords de la Vieille-Ville.

■ Revoluční třídá, 1.čp 655. — **Anciens magasins Kotva** (★).

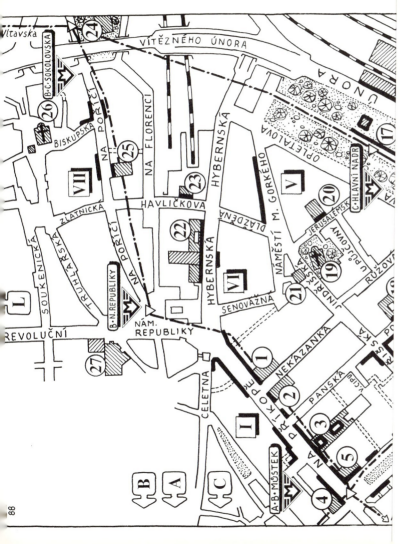

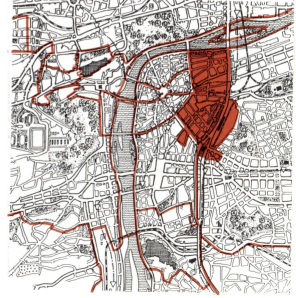

H

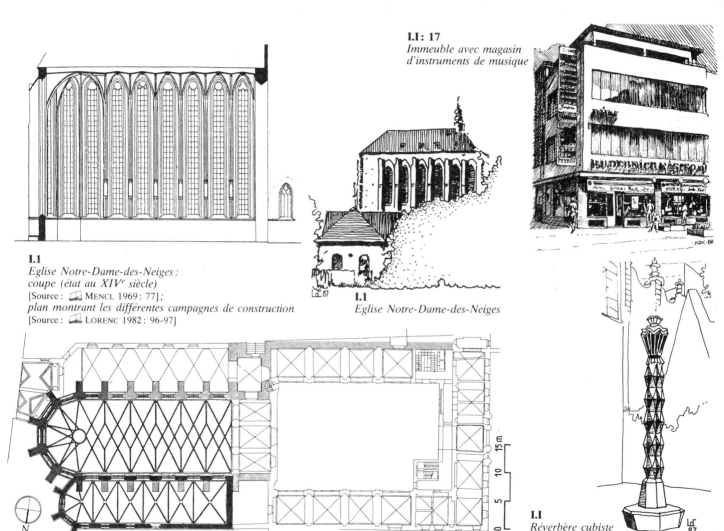

I.1
*Eglise Notre-Dame-des-Neiges :
coupe (état au XIVe siècle)*
[Source : MENCL 1969 : 77] ;
plan montrant les différentes campagnes de construction
[Source : LORENC 1982 : 96-97]

I.1
Eglise Notre-Dame-des-Neiges

I.I : 17
Immeuble avec magasin d'instruments de musique

I.I
Réverbère cubiste

PARCOURS I

NOVÉ MĚSTO (NOUVELLE-VILLE)-SUD
Autour de la place Charles

| I.I | JUNGMANNOVO NÁMĚSTÍ | ★ |

Petite place tranquille en plein centre commercial.

- Eglise Notre-Dame-des-Neiges (commentaire en I.1).
- Réverbère (★★). Arch. Vlatislav HOFMAN (1913). — Rare exemple de mobilier urbain de style cubiste à Prague.
- (ulice 28. října, 2.čp 761). — Immeuble Jugendstil de 1906. — Remarquable porte d'entrée donnant sur la place (★).
- 17.čp 734. — Petit immeuble constructiviste (1938) avec magasin d'instruments de musique au rez-de-chaussée.

| I.1 | Eglise Notre-Dame-des-Neiges | XIVe-XVIe s. | | ★ |
| | Jungmannovo náměstí, čp 753 | | | |

Du grandiose projet initial qui devait occuper toute la place Jungmann, seul fut exécuté le chœur, qui constitue l'église gothique actuelle. La voûte, l'une des plus élevées de la ville, fut rebâtie au XVIe siècle selon les techniques de construction de la Renaissance. Au sud, se développe l'ancien couvent franciscain dont le jardin est ouvert au public, tandis qu'au nord un portail gothique donne accès à la cour d'entrée de l'église.

| I.2 | Immeuble à appartements avec magasins. Beau bâtiment de style constructiviste des années 30. ulice 28. října, 1.čp 371 # Perlova ulice. | |

| I.II | JUNGMANNOVA TŘÍDA | |

- 34.čp 750. — Prago-Export (★). — Grand immeuble d'angle, ancien siège des assurances Adriatica.

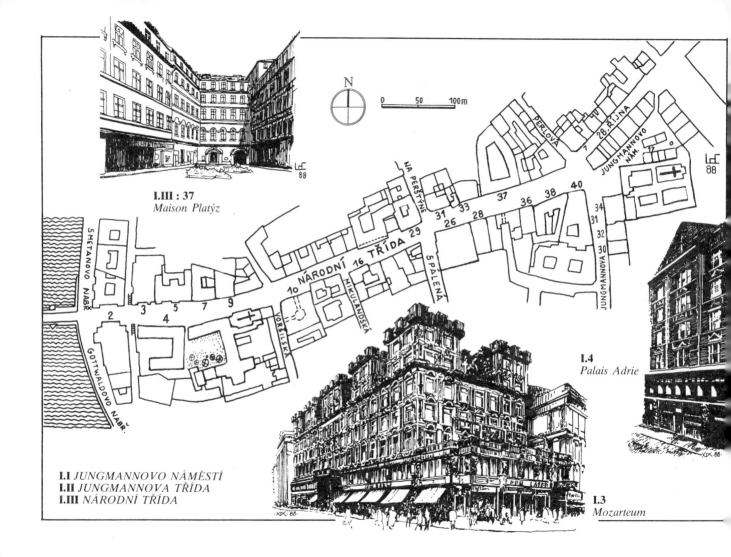

I.III : 37
Maison Platýz

I.4
Palais Adrie

I.3
Mozarteum

I.I *JUNGMANNOVO NÁMĚSTÍ*
I.II *JUNGMANNOVA TŘÍDA*
I.III *NÁRODNÍ TŘÍDA*

- 32.čp 749. — Petit immeuble, intéressant pour la partition équilibrée de sa façade.
- 30.čp 748. — Mozarteum (commentaire en I.3).
- 31.čp 36. — Palais Adrie (commentaire en I.4).

I.3	Mozarteum	1911-13	Jan KOTĚRA	★
	Jungmannova třída, 30.čp 748			

Cet immeuble, où l'on retrouve, sous une forme épurée, les principes d'Otto WAGNER, peut être considéré comme un des premiers témoignages de l'architecture moderne à Prague. Le bâtiment abrite des bureaux, des logements, des boutiques et une salle de concert de 200 places.

I.4	Palais Adrie *(Laterna Magika)*	1923-25	Pavel JANÁK, Josef ZASCHE	★
	Jungmannova třída, 31.čp 36 # Národní třída, 40			

Ce bâtiment rondocubiste dont les lucarnes se dressent telles des tours crénelées aux dimensions colossales, évoque l'idée fantastique d'une forteresse urbaine. Les masses, les rythmes et les détails architectoniques sont traités selon une certaine tradition académique nationale, JANÁK s'éloignant ici sensiblement de ses théories formulées en 1912.

I.III	NÁRODNÍ TŘÍDA	★

Ouverte en 1781, après que l'on eût comblé le fossé des remparts de la Vieille-Ville, cette artère, l'une des plus animées de Prague, prolonge la rue Na příkopě et fait partie du centre commercial et administratif.

- 40.čp 36. — Palais Adrie (cf. supra, commentaire en I.4).
- 38.čp 37. — Palais Porges de Portheim (fin du XVIIIe siècle), en baroque tardif traité selon un esprit classique.
- 37.čp 416. — Maison Platýz (★). Arch. Henri HAUSKNECHT (1813-25). — Cette constuction de style Empire fut le premier immeuble de logements locatifs à Prague. (Cf. aussi C.IV:11.)
- 36.čp 38. — Maison des industries d'art. Arch. Oldřich STARÝ (1934-36). — Immeuble fonctionnaliste.
- 33.čp 1036. — Agence de voyages Sportturist (1972).
- 31.čp 362. — Maison de la culture cubaine. — Construction néo-baroque de 1905.

I.III : 29
Maison d'édition Albatros

I.7
Anciennes assurances Praha

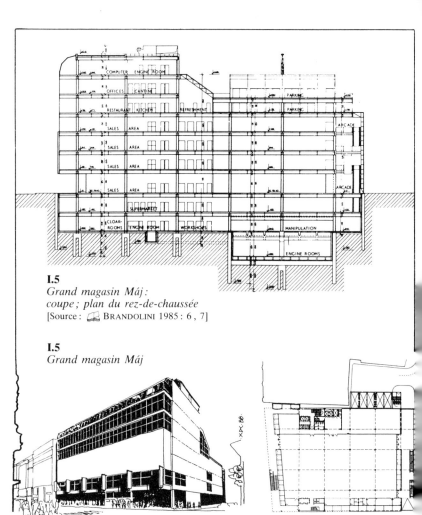

I.5
*Grand magasin Máj :
coupe ; plan du rez-de-chaussée*
[Source : BRANDOLINI 1985 : 6, 7]

I.5
Grand magasin Máj

■ 29.čp 342. — Maison d'édition Albatros (livres pour enfants). Arch. S. FRANC et L. HANF (1966-69). — L'immeuble comprend aussi un théâtre.
■ 28.čp 60. — Maison du film. — Façade avec éléments Art déco (★). Un magasin de jouets, dû à l'architecte M. SBORWITZ, est harmonieusement intégré au rez-de-chaussée gauche de l'immeuble.
■ 26.čp 63. — Grand magasin Máj (commentaire en I.5).
■ 16.čp 118. — Maison Kaňka (★). — Petit palais dont la façade date de 1730. Les arcades ont été refaites à notre époque sans respect du style d'origine.
■ 9.čp 1010. — Maison Topič (commentaire en I.6).
■ 7.čp 1011. — Ancienne compagnie d'assurances Praha (commentaire en I.7).
■ Eglise Sainte-Ursule (commentaire en I.8).
■ 3/5.čp 1009. — Académie tchécoslovaque des Sciences (ancienne Caisse d'épargne) (★). Arch. Vojtěch Ignác ULLMANN (1858-61). — Remarquable construction néo-Renaissance dont l'attique est orné de sculptures de J. Mánes et A. Wildt.
■ 4.čp 1393. — Nouveau Théâtre National (commentaire en I.9).
■ 2.čp 223. — Théâtre National (commentaire en I.10).

I.5	Grand magasin Máj	1970-75	Stavoprojekt SIAL 02 (Miroslav MASÁK, Johnny EISLER, Martin RAJNIŠ)	★★
	Národní třída, 26.čp 63 # Spálená ulice			

Avec le Máj, l'agence SIAL 02 de la ville de Liberec acquit d'emblée une réputation nationale. Par son système de construction, la clarté de son plan et son esthétique, ce bâtiment influença bon nombre d'architectes contemporains. C'est une construction en béton armé préfabriqué avec façade en dalles de béton et panneaux d'aluminium. La façade latérale, la plus intéressante, se présente comme une coupe exhibant l'organisation interne de l'édifice. Les escalators sont logés dans un volume indépendant, vitré sur toute sa hauteur. L'architecture "non esthétique" de ce magasin, qui met l'accent sur la vérité des formes, sur le choix des matériaux, sur la technologie, fut difficilement acceptée par le public pragois habitué à voir construire des bâtiments modernes privés d'expressivité (comme l'immeuble Albatros, au n° 29 de la même rue) ou, au contraire, d'une curiosité extravagante (comme les nouveaux magasins Kotva, cf. H.27). [BRANDOLINI 1985:6-7]

I.6	Maison d'édition Topič	1910	Osvald POLÍVKA	★★
	Národní třída, 9.čp 1010			

(Voir commentaire en I.7.)

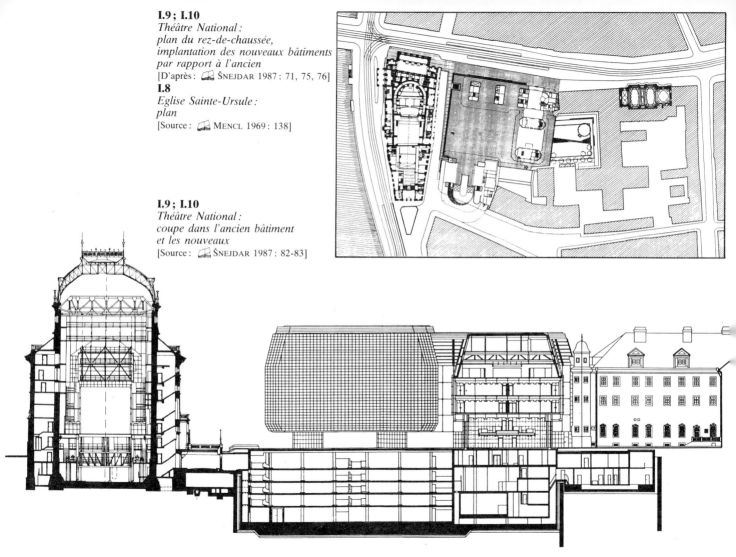

I.9 ; I.10
Théâtre National :
plan du rez-de-chaussée,
implantation des nouveaux bâtiments
par rapport à l'ancien
[D'après : ŠNEJDAR 1987 : 71, 75, 76]

I.8
Eglise Sainte-Ursule :
plan
[Source : MENCL 1969 : 138]

I.9 ; I.10
Théâtre National :
coupe dans l'ancien bâtiment
et les nouveaux
[Source : ŠNEJDAR 1987 : 82-83]

I.7	Anciennes assurances Praha	1905-07	Osvald POLÍVKA	★★
	Národní třída, 7.čp 1011			

Deux témoignages remarquables de l'architecture "Belle Epoque". La juxtaposition des deux maisons est une occasion unique de percevoir la différence d'esprit entre les deux tendances de l'Art Nouveau : l'une plus décorative, proche du Jugendstil germanique (maison Topič), l'autre plus abstraite, influencée par la Sécession viennoise (assurances Praha). Hormis leurs rez-de-chaussée, les deux immeubles ont été parfaitement restaurés.
La décoration plastique du Praha est de Ladislav Šaloun.

I.8	Eglise Sainte-Ursule	1698-1704	Marcantonio CANEVALE	★
	Národní třída			★★

Bel édifice du baroque culminant, disposé longitudinalement par rapport à la rue, à partir de laquelle on pénètre en plein milieu de la nef. Les cinq parties de l'église s'expriment en façade par une succession de plans qu'articulent des pilastres moulurés.

I.9	Nouveau Théâtre National (*Nová Scena*)	1977-83	Karel PRAGER	★★★
	Národní třída, 4.čp 1393			★★

Une des œuvres les plus marquantes de l'architecture contemporaine à Prague. [ŠNEJDAR 1987] Formé de grandes masses de verre, cet ensemble est conçu à l'échelle de la rue Národní et de l'ancien théâtre qui le jouxte. Autour d'une place intérieure donnant sur celui-ci, le nouveau complexe s'articule en trois parties :
■ [1] le grand volume de verre, à front de rue, abritant, dans sa partie translucide, la grande salle et, dans sa partie transparente, les accès et foyers de celle-ci ;
■ [2] le volume donnant à la fois sur la place et sur les jardins du couvent voisin, où l'on trouve bars et restaurants ;
■ [3] le volume arrière, sur la rue Ostrovní, affecté aux salles de répétition.

I.10	Théâtre National (*Národní divadlo*)	1867-83 ; 1977-83	Josef ZÍTEK (1867-81), reconstruction : Josef SCHULZ (1881-83) ; rénovation : Karel PRAGER (1977-83)	★★★
	Národní třída, 2.čp 223			★★

Grand théâtre, inspiré de la Renaissance classique, qui rappelle par ses dispositions intérieures l'Opéra de Vienne, d'Eduard van

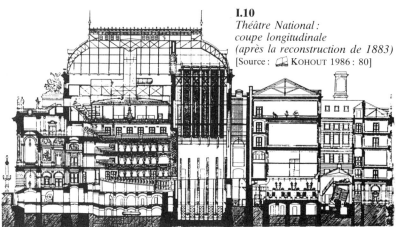

I.10
*Théâtre National :
coupe longitudinale
(après la reconstruction de 1883)*
[Source : KOHOUT 1986 : 80]

I.IV : 32
*Ancienne Banque
des assurances
tchèques*

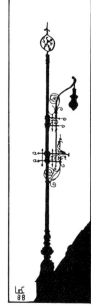

I.11
*Pont du 1er Mai :
lampadaire*

I.10
Théâtre National
[Gravure anonyme de la fin du XIXe s.]

I.10
*Théâtre National :
vue de la salle*
[Dessin de B. ROUBALÍK, 1881]

der NÜLL et August von SICARDSBURG. Le haut soubassement à bossage, tantôt percé de fenêtres, tantôt traité en portique, supporte le volume des étages rythmé par des pilastres corinthiens d'ordre colossal. La façade nord est précédée d'une galerie à arcades surmontée d'une loggia. Le vaste dôme central établi sur plan trapézoïdal fait partie du paysage urbain des bords de la Vltava. Chacune des quatre façades est conçue de manière différente afin de s'adapter au cadre environnant et aux perspectives multiples à partir desquelles l'édifice est vu.

La décoration intérieure est due aux meilleurs artistes de l'époque, comme Tulka, Aleš, Ženíšek, Brožík, Mařák et Hynais (auteur, en outre, du magnifique rideau de scène). [📖 ŠNEJDAR 1987]

| I.11 | Pont du 1ᵉʳ Mai *(most 1. máje)* sur la Vltava et l'île aux Tireurs *(Střelecký ostrov)* | 1901 | Antonín BALŠÁNEK | ★ |

Gracieux lampadaires en fer dont les globes ont inspiré les nouveaux luminaires de la ville. Du pont, on accède à l'île aux Tireurs par un bel escalier de pierre.

| I.IV | GOTTWALDOVO NÁBŘEŽÍ (QUAI GOTTWALD) | ★★ |

Très bel ensemble de grands immeubles, construits autour de 1900, parmi lesquels :

■ 32.čp 224. — Ancienne Banque des assurances tchèques, aujourd'hui ambassade de R.D.A. (★). Arch. Jiří STIBRAL (1904-05). — Immeuble de style Sécession avec belle entrée d'angle. Décoration de Ladislav Šaloun.

■ 26.čp 234. — Immeuble à appartements. Arch. Kamil HILBERT (1904-05). — Bâtiment Sécession remarquable pour les stucs de Celda Klouček et le beau hall d'entrée d'où part un escalier éclairé par des vitraux (★★).

■ 20.čp 238. — Immeuble de 1898-1900, avec beaux vitraux en camaïeu dans la cage d'escalier.

■ 16.čp 248. — Maison Hlahol. Arch. Josef FANTA (1903-06). — Belle porte d'entrée.

■ 2.čp 2014. — Immeuble néo-baroque avec grande tourelle d'angle et loggias à plusieurs niveaux (fin du XIXᵉ siècle).

| I.12 | Galerie Mánes Gottwaldovo nábřeží, 1.čp 250 | 1923-25 | Otakar NOVOTNÝ | ★★ |

Galerie d'exposition qui enjambe les eaux de la Vltava. Cet édifice de style fonctionnaliste, qui appartient à la dernière période de NOVOTNÝ, annonce, par la grande rigueur de sa composition, le style dépouillé des années 30.

I.17
Eglise Saints-Cyrille-et-Méthode

I.12
Galerie Mánes et tour de l'ancien château d'eau de la Nouvelle-Ville

I.14
Tour Saint-Adalbert

■ Près de ce bâtiment, subsiste la tour Renaissance à toiture baroque, dite **Šítkovská věž**, vestige d'un des quatre châteaux d'eau qui alimentaient les fontaines publiques et les brasseries de la ville.

| I.13 | Pont Jirásek *(Jiráskův most)*. Construit sur un projet des architectes V. HOFMAN et F. MENCL (1929-33). | | |

I.14	Eglise Saint-Adalbert et presbytère	XIVᵉ-XVIIIᵉ s.	
	Vojtěšská ulice et Pštrossova ulice, 17.čp 214		

L'église est un édifice gothique à deux nefs dont le décor tant extérieur qu'intérieur a été remanié dans le style baroque. Près de l'église se dresse une belle tour surmontée d'une toiture à bulbe. Le presbytère est une maison baroque de 1778 dont l'escalier intérieur est orné de *putti* d'Ignác Platzer le Vieux.

I.15	Brasserie *U Fleků*	1459	
	Křemencová ulice, 11.čp 1651		

Etablissement digne d'intérêt pour sa salle médiévale, son jardin à arcades et l'ensemble de son décor soigneusement restauré, cette brasserie, dont la façade est ornée d'une horloge pittoresque, est la plus vieille et la plus populaire de Prague.

I.16	Eglise Saint-Venceslas	XIVᵉ s.	
	Resslova ulice		

Cet édifice très ancien conserve dans sa façade des vestiges romans de la nef primitive. Il est couvert d'une voûte en gothique tardif.

I.17	Eglise Saints-Cyrille-et-Méthode	1730-36	Kilián Ignác DIENZENHOFER, Pavel Ignác BAYER	★★
	Resslova ulice			

Cette remarquable église, appelée autrefois Saint-Charles-Borromée, est un édifice d'angle aux volumes compacts. Les deux façades sont traitées symétriquement à partir de frontons posés sur un lourd entablement qui unifie toute la composition.

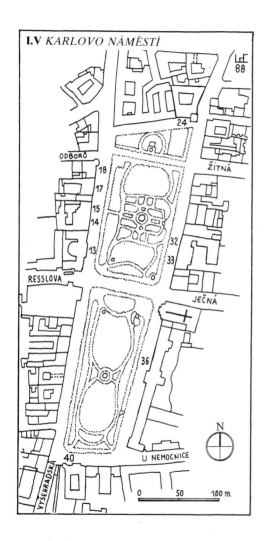

I.V KARLOVO NÁMĚSTÍ

I.20
*Eglise Saint-Ignace:
nef principale*

I.V : 40
Maison Faust
[Dessin de Vincenc MORSTADT, 1874]

| I.18 | Ancien hospice des vieux prêtres. – Arch. Kilián Ignác DIENZENHOFER (1736). Resslova ulice, 9. čp 307. | |

I.V KARLOVO NÁMĚSTÍ (PLACE CHARLES) ★

L'actuelle place Charles, la plus vaste de la capitale, fut fondée par Charles IV en 1348 en même temps que la nouvelle ville : c'était alors le marché aux bestiaux. Il fut aménagé en parc public au milieu du XIXe siècle.

COTE OUEST

- 13. čp 293. — Ecole tchèque des hautes études techniques. Bâtiment néo-Renaissance de V.I. ULLMANN (1867).
- 14/15. čp 292. — Brasserie Černý (1939).
- 17. čp 288. — Beau bâtiment néo-Renaissance avec sgraffites polychromes.
- 18. čp 287. — Très bel immeuble Jugendstil (1905-07) avec une imposante tour d'angle (★).

COTE NORD

- 24. čp 1/2. — Hôtel de ville de la Nouvelle-Ville (commentaire en I.19).

COTE EST

- 32/33. čp 552/553/554. — Polyclinique de la faculté de médecine. Arch. F. FENCL (1947-52).
- Eglise Saint-Ignace (commentaire en I.20).
- 36. čp 504. — Ancien collège des jésuites (1658-67) (★).

COTE SUD

- 40. čp 502. — Maison Faust (★). — Demeure baroque antérieurement habitée par l'aventurier anglais Kelley, puis par d'autres alchimistes. A droite de la maison, beau portail donnant sur une cour-jardin.

I.21
Eglise Saint-Jean-Népomucène-sur-le-Rocher

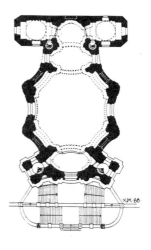

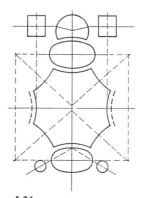

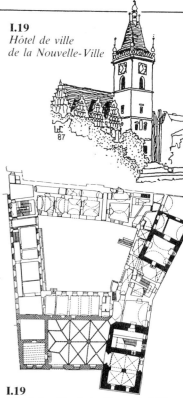

I.19
*Hôtel de ville
de la Nouvelle-Ville*

I.19
*Hôtel de ville de la Nouvelle-Ville :
plan du rez-de-chaussée*
[Source : 📖 LORENC 1982 : 157]

I.21
*Eglise Saint-Jean-Népomucène-sur-le-Rocher :
plan* [D'après : *Praga..., op. cit.*, p. 222 ; 📖 MENCL 1969 : 152] ;
schéma analytique [Source : 📖 NORBERG-SCHULZ 1983 : 70]

I.19	Hôtel de ville de la Nouvelle-Ville	1367…1905	Anonymes ; restauration : Antonín WIEHL, Kamil HILBERT (1905)	★
	Karlovo náměstí, 24.čp 1/2			

De la mairie gothique originale, subsistent les caves, la Salle des mariages à deux nefs au rez-de-chaussée, ainsi que la tour (1452-56). Agrandi à plusieurs reprises, l'édifice fut partiellement reconstruit et sa façade sud restaurée selon l'aspect qu'elle avait au début du XVIᵉ siècle par Antonín WIEHL et Kamil HILBERT.

I.20	Eglise Saint-Ignace	1665-70	Carlo LURAGO	★ ★★
	Karlovo náměstí			

Parfait exemple d'église de "style jésuite", dont la façade, les chapelles latérales et les tribunes sont inspirées des modèles romains. Le décor intérieur, rehaussé de stucs baroques et rococo, est particulièrement riche.

I.21	Eglise Saint-Jean-Népomucène-sur-le-Rocher	1729-39	Kilián Ignác DIENZENHOFER	★★★★ ★★★
	Vyšehradská ulice			

Cette église, sans doute l'une des plus belles de Prague, compte parmi les chefs-d'œuvre de Kilián Ignác DIENZENHOFER. Sa position "sur le rocher" lui confère un dynamisme sculptural étonnant d'intensité dramatique. Résolu avec une rare habileté, cet organisme spatial d'une grande mobilité procède d'un plan réduit à un espace unique, basé sur un octogone dont les côtés s'incurvent en une succession de concavités tournées vers l'extérieur ; ainsi l'enveloppe externe reflète-t-elle en négatif l'organisation interne, imposant d'une façon géométriquement logique la position diagonale des deux tours qui ponctuent en l'exacerbant cette sorte d'enroulement de tout l'édifice sur lui-même, rendant de la sorte le volume intérieur présent à tout le milieu environnant.
A l'intérieur, la voûte unifie l'espace délimité par des murs convexes, où alternent des surfaces lisses et décorées, tandis que les fenêtres de formes variées, situées à des hauteurs différentes, multipient les perspectives.

I.22	Couvent Na Slovanech, dit "d'Emmaüs"	1372 ;1965-68	Anonyme ; flèches : František M. ČERNÝ (1965-68)	★
	Vyšehradská ulice			

■ [a] Le **couvent**, fondé en 1348 par Charles IV pour les bénédictins croates, se compose de plusieurs bâtiments groupés autour

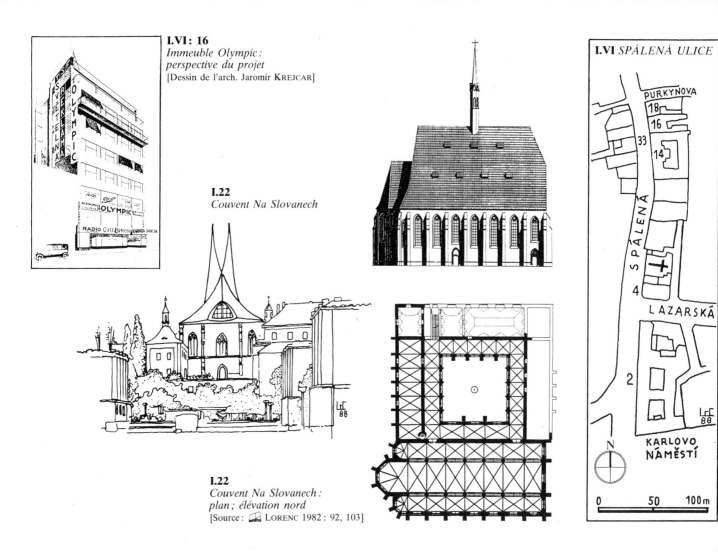

I.VI : 16
*Immeuble Olympic :
perspective du projet*
[Dessin de l'arch. Jaromír KREJCAR]

I.22
Couvent Na Slovanech

I.22
*Couvent Na Slovanech :
plan ; élévation nord*
[Source : LORENC 1982 : 92, 103]

I.VI *SPÁLENÁ ULICE*

d'un grand cloître voûté en ogive et orné de peintures gothiques parmi les plus précieuses de Bohême. Toutes les salles du couvent étaient particulièrement sombres, éclairées seulement par de rares fenêtres étroites, ce qui justifie sans doute la réputation de tristesse de ce grand monastère.

■ **[b]** L'**église conventuelle** à trois nefs, d'origine gothique, a été remaniée à l'époque baroque. Suite aux bombardements de la dernière guerre, l'architecte ČERNÝ reconstruisit en 1965-68 le pan de croupe de la toiture sous la forme d'un double voile en béton armé qui tranche violemment sur le style des anciens bâtiments.

■ **[c]** Près du couvent se trouve la petite **chapelle Saints-Côme-et-Damien**, petite église villageoise du XIIe siècle, rénovée en 1657 et 1713.

I.23	Monument Palacký (1897-1912). Collaboration du sculpteur Stanislav Sucharda et de l'architecte Alois DRYÁK. Palackého náměstí.	★

I.24	En joignant les rives de la Vltava, on découvre le pont Palacký *(Palackého most)*, construit par les architectes B. MÜNZBERGER et J. REITER (1876-78).	

I.VI	SPÁLENÁ ULICE	

■ 2.čp 6. — Vaste immeuble néo-Renaissance flamande.

■ 4.čp 82. — Maison Diamant (commentaire en I.25).

■ 33.čp 99. — Immeuble de style rondocubiste.

■ 14.čp 76. — Remarquable immeuble Sécession, dont la grande façade est terminée par deux corps couronnés de frontons courbes aux mosaïques polychromes (★).

■ 16.čp 75. — Immeuble Olympic (★). Arch. Jaromír KREJCAR (1923-27). — Le premier immeuble fonctionnaliste à Prague.

■ 18.čp 74. — Grand immeuble d'angle de style fonctionnaliste, affecté à des logements et des bureaux (★). On notera l'élégance des balcons incurvés et des garde-corps filants aux terrasses.

I.VII
*Quartier de l'église Saint-Etienne :
plan dans la 2ᵉ moitié du XIVᵉ siècle*
[Source : 📖 LORENC 1982 : 166]

1 Eglise paroissiale
2 Presbytère
3 Ecole
4 Clocher
5 Chapelle de Jérusalem
6 Rotonde Saint-Longin (I.27)
7 Chapelle de Tous-les-Saints
8 Jardin du presbytère
9 Cloître
10 Ancien jardin Skeřidlova

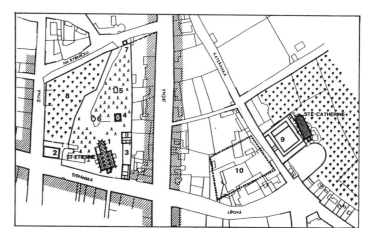

I.28
Eglise Sainte-Catherine

I.27
Rotonde Saint-Longin

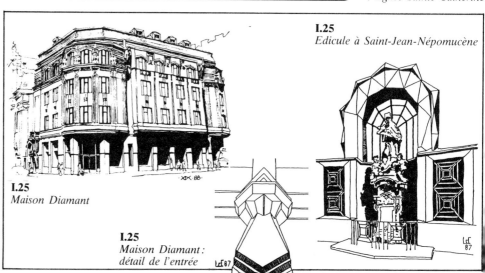

I.25
Edicule à Saint-Jean-Népomucène

I.25
Maison Diamant

I.25
*Maison Diamant :
détail de l'entrée*

I.25		Maison Diamant	1910-12	Ladislav SKŘIVÁNEK, Matěj BLECHA, Antonín PFEIFFER (attr.)		★
		Spálená ulice, 4.čp 82				

Cette maison d'angle de style cubiste est surtout célèbre pour sa porte d'entrée marquée par deux pilastres aux formes prismatiques d'une grande force expressive. Au niveau des mansardes, le problème du passage de l'angle est particulièrement bien résolu grâce à un jeu de plans successifs souligné par une corniche ornée de figures stylisées et de formes abstraites. Tous les éléments de façade se fondent en une seule unité grâce à des solutions géométriques rigoureuses.

■ Entre la maison et l'église voisine, PFEIFFER a réalisé une intéressante liaison architectonique au moyen d'un **arc cubiste** mettant en valeur une statue existante de saint Jean Népomucène.

I.VII QUARTIER DE SAINT-ETIENNE

I.26		Eglise Saint-Etienne. Edifice gothique de 1351 remanié à l'époque baroque. Štěpánská ulice.		

I.27		Rotonde Saint-Longin (ancienne église de la paroisse de Rybníček). La plus petite des rotondes de Prague, datant de la fin du XIe siècle. ulice Na Rybníčku.		★

I.28		Eglise conventuelle Sainte-Catherine	1354-67 ; 1737-38	Anonymes ; František Maxmilián KAŇKA, Kilián Ignác DIENZENHOFER		★
		Kateřinská ulice, 30.čp 468				★★

Cette église, qui compte parmi les plus belles constructions baroques de Prague, fut bâtie à l'endroit où se trouvait jadis une église gothique. De celle-ci ne subsiste que la tour, à laquelle ses étages supérieurs de plan octogonal ont valu le surnom de " minaret de Prague ".

A l'intérieur, fresques de Václav Vavřinec Reiner. Aujourd'hui, l'église abrite les collections du Musée de sculpture de la Ville de Prague.

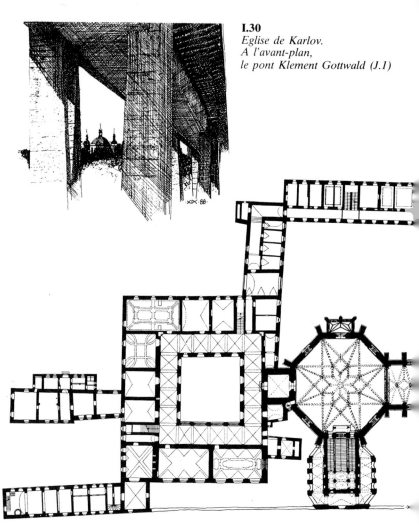

I.30
*Eglise de Karlov.
A l'avant-plan,
le pont Klement Gottwald (J.1)*

I.29
Pavillon Michna de Vacínov

I.30
*Eglise et couvent de Karlov :
plan*
[D'après :  Mencl 1969 : 79 ; Lorenc 1982 : 116-117]

| I.29 | Pavillon de plaisance Michna de Vacínov (Villa Amerika) ulice Ke Karlovu, 20.čp 462 | 1715-20 | Kilián Ignác DIENZENHOFER | ★★ |

Appelée aussi villa Amerika en raison du nom de l'auberge qui se trouvait non loin de là, cette petite résidence d'été de style baroque, construite pour le comte Michna, se distingue par la légèreté de ses formes, l'élégance de ses proportions et sa double toiture à l'orientale dans la manière du Belvédère de Vienne. Le pavillon abrite le musée Antonín Dvořák. Sculptures de František Josef et Antonín Braun.

| I.30 | Egl. de la Vierge-et-de-Charlemagne (Karlov) et couv. des augustins ulice Ke Karlovu et Horská ulice, …čp 453 | 1358…1724 | Anonyme ; B. WOHLMUT (1575) ; J.B. SANTINI AICHL (1708), F.M. KAŇKA (1714-24) | ★ ★ |

Eglise gothique fondée par Charles IV en 1358 sur base d'un plan polygonal centré à la manière du sanctuaire carolingien d'Aix-la-Chapelle. Ce n'est qu'en 1575 que la nef unique de forme octogonale fut recouverte par WOHLMUT d'une étonnante coupole surbaissée en étoile de 24 m de diamètre.

■ L'église possède une *Scala Santa* que les pélerins gravissent à genoux. Il s'agit d'une œuvre peu connue de SANTINI AICHL (1708).

■ Jouxtant l'église, les bâtiments du **couvent des augustins,** organisés auour d'un grand cloître, ont été partiellement construits par KAŇKA (1714-24).

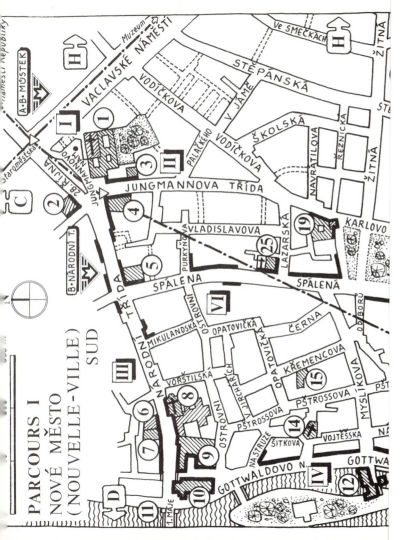
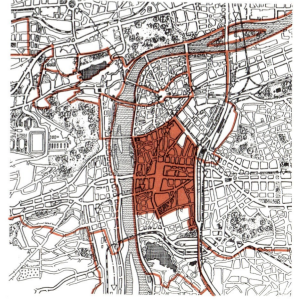

J.I [c]
Rotonde Saint-Martin

J.I [b]
Porte Léopold
[Dessin de B. ROUBALÍK, ca 1890]

Le rocher de Vyšehrad
[Gravure anonyme, 1re moitié du XIXe s.]

J.I [e]
*Eglise Saints-Pierre-et-Paul :
élévation est*
[Dessin de l'arch. Josef MOCKER, 1877]

PARCOURS J

VYŠEHRAD

J.1 SITE FORTIFIE DE VYŠEHRAD ★

Le rocher de Vyšehrad, mémorable lieu historique sur la Vltava, symbolise le nationalisme tchèque représenté par le *Slavín*, sorte d'Olympe réservé aux héros qui illustrèrent la culture et l'histoire de la Patrie. *Vyšehrad*, qui signifie "château des hauteurs" (de *vyše* : "hauteur", et *hrad* : "château"), fut le siège des premiers princes de Bohême et des souverains de la dynastie des Přemyslides entre 1085 et 1125. Supplanté ensuite par Hradčany, Vyšehrad devint pour des siècles un site abandonné, lieu romantique rêvé pour recevoir le cimetière slavinien. Selon la mythologie locale, c'est à Vyšehrad que la princesse Libuše aurait rencontré un homme installant un seuil (*prah*, en tchèque). C'est là qu'il faudrait voir l'origine du nom *Praha* (Prague). La princesse se serait en effet écriée qu'au-delà de ce seuil se construirait « la plus belle ville du monde, dont la gloire s'élèverait jusqu'aux étoiles » (cf. mosaïques à l'hôtel de ville de la Vieille-Ville, A.9[5]).

■ [a] **Porte Táborská.** — Construction baroque faisant partie des ouvrages militaires avancés de la plaine de Pankrác.

■ [b] **Porte Leopold** (★). — Entrée monumentale remontant à la seconde moitié du XVIIe siècle, qui appartenait aux fortifications baroques de Vyšehrad. Sa restauration date de 1878.

■ [c] **Rotonde funéraire Saint-Martin** (★★). — Unique construction romane de Vyšehrad, datant de la seconde moitié du XIe siècle. C'est la plus ancienne des rotondes qui subsistent à Prague et la seule conservée sous sa forme originale. Elle fut restaurée en 1878.

■ [d] **Basilique Saint-Laurent.** — Vestige d'une construction romane, ancienne église du château.

■ [e] **Eglise Saints-Pierre-et-Paul.** — Construction néo-gothique.

■ [f] **Parc** où sont installées plusieurs sculptures évoquant de vieilles légendes tchèques, dont la Colonne du Diable, sorte d'astrolabe en plein air.

■ [g] **Cimetière de Vyšehrad** (★★), datant du Moyen Age, agrandi au XIXe siècle et restauré au cours du XXe siècle. Il est entouré d'un portique à arcades néo-Renaissance (arch. A. WIEHL, 1887 s.) aux voûtes peintes de jolis motifs dans le goût pompéien. Nombreux monuments funéraires remarquables pour le caractère expressif ou réaliste des personnages sculptés. Il faut se promener dans ce cimetière pour ressentir ce qu'est l'âme tchèque dans toute sa nostalgie.

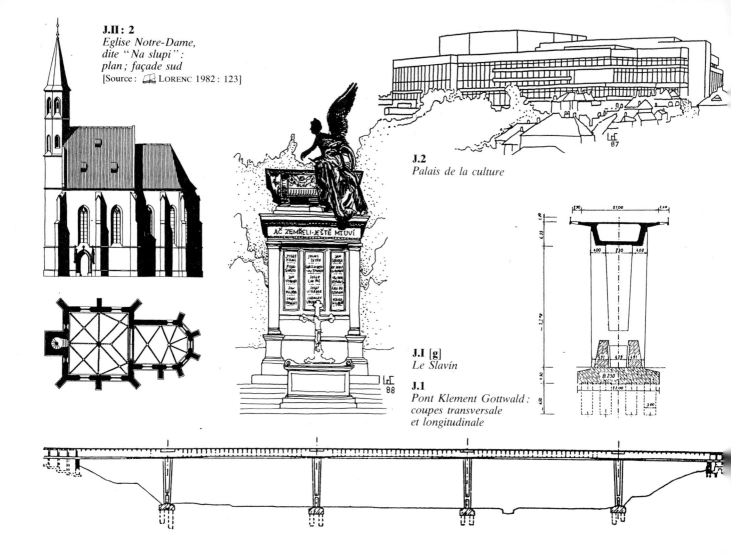

Le **Slavín** (arch. A. WIEHL, 1889-97). — Caveau où reposent bon nombre de personnalités éminentes de l'histoire culturelle de la Nation.

J.1		Pont Klement Gottwald	1965-73	Stanislav HUBIČKA, Svatopluk KOBR, Vojtěch MICHÁLEK	
		sur la vallée de la Botič			

Important ouvrage de génie civil de 485 m de long faisant partie du grand axe routier nord-sud qui traverse toute la ville. Ce pont à deux niveaux contient également la ligne C du métro et la station Gottwaldova (★).

J.2		Palais de la culture *(Palác kultury)*	1969-81	J. MAYER, V. USTOHAL, A. MAREK, J. KRÁLÍK, A. VANĚK.		★
		ulice Na Pankráci, 11.čp ... et 5. Května, 65.čp ...			⇨	★

Vaste ensemble de verre et d'acier destiné à des manifestations d'envergure, d'ordre culturel, politique et social. Il contient trois grandes salles polyvalentes, des salles de conférences, des bars et restaurants, ainsi qu'une infrastructure complète de réception. La décoration intérieure est l'œuvre d'une soixantaine d'artistes tchèques contemporains.

J.II ULICE NA SLUPI

Ancienne artère de communication reliant l'ancien marché aux bestiaux (l'actuelle place Charles, cf. I.V) et le château de Vyšehrad. Dès les origines, cette voie faisait partie de l'axe nord-sud utilisé par les marchands.

■ 2.čp ... — **Eglise Notre-Dame** dite *"Na slupi"*. — Edifice du XIVe siècle restauré par Bern GRUEBER (1858-63). La voûte de cet édifice repose sur un pilier unique.

■ 6.čp 448. — **Hôpital Na slupi** des Dames élisabéthines. — Arch. Kilián Ignác DIENZENHOFER (1724-31).

■ 8.čp ... — **Eglise Notre-Dame des Elisabéthines** (★). — Construction baroque de Kilián Ignác DIENZENHOFER (1723-25).

J.3
*Immeuble à appartements,
Neklanova ul., 30.čp 98*

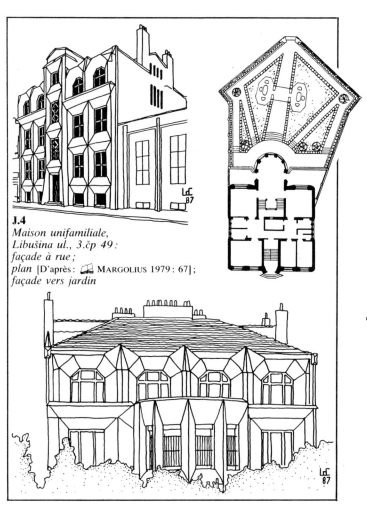

J.4
*Maison unifamiliale,
Libušina ul., 3.čp 49 :
façade à rue ;
plan* [D'après 📖 MARGOLIUS 1979 : 67] ;
façade vers jardin

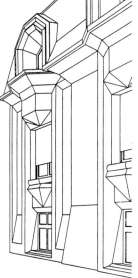

J.5
*Maison pour trois familles,
nábřeží Karla Marxe :
façade (détail)*
[Source : 📖 MARGOLIUS 1979 : 68]

J.3		Immeuble à appartements	1911-13	Josef CHOCHOL	★★★
		Neklanova ulice, 30.čp 98 # Přemyslova ulice			

Cet immeuble est l'une des plus limpides expressions de l'architecture cubiste. Situé à la jonction de deux rues, il s'affirme par le pilier d'angle qui se détache plastiquement des balcons pour s'élancer vers le ciel. Le caractère aigu de l'angle accentue le dynamisme et la monumentalité de cette verticale d'où partent les deux façades rythmées par une structure prismatique. Les formes cristallines surmontant les fenêtres du rez-de-chaussée répondent aux facettes des corniches dont l'ondulation se découpe sur le ciel.

J.4		Maison unifamiliale	1912-13	Josef CHOCHOL	★★
		Libušina ulice, 3.čp 49 et nábřeží Karla Marxe			

Cette maison cubiste, présentant sur deux rues aux caractères opposés des façades bien différenciées, est cependant d'une remarquable cohérence. Dans une composition sans compromis, l'idée formelle de la multiplication des facettes est systématiquement utilisée jusque dans les caissons du pignon nord. La transition entre les façades et le toit se fait au moyen d'éléments médiateurs qui accentuent le caractère cristallin de l'édifice tout entier. Ce beau morceau d'architecture est généralement considéré comme le chef-d'œuvre de CHOCHOL.

J.5		Maison pour trois familles	1912-13	Josef CHOCHOL	
		nábřeží Karla Marxe, 6.čp 42/8.čp 47/10.čp 71			

De cet édifice, qui comprend pourtant trois habitations totalement indépendantes, se dégage néanmoins une grande unité. Encadré de deux ailes latérales mansardées, le corps central, surmonté d'un tympan polygonal, donne en effet l'impression qu'il n'y a qu'une seule entrée particulière. Par ailleurs, les éléments cubistes unifiant les volumes contribuent à accentuer la verticalité des façades.

J

K.6
Temple du Chœur Hus

K.5
Eglise Saint-Venceslas

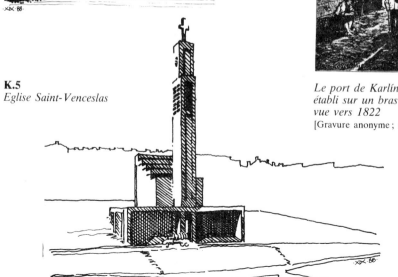

*Le port de Karlín,
établi sur un bras de la Vltava :
vue vers 1822*
[Gravure anonyme ; source : KOHOUT 1986 : 54]

*Plan d'urbanisation
de Karlín en 1817,
lors de sa création*
[Source : MENCL 1969 : 173]

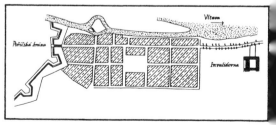

PARCOURS K

PRAGUE-EST
Vršovice, Vinohrady, Žižkov, Karlín, Vysočany

K.I VRŠOVICE

Ancien village médiéval fondé par le chapitre de Vyšehrad, Vršovice devint dans le courant du XIXe siècle une agglomération suburbaine à forte densité de population. En 1902, la commune obtint le statut de ville. Elle fit l'objet de maintes reconstructions modernes, depuis 1918 jusqu'à nos jours.

K.1 — Maison centrale des Jeunes pionniers Julius Fučík. – Arch. A. BARVITIUS (1871-81). Ancienne villa Gröbe. Remarquable construction néo-Renaissance. Havlíčkovy sady.

K.2 — Eglise Saint-Nicolas. Construction érigée en 1704. Vršovické náměstí.

K.3 — Maison du Chœur Hus de l'Eglise tchécoslovaque. – Arch. K. TRUKSA (1930). Vršovické náměstí.

K.4 — Salle de gymnastique de l'Union sportive Spartak. – Arch. Alois DRYÁK (1930). Vršovické náměstí.

K.5 — Eglise Saint-Venceslas. náměstí Svatopluka Čecha. 1927-33. Josef GOČÁR. ★

Edifice en béton armé dont la composition s'établit en gradins à partir de la façade principale marquée en son milieu par une haute tour.

K.9
*Théâtre Na Vinohradech :
vue de la salle*

K.11
*Eglise du Sacré-Cœur :
façade principale*

K.10
Institut de formation en agriculture

K.II VINOHRADY

Depuis des temps immémoriaux, Vinohrady était, comme son nom l'indique, un domaine réservé aux vignobles. Cette banlieue rurale devint, dès 1849, une agglomération qui, trente ans plus tard, fut élevée au rang de ville, une des premières et des plus importantes de la périphérie pragoise.

K.6		Temple du Chœur Hus	1929-35	Pavel JANÁK	
		Hviezdoslavova ulice, 1 # Bezručovy sady			

Le temple du Chœur Hus de l'Eglise tchécoslovaque est un grand volume cubique contenant un lieu de culte, et le plus vaste colombarium de Bohême. L'édifice est précédé d'une tour ajourée en béton armé.

K.7		Maison de la culture des cheminots. – Arch. Antonín TUREK (1893-94). Construction de style néo-Renaissance. náměstí Míru, 9.	

K.8		Eglise Sainte-Ludmila. – Arch. Josef MOCKER (1888-93). Construction de style néo-baroque. náměstí Míru.	

K.9		Théâtre Na Vinohradech. – Arch. Alois J. ČENSKÝ (1905-09). Bâtiment Jugendstil à l'ordonnance encore néo-baroque. náměstí Míru, 7.	★ ★

K.10		Institut de formation en agriculture. – Arch. Josef GOČÁR (1924-26). Construction en briques avec grande cage d'escalier vitrée en façade. Slezská ulice, 7.	

K.11		Eglise du Sacré-Cœur	1927-33	Jože PLEČNIK	★★★ ★
		náměstí Jiřího z Poděbrad			

Troisième et définitive version d'un projet reconnu comme étant la meilleure œuvre sacrée de PLEČNIK. Le clocher est un

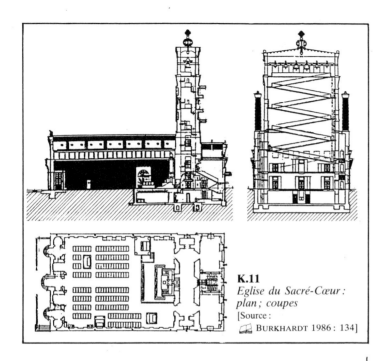

K.11
*Eglise du Sacré-Cœur :
plan ; coupes*
[Source :
BURKHARDT 1986 : 134]

K.12
Maison Laichter

K.13
Salle de gymnastique "Bohemians"

K.14
Maison du Conseil central des syndicats

grand massif creux, à l'intérieur duquel circule une rampe à neuf volées passant devant les grilles des horloges pour aboutir à l'étage des cloches. Si l'architecture évoque certains aspects du Jugendstil, par exemple dans la façade d'entrée, l'ensemble de l'édifice porte la marque de ce style si particulier, propre à PLEČNIK, empreint de grandeur et d'intériorité spirituelle. La nef, conçue comme un volume unique sans appuis intérieurs, est d'une ampleur inaccoutumée. La crypte, achevée seulement en 1933, mérite une visite.

K.12	Maison de l'éditeur Laichter	1909-10	Jan KOTĚRA	★★
	Chopinova ulice, 4			

Annonçant le fonctionnalisme des années 20, l'immeuble peut être comparé aux maisons Štenc (cf. B.13) et Bílek (cf. L.3). Il est remarquable par sa puissante ossature apparente sur laquelle s'articulent une grande loggia et des pans de façade obliques. En outre, l'emploi judicieux de la brique, appareillée tantôt horizontalement, tantôt à 45°, tantôt encore verticalement, crée un jeu décoratif intéressant.

K.13	Salle de gymnastique "Bohemians". – Arch. F. MAREK et Z. JIRSÁK (1936-45).			
	Complexe multisports.			
	Riegrovy sady.			

K.III ŽIŽKOV

En 1875, peu avant la fondation de Vinohrady, le quartier nord de cette commune, appelé Žižkov, s'en détacha et acquit son indépendance. En 1881, il reçut le statut de ville. Aujourd'hui, la partie ouest de Žižkov fait l'objet d'une importante restructuration urbaine axée sur la revalorisation des logements.

K.14	Maison du Conseil central des syndicats (ancien Institut général des pensions)	1929-33	Josef HAVLÍČEK, Karel HONZÍK	★★★
	náměstí Antonína Zápotockého, 2.čp 1838/1839/1840			

Cet important immeuble de bureaux au plan cruciforme est un des sommets du fonctionnalisme européen. Pour l'importance de son volume, la clarté de son plan, la pureté de ses lignes et la sobriété de son style, ce vaste bâtiment a été surnommé par Morton Shand « la Cathédrale blanche de Prague ».

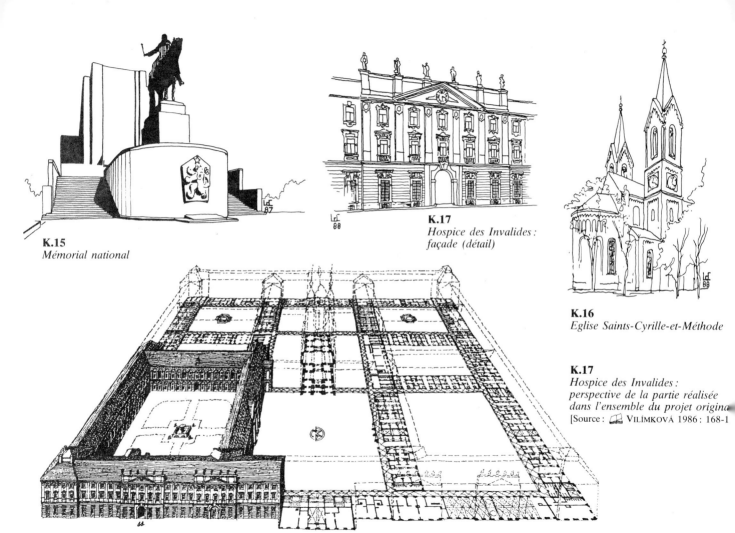

K.15 *Mémorial national*

K.17 *Hospice des Invalides : façade (détail)*

K.16 *Eglise Saints-Cyrille-et-Méthode*

K.17 *Hospice des Invalides : perspective de la partie réalisée dans l'ensemble du projet original* [Source : VILÍMKOVÁ 1986 : 168-1

K.15		Mémorial national	1929-32	Jan ZÁZVORKA	★
		Butte de Žižkov (Vítkov)...čp 1900			

Sobre et de vastes dimensions, ce monument, grand comme un immeuble, domine majestueusement la butte de Vítkov et fait partie du panorama de la ville. Il est précédé de la statue équestre de Jan Žižka de Trocnov par Bohumil Kafka (1950). A l'intérieur, la grande salle est revêtue de mosaïques évoquant les heures de gloire et de souffrance de la Patrie.

 Vue éloignée sur toute la ville (★).

K.IV KARLÍN

C'est dans cette localité, dont l'existence remonte à la nuit des temps, que furent implantés, au cours des XIe et XIIIe siècles, plusieurs hospices dépendant successivement des couvents de Břevnov et d'Agnès-la-Bienheureuse. Première banlieue pragoise fondée au XIXe siècle, la localité fut appelée Karlín, du nom de l'impératrice Karolína, épouse de François Ier. En 1903, la commune obtint le statut de ville.

K.16		Eglise Saints-Cyrille-et-Méthode. – Arch. Vojtěch I. ULLMANN et Karl RÖSSNER (1854-63). Belle construction néo-romane décorée par Josef Mánes et Václav Levý. Karlínské náměstí.	

K.17		Hospice des Invalides	1730-37	Kilián Ignác DIENZENHOFER	★
		Sokolovská třída, 36			

Le beau bâtiment baroque actuel ne représente qu'un neuvième du vaste ensemble originellement projeté pour héberger les invalides de Prague et de sa région. La façade, caractérisée par ses larges pilastres très peu saillants, l'ordonnance de ses fenêtres et l'ampleur de ses travées, est coiffée d'un haut attique aveugle à fronton classique, surmonté de statues.

K.20
Maison Hain

Débuts de la construction, à Žižkov, des alentours de la place Komenský.
À droite, la butte de Vítkov ; au fond, les tours du centre de la ville ;
et, au loin, la colline de Petřín et la silhouette du Château.
[Gravure de František CHALUPA, 1872]

K.18
Cité résidentielle Invalidovna

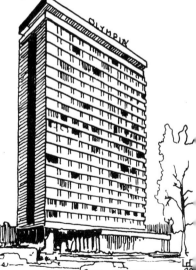

K.19
Hôtel Olympik

K.18		Cité résidentielle Invalidovna	1960-67	Groupe PÚP (J. POLÁK, avec e.a. J. NOVOTNÝ, S. HORÁK, F. ŠMOLÍK, F. URBÁNEK)	
		Sokolovská třída			

Quartier résidentiel expérimental de plus de 4 000 logements. Le projet a été principalement axé sur les relations urbanistiques pouvant exister entre de grands immeubles et des bâtiments de moindre volume (écoles, garderies d'enfants, maison d'accueil,...).

K.19		Interhotel Olympik. – Arch. J. POLÁK, J. ZELENÝ, M. REJCHL et V. ŠALDA (1967-71). Un des hôtels-tours les plus luxueux de la Prague moderne. Sokolovská třída, 138.	

K.V VYSOČANY

K.20		Maison Hain	1932-33	Ladislav ŽÁK	★
		U Vysočanských vinic, 31			

Un des meilleurs exemples du genre de maison déjà expérimenté par l'architecte au quartier Baba (cf. L.29 [4,14,22]). On en retrouve les thèmes essentiels, comme le plan en longueur, les espaces de séjour différenciés selon les fonctions, la façade sud entièrement vitrée. En outre, l'" aérodynamisme " des formes de cette maison évoque l'activité de son propriétaire — le professeur Hain, constructeur d'avions.

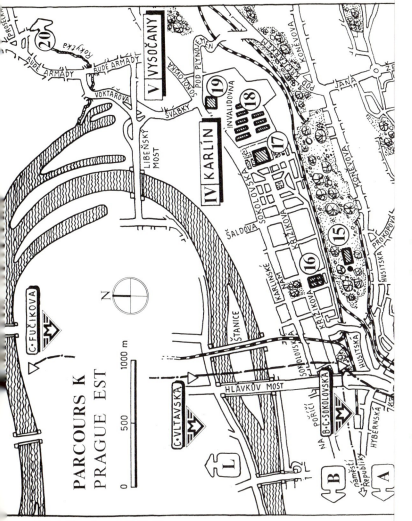

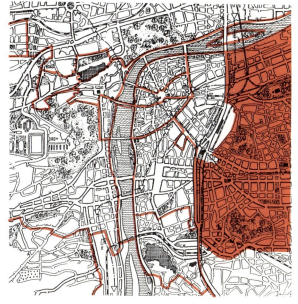

*Les ponts sur la Vltava,
vus depuis le plateau de Letná (L.1)*

L.3
Maison Bílek

L.1
*Maison pour deux familles,
Tychonova ul.*

PARCOURS L

PRAGUE-NORD
Letná, Holešovice-Bubeneč, Dejvice, Troja

L.1		Maison pour deux familles	1911-12	Josef GOČÁR	
		Tychonova ulice, 4.čp 269 / 6.čp 268			

Il s'agit de deux villas mitoyennes à trois façades. Les deux avant-corps d'entrée sont un bel exemple de traitement cubiste de l'ordre colossal. On y voit tous les thèmes classiques comme dans leur gangue originelle traités selon une géométrie élémentaire fortement expressive. Tout semble latent dans cette architecture, qu'on dirait faite de "blocs capables" au sens stéréotomique du terme.

L.2		Maison Jugendstil, datant de 1911.	
		Mickiewiczova ulice, 3.čp 234.	

L.3		Maison et atelier Bílek	1911-12	František BÍLEK		★
		Mickiewiczova ulice, 1.čp 233				

Maison en briques, construite sur le projet de son propriétaire, le sculpteur BÍLEK. Par la sobriété de ses formes, son type d'appareillage et certains motifs stylisés, comme les colonnes d'inspiration égyptienne, cette maison est un exemple intéressant de la Sécession pragoise, se situant au même niveau expérimental que les maisons Štenc (cf. B.13) et Laichter (cf. K.12).

L.I LETNÁ

S'étalant entre les quartiers de Holešovice et de Hradčany, le plateau de Letná fut partiellement aménagé en parc dès 1858. Son aspect actuel date de 1945 et son tunnel, créé en 1953, relie le haut du plateau au centre-ville.

 Vue remarquable sur toute la ville et l'enfilade des ponts sur la Vltava (★★★).

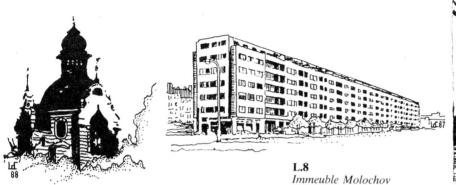

L.4
Pavillon Hanavský

L.8
Immeuble Molochov

L.5
Restaurant Praha-Expo'58

L.7
Ecole,
Nad Štolou

L.6
Musée technique et agricole

L.4		Pavillon Hanavský. – Arch. Otto HIESER (Exposition de 1891). Edifice de style néo-baroque, annonciateur du Jugendstil. Letenské sady, …čp 173.	★
L.5		Restaurant Praha-Expo'58. – Arch. F. CUBR, J. HRUBÝ et Z. POKORNÝ (1957-60). Edifice qui faisait partie du pavillon tchèque à l'Exposition de Bruxelles en 1958. Letenské sady, …čp 1500.	

L.II HOLEŠOVICE — BUBENEČ

Petit village situé dans la boucle de la Vltava, Holešovice devint au milieu du XIXe siècle un site industriel auquel fut joint en 1869 le village de Bubeneč. Ce vaste territoire, annexé à Prague en 1884, est aujourd'hui un quartier moderne qui inclut le parc Julius Fučík, ancienne réserve à gibier des rois de Bohême.

L.6		Musée technique et agricole. – Arch. Milan BABUŠKA (1938-41). Deux bâtiments jumeaux, implantés symétriquement, de style fonctionnaliste. Kostelní ulice, 42/44.	
L.7		Ecole. – Arch. Karel POLIČANSKÝ (1960-63). Nad Štolou, 1.	
L.8		Immeuble collectif Molochov	1936-37	Josef HAVLÍČEK	★
		třída Obránců míru, 72-96.čp 862-845			

Grand immeuble d'habitation fonctionnaliste de grande qualité. Belle façade arrière ordonnée par les entrées traversantes, les cages d'escaliers vitrées et le jeu de saillies et retraits des balcons.

L.9		Stade Sparta, datant des années 30, remanié en 1964-69 par V. SYROVÁTKA et C. MANDEL. Construction métallique d'une capacité de 35 000 spectateurs. třída Obránců míru, 98.	

L.14
*Administration des Entreprises
de transport de la Ville*

L.12
Immeuble Oko

L.15
Stade central de tennis

L.11
*Château d'eau
de Bubeneč*

L.13
Eglise Saint-Antoine

| L.10 | | Hall de sports Sparta (2 000 places). – Arch. A. BOŘKOVEC et V. JEŽEK (1961-65). Construction en préfabrication lourde avec toiture sur cables. Nad Královskou oborou, 51. | | | |

| L.11 | | Château d'eau (1888). Construction néo-Renaissance. Korunovační ulice. | | | |

| L.12 | | Immeuble collectif et cinéma Oko. – Arch. J. STOCKAR et J. ŠOLC (1936-39). Ensemble résidentiel de luxe (!) d'une grande homogénéité de conception. třída Obránců míru, 22-24 # ulice Františka Křížka, 11-15 # Heřmanova ulice, 41-45. | | | ★ |

| L.13 | | Eglise Saint-Antoine. – Arch. Fr. MIKŠ (1908-14). Edifice néo-gothique à trois nefs d'égale hauteur. Strossmayerovo náměstí. | | | |

| L.14 | | Administration des Entreprises de transport de la Ville de Prague | 1926-35 | Josef KŘÍŽ, Adolf BENŠ | ★ |
| | | Bubenská ulice, 1.čp 1477 | | | |

Grand immeuble administratif, culturel et médical de style constructiviste occupant tout un îlot. Le plan est basé sur un hall central couvert d'une verrière, qui distribue les bureaux aux différents niveaux. La façade est recouverte de plaquettes émaillées blanches.

■ Par le **pont Hlávka**, œuvre en béton armé de Pavel JANÁK (1909-13), on accède à l'île de Štvanice.

| L.15 | | Stade central de tennis | 1982-86 | Josef KALES, Jana NOVOTNÁ | ★★★ |
| | | ostrov Štvanice | | | |

Audacieuse construction métallique des années 80, où l'on admirera le parti extraordinaire que l'architecte a tiré de la disposition des gradins.

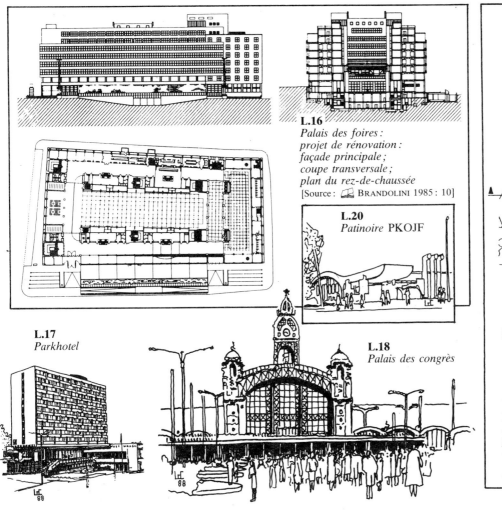

L.16
Palais des foires:
projet de rénovation:
façade principale;
coupe transversale;
plan du rez-de-chaussée
[Source: 📖 BRANDOLINI 1985 : 10]

L.20
Patinoire PKOJF

L.17
Parkhotel

L.18
Palais des congrès

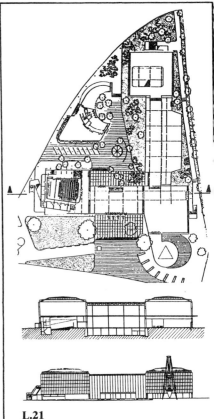

L.21
Pavillon de l'Expo'58:
plan; coupe; façade principale
(à Bruxelles, en 1958)
[Source: *Exposition Universelle et Internationale de Bruxelles 1958. Plans.*]

L.16	Palais des foires	1924-28 ; 1982 s.	Oldřich TYL, Josef FUCHS ; rénov. : Stavoprojekt SIAL 02 (Miroslav MASÁK, Karel HUBÁČEK et coll.)	★★
	třída Dukelských hrdinů, 45/47			

Cette œuvre monumentale, la première réalisation constructiviste d'une telle ampleur en Europe, a été ravagée par un incendie en 1974. Le bâtiment est actuellement en cours d'adaptation aux fins d'abriter les collections de peinture du XXe siècle de la Galerie Nationale. [BRANDOLINI 1985 : 10-11]

L.17	Parkhotel. – Arch. Zdeněk EDEL et Jiří LAVIČKA (1959-68). Un des hôtels les plus luxueux de la Prague moderne. Veletržní ulice, 20.čp 1502.	★

L.18	Palais des congrès *(Sjezdový palác)*	1891 ; 1952-54	Bedřich MÜNZBERGER, František PRÁŠIL (1891) ; Jiří KROHA, Pavel SMETANA (1952-54)	★★
	Park Julia Fučíka			

Architecture de fer et de verre déjà annonciatrice de l'esprit du Jugendstil. La salle des congrès fut remaniée par Jiří KROHA et l'aile droite par Pavel SMETANA (1952-54). La grande verrière en façade est remarquable pour sa structure métallique contreventée par des raidisseurs charpentés.

L.19	Hall de sports Č.S.T.V. – Arch. Václav KRÁSNÝ (1958-62). Vaste complexe sportif avec tribunes couvertes pour 16 000 spectateurs. Park Julia Fučíka.	

L.20	Patinoire *PKOJF*. – Arch. Atelier 5 (Karel KOUTSKÝ et Jan KOZEL) (1983-85). Structure en bois lamellé-collé. Park Julia Fučíka.	

L.21	Pavillon de l'Expo'58. – Arch. F. CUBR, J. HRUBÝ et Z. POKORNÝ (1957-60). Reconstruction du pavillon tchécoslovaque de l'Exposition universelle de Bruxelles en 1958. Park Julia Fučíka.	★ ★

L.22	Panorama de la bataille de Lipany (1897). Volume polygonal aveugle. Panorama peint par Luděk Marold. Park Julia Fučíka.	

L.25
Ecole primaire et gymnase français

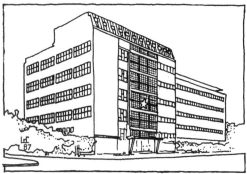

L.26
Ecole secondaire, Velvarská ul.

L.27
Maison Linhart

L.23
Gare de Holešovice

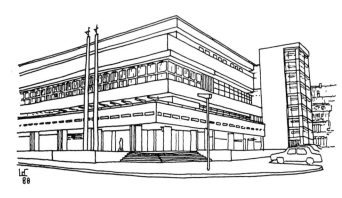

Nouvelle Université de Prague, bâtiment facultaire

| L.23 | Gare de Holešovice. Construction dépouillée des années 80 organisée autour d'un agréable patio. Arnoštovská ulice. | | | ★ |

| L.24 | Station de métro Fučíkova | 1980-84 | Metroprojekt K.U.O. (Jiří DUŠEK et Jan MAREK) | |
| | Arnoštovská ulice et Plynární ulice | | | |

Sobre construction en marbre blanc, combinée à une halte d'autobus et communiquant avec la gare de Holešovice.

L.III DEJVICE

Dejvice, cité pour la première fois dans une charte de 1088, est un des plus vieux villages des environs de Prague, connu pour ses propriétés rurales. Aujourd'hui, le pôle centralisateur de cette commune est la place de la Révolution d'Octobre (náměstí Říjnové revoluce) (arch. Antonín ENGEL, 1922-32), d'où partent d'importants axes de circulation et aux abords de laquelle est installé le campus de la nouvelle Université de Prague (★★).

| L.25 | Ecole primaire et gymnase français. – Arch. Jan GILLAR (1931-35). Bel immeuble d'architecture fonctionnaliste. Bílá ulice, 9. | | | ★ |

| L.26 | Ecole secondaire. – Arch. Evžen LINHART (1936-37). Grand bâtiment de style fonctionnaliste. Velvarská ulice, 33. | | | ★ |

| L.27 | Maison et atelier Linhart | 1926-28 | Evžen LINHART | ★ |
| | Na viničních horách, 46 | | | |

Première maison unifamiliale d'esprit fonctionnaliste à Prague. Les différents niveaux du séjour sont reliés par une rampe à la

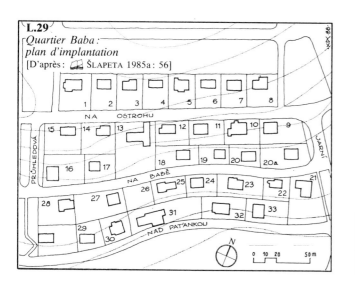

L.29
*Quartier Baba :
plan d'implantation*
[D'après : ŠLAPETA 1985a : 56]

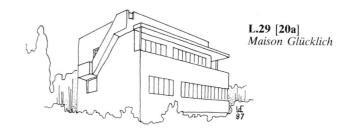

L.29 [20a]
Maison Glücklich

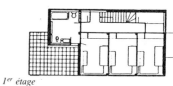

1er étage

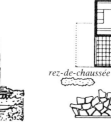

rez-de-chaussée

L.28
Hôtel International

L.29 [13]
*Maison Suková :
plan du bel étage*
[Source : ŠLAPETA 1985b : 51] ;
façade sud

L.29 [4]
*Maison Zaorálek :
plans du rez-de-chaussée et de l'étage ;
élévation sud*
[Source : ŠLAPETA 1985a : 59]

manière de LE CORBUSIER. Le balcon circulaire et l'escalier extérieur sont typiques de l'architecture dépouillée de cette époque.

L.28	Hôtel International. – Arch. František JEŘÁBEK et le collectif V.P.Ú. (1951-56). Architecture monumentale inspirée de l'Université de Moscou. náměstí Družby, 35.	

L.29		Quartier de maisons unifamiliales Baba	1928-34	conception générale : Pavel JANÁK, 33 maisons par 19 architectes	★★★
		ulice Na ostrohu, ulice Na Babě, ulice Nad Pat'ankou			

Un demi-siècle a passé depuis que plusieurs villes d'Europe centrale ont organisé des expositions d'architecture sur le thème du *Neue Wohnen*, et cependant la cité Baba reste d'une étonnante modernité. Contrairement aux expositions de l'étranger (Stuttgart, 1927 ; Breslau, 1929 ; Zurich, 1930 et Vienne, 1932), subventionnées par l'Etat ou les communes, l'exposition tchèque de Baba en 1932 résulta d'une initiative privée, encouragée uniquement par le Werkbund pragois. Ce n'est qu'après l'exposition *Nový dům* de Brno en 1928 que la section pragoise du Werkbund, sortie de sa torpeur, décida de construire un lotissement modèle de maisons unifamiliales " sur mesure ".

Chaque client devait adhérer au Werkbund et y choisir un architecte. Chacune de ces maisons n'est donc pas un manifeste d'architecture au sens individualiste de la profession, mais au contraire le fruit d'une étroite et heureuse collaboration entre le client et son architecte. La diversité des exigences fonctionnelles a conduit les architectes à produire des réponses différenciées pour chaque édifice, aussi bien en ce qui concerne son aspect architectonique que son principe constructif (le plus souvent, une ossature en ciment armé avec remplissage de maçonnerie).

Les plans sont, pour la plupart, des rectangles établis parallèlement aux courbes de niveau ; sur les longs côtés de ceux-ci, les façades sont relativement fermées vers le nord et largement vitrées vers le sud en direction de la ville. Les architectes ont tiré parti de la forte pente du terrain orientée en plein sud pour imaginer des solutions d'économie énergétique, anticipant sur celles préconisées aujourd'hui par le bio-climatisme.

Le quartier Baba est resté quasi intact, malgré les transformations subies par certaines maisons (par exemple la maison 4). [📖 ŠLAPETA 1985a, 1985b]

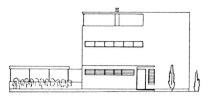

L.29 [22]
Maison Herain :
plans ; élévation nord
[Source : 📖 ŠLAPETA 1985a : 61]

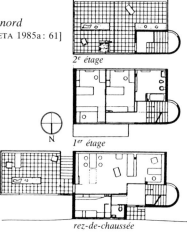

L.29 [23]
Maison Balling :
élévation sud ; coupe
[Source : 📖 ŠLAPETA 1985a : 57]

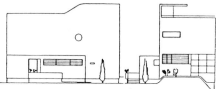

L.29 [14]
Maison Čeněk :
plans ; élévations nord, ouest et sud
[Source : 📖 ŠLAPETA 1985a : 60]

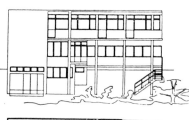

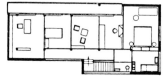

L.29 [25]
Maison Palička :
élévation sud ; plan du 2e étage
[Source : 📖 ŠLAPETA 1985a : 57]

L.29 [31]
Maison Kytlica :
plan du rez-de-chaussée
[Source : 📖 ŠLAPETA 1985b : 51]

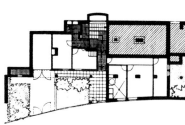

maison	architecte	client
■ 1. —	Josef FUCHS	František Munk, directeur de la Foire commerciale de Prague
■ 2. —	František KERHART	Břetislav Peřina
■ 3. —	Vojtěch KERHART	Václav Řezáč
■ 4. —	Ladislav ŽÁK	Dr Hugo Zaorálek
■ 5. —	Oldřich STARÝ	Gustav Vaváček
■ 6. —	Evžen LINHART et Antonín HEYTHUM	Dr Eduard Lisý
■ 7. —	Jaroslav FIŠER et Karel FIŠER	František Joska
■ 8. —	Oldřich STARÝ	Cyril Bouda, peintre
■ 9. —	František KERHART	Koštál, professeur
■ 10. —	Pavel JANÁK	Karel Dovolil
■ 11. —	František KERHART	Anna Jiroušková
■ 12. —	František KAVALÍR	Dr Václav Letošník
■ 13. —	Hana KUČEROVÁ-ZÁVESKÁ	Antonie Suková
■ 14. —	Ladislav ŽÁK	Čeněk, professeur
■ 15. —	František ZELENKA	Jan Zadák
■ 16. —	Zdeněk BLAŽEK	Miloslava Lužná
■ 17. —	Jan E. KOULA	Václav Poláček, éditeur
■ 18. —	Vojtěch KERHART	Karla Moravcová
■ 19. —	Pavel JANÁK	Pavla Lindová
■ 20. —	František KERHART	Ludvík Bautz
■ 20a. —	Josef GOČÁR	Julius Glücklich, professeur
■ 21. —	Josef GOČÁR	Mojžíš Lom, directeur du Théâtre National
■ 22. —	Ladislav ŽÁK	Karel Herain, historien d'art
■ 23. —	Hana KUČEROVÁ-ZÁVESKÁ	Karel Balling
■ 24. —	Oldřich STARÝ	František Heřman
■ 25. —	Mart STAM (Hollande) et Jiří PALIČKA	J. Palička, architecte, et M. Paličková, styliste
■ 26. —	(non construite)	
■ 27. —	Ladislav MACHOŇ	Dr Ferdinand Špišek
■ 28. —	František KAVALÍR	Antonín Uhlíř, professeur
■ 29. —	Oldřich STARÝ	Ladislav Sutnar, graphiste
■ 30. —	Josef GOČÁR ou František KERHART (?)	Jan Bělehrádek, professeur
■ 31. —	Josef GOČÁR	Dr Kytlica, médecin
■ 32. —	Josef GOČÁR	Dr Václav Maule, médecin
■ 33. —	Pavel JANÁK	Pavel Janák, architecte

L.IV | TROJA

Ce village, formé de trois hameaux, fut appelé Troja en raison du nom donné à la villa de plaisance que la famille Šternberk fit construire sur les bords de la Vltava au XVIIIe siècle. Aujourd'hui, Troja est un quartier résidentiel et une partie de son territoire est affecté au Jardin zoologique de Prague ouvert en 1931.

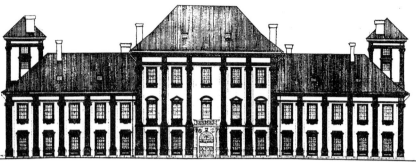

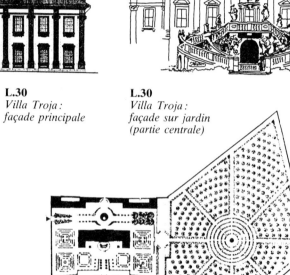

L.30
Villa Troja:
façade principale

L.30
Villa Troja:
façade sur jardin
(partie centrale)

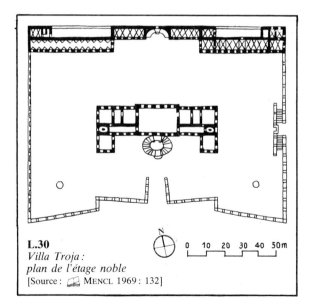

L.30
Villa Troja:
plan de l'étage noble
[Source : MENCL 1969 : 132]

L.30
Villa Troja:
plan des jardins
[Source : *Praga...*, op. cit., p. 9]

L.30		Villa Šternberk ("Troja")	1679-85		★★
		ulice U trojského zámku, 6		Jean-Baptiste MATHEY	

Troja est la première résidence suburbaine baroque de Prague composée sur le modèle d'une villa Renaissance romaine. Les façades d'ordonnance classique, rythmées par des pilastres d'ordre colossal, s'intègrent harmonieusement dans le paysage de la vallée. Le grand escalier extérieur est à lui seul un fameux morceau d'architecture baroque, orné de sculptures dues à Georg et Paul Hermann. Le parc en terrasses est un des premiers jardins "à la française" de Bohême.

A l'intérieur, outre les salons et la chapelle, la salle des fêtes est remarquable pour ses fresques exécutées par les Anversois Abraham et Izaak Godyn.

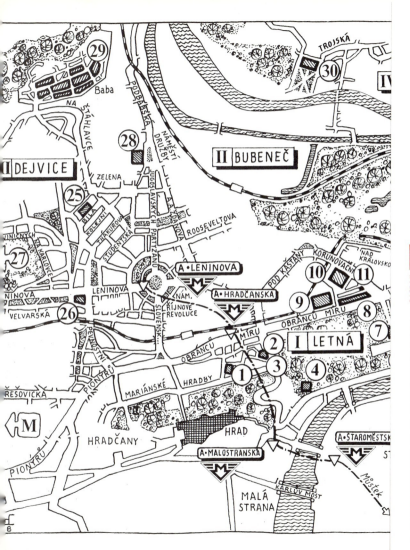
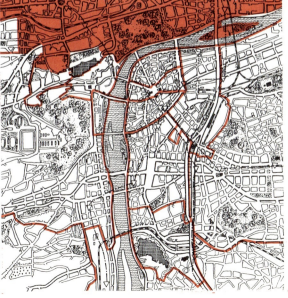

L

M.1
Pavillon Portheimka

Panorama de Smíchov,
depuis le même point de vue
— les jardins Kinský (M.4) —,
en 1835 (en haut)
et en 1875 (en bas)
[Gravures anonymes ;
source : KOHOUT 1986 : 72]

L'hôtel de ville de Smíchov, vers 1860
[Gravure anonyme ; source : KOHOUT 1986 : 55]

PARCOURS M

PRAGUE-OUEST
Smíchov, Petřín, Břevnov, Střešovice, Liboc, Vokovice

M.I SMÍCHOV

Ce village, formé à la fin du XIIIe siècle, est cité pour la première fois dans un acte de 1406. Sous Charles IV, l'annexion à Malá Strana du hameau de Újezd et son extension vers le sud affaiblissent l'autonomie communale de Smíchov. Lieu propice à l'implantation de petites exploitations agricoles et artisanales, Smíchov devait devenir au XIXe siècle une zone industrielle où fut construite une des premières grandes gares de Prague.

M.1	Pavillon de plaisance Portheimka	1725-28	Kilián Ignác DIENZENHOFER	★★
	třída S.M. Kirova, 12. čp 68			

Pavillon de plan rectangulaire flanqué de quatre tours d'angles et d'une avancée centrale, à la manière du Belvédère de Vienne. Le modèle viennois est ici interprété selon des rapports ambigus entre la surface des façades et le jeu des volumes, facture particulière qui contribue à donner à l'édifice une expression de force ascendante. Ainsi, le soubassement relativement trapu libère le haut volume de l'étage ; le tympan est interrompu pour laisser passer un fronteau à volutes ; les tours d'angles émergeant du brisis sont couvertes de toitures aux bords courbés vers le haut ; les petites lucarnes aveugles sont surmontées d'une toiture en forme d'accent circonflexe.

A l'intérieur, la voûte de la salle centrale est ornée d'une peinture de V.V. Reiner.

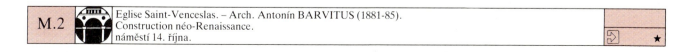

M.2 — Eglise Saint-Venceslas. – Arch. Antonín BARVITUS (1881-85). Construction néo-Renaissance. náměstí 14. října. ★

M.5
Eglise carpatique Saint-Michel

M.4
Villa Kinský. A l'arrière-plan, la Nouvelle-Ville.
[Gravure de Vincenc MORSTADT, 1835 (fragment)]

M.4
Villa Kinský

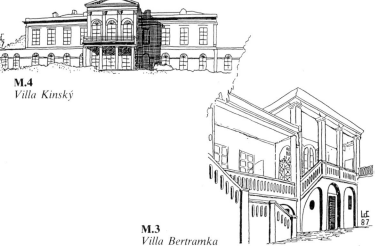

M.3
Villa Bertramka

M.3		Villa Bertramka	XVIIIᵉ s.	restauration : J. VACEK (1952-53)	
		Mozartova ulice, 2			

Cette ancienne résidence, transformée en villa de plaisance, devint à la fin du XVIIIᵉ siècle la propriété du compositeur František Xaver Dušek, ami de Mozart. C'est une agréable demeure baroque de caractère rural où les terrasses, loggias et escaliers extérieurs jouent un rôle essentiel dans la composition des volumes traités avec une grande simplicité. La villa abrite un musée consacré aux deux compositeurs.

M.II PARC ET COLLINE DE PETŘÍN

A l'origine, le lieu-dit Petřín était couvert d'une vaste forêt s'étendant de Malá Strana à la Montagne Blanche, mais dès le XIIᵉ siècle, la pente sud de la colline fut aménagée en vignobles et jardins privés. Le parc actuel, ouvert au public, résulte de la fusion des jardins Kinský avec ceux du Séminaire et de Strahov. On y trouve plusieurs édifices isolés ainsi que des vestiges des remparts de Malá Strana construits sous Charles IV, appelés "Muraille de la Faim". Un funiculaire partant de la rue Újezd à Malá Strana (cf. D.VII[a]) conduit au sommet de la colline.

 Du haut de la colline, vues remarquables sur toute la ville (★★★★).

M.4		Villa et jardins Kinský. – Arch. Henri KOCH (1827-31).			
		Construction de style Empire.			
		Holečkova ulice, čp 98 (entrée par náměstí Sovětských tankistů).			

M.5		Eglise carpatique Saint-Michel	XVIIIᵉ s.		★★
		Kinského zahrada (jardins Kinský)			

Ce merveilleux sanctuaire en bois datant du XVIIIᵉ siècle, transféré à Prague en 1929, est un précieux témoignage de l'art sacré des Hautes Tatras dans la chaîne des Carpates.

M.6		Eglise Saint-Laurent de Petřín.			
		Ancienne église romane baroquisée entre 1735 et 1770.			
		colline de Petřín.			

M.8
*Grand stade des Spartakiades :
tribune orientale*

M.11
Institut de chimie macromoléculaire

M.6 ; (M.7)
*Vue depuis le belvédère de Petřín :
à l'avant-plan, l'église Saint-Laurent*

| M.7 | Belvédère de Petřín. Tour métallique de 60m de haut, érigée en 1891 sur le modèle de la tour Eiffel. | ◀**** |

M.III BŘEVNOV

Une des plus anciennes localités des environs de Prague, liée, culturellement, au couvent bénédictin autour duquel elle se développa dès 993 et, historiquement, à la bataille de la Montagne Blanche qui la ruina en 1621. La lente reconstruction de Břevnov se poursuivit jusqu'en 1907, date à laquelle la commune reçut droit de cité, avant d'être annexée à la Ville de Prague.

| M.8 | Grand stade des Spartakiades | 1926-66 | Ferdinand BALCÁREK, Karel KOPP, Alois DRYÁK | |
| | ulice Spartakiádní | | | |

Ensemble sportif créé pour les Spartakiades, comprenant, outre un grand stade pour 200 000 spectateurs, des gymnases, salles de conférences, logements, collèges pour étudiants et toute une infrastructure commerciale et hôtelière.

| M.9 | Groupe de 600 logements | 1937-39 | V. HILSKÝ, V. JECH, K. KOŽELKA, R. JASENSKÝ | ★ |
| | ulice Pionýrů | | | |

Exemple typique d'ensemble de logements de style fonctionnaliste qui s'inscrit dans les recherches socio-économiques de l'époque pour un habitat minimum.

■ **Ecole primaire**, des années 80, harmonieusement intégrée au style de ce complexe.

| M.10 | Maison "Au châtaignier" *(dům U kaštanu)*. Auberge de style classique, où naquit en 1878 le mouvement du Parti social-démocrate-ouvrier tchèque. Bělohorská třída, 150. | |

| M.11 | Institut de chimie macromoléculaire. – Arch. Karel PRAGER (1958-64). Grand immeuble de style international en verre et en acier. Na Petřinách, 1888 # Heyrovského náměstí, 2. | |

M.12
Eglise Sainte-Marguerite

M.12
Eglise Sainte-Marguerite : plan
[D'après MENCL 1969 : 142]

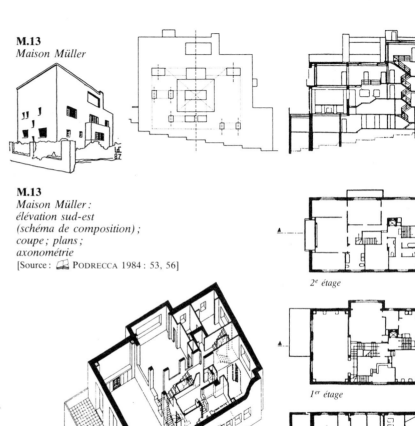

M.13
Maison Müller

M.13
*Maison Müller :
élévation sud-est
(schéma de composition) ;
coupe ; plans ;
axonométrie*
[Source : PODRECCA 1984 : 53, 56]

2e étage

1er étage

rez-de-chaussée

M.12	Eglise Sainte-Marguerite et couvent des bénédictins	1700-1742	Kryštof DIENZENHOFER (1700-22) ; Kilián Ignác DIENZENHOFER (1739-42)	★★★ ★★
	Markétská ulice, 28			

Fondé en 993, ce monastère bénédictin, un des plus anciens de Bohême, fut reconstruit au début du XVIIIe siècle par Kryštof DIENZENHOFER. L'architecture du couvent, spécialement de l'église, est considérée comme un chef-d'œuvre du baroque dit "de Bohême". Les parties les plus intéressantes sont la salle thérésienne, la bibliothèque conventuelle et surtout l'église, construite entre 1708 et 1715 par Kryštof DIENZENHOFER. Ses murs extérieurs, massifs et puissants, reposant sur une base continue, s'élèvent en larges ondulations jusqu'à la toiture animée de grandes lucarnes à frontons ; sa nef unique, interprétation du modèle germanique de l'église-halle, est composée de travées ovales qui s'interpénètrent et dont les arcs reposent sur des pilastres diagonaux qui rythment la surface neutre des murs. Le portail datant de 1740 est de Kilián Ignác DIENZENHOFER.

■ Derrière le couvent se déploie un **jardin** baroque avec pavillon de plaisance, chapelle, fontaine et une *sala terrena* ornée de sculptures de Prachner.

M.IV STŘEŠOVICE

M.13	Maison Müller	1929-31	Adolf LOOS, Karel LHOTA	★★
	Nad Hradním vodojemem, 14. čp 642			

Maison dont la conception se rattache aux édifices viennois de LOOS. Comme dans toutes ses œuvres, l'aspect extérieur est traité selon une géométrie volontairement élémentaire : le volume compact est dépourvu d'ornement et percé de fenêtres parcimonieusement mais subtilement disposées. Par contre, les espaces intérieurs généreusement calculés, caractérisés par des différences de hauteurs, s'agencent avec fluidité. [PODRECCA 1984]

M.V LIBOC

M.14	Pavillon de plaisance *Hvězda* ("Etoile")	1555-56 ; 1948-52	Hans TIROL, Bonifác WOHLMUT ; restauration : Pavel JANÁK (1948-52)	★★
	parc à gibier de Liboc – Montagne Blanche (*Bílá Hora*)			

Pavillon Renaissance basé sur un plan en étoile à six branches dessiné par l'archiduc Ferdinand qui en confia la construction à

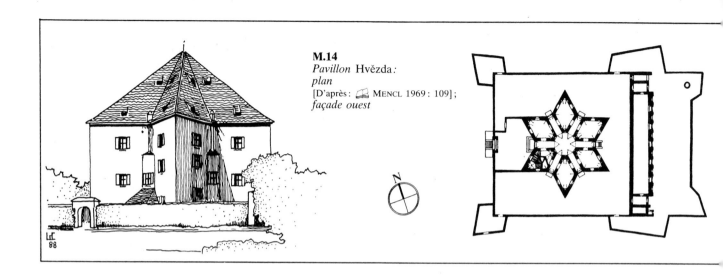

M.14
Pavillon Hvězda :
plan
[D'après : MENCL 1969 : 109] ;
façade ouest

M.15
Immeuble Koospol

ses deux architectes et la décoration à des artistes italiens (notamment les stucs à grotesques ornant le plafond de la partie centrale de forme hexagonale).

M.VI VOKOVICE

M.15	Immeuble Koospol (Commerce extérieur)	1975-77	Stanislav FRANC, Vladimir FENCL, Jan NOVÁČEK	★
	Leninova třída, 178			

Ce bâtiment, imposant quoique de cinq niveaux seulement, repose sur une plate-forme aérienne supportée par de grands piliers de béton qui émergent d'une infrastructure à deux niveaux implantée librement dans un environnement gazonné agréablement aménagé.

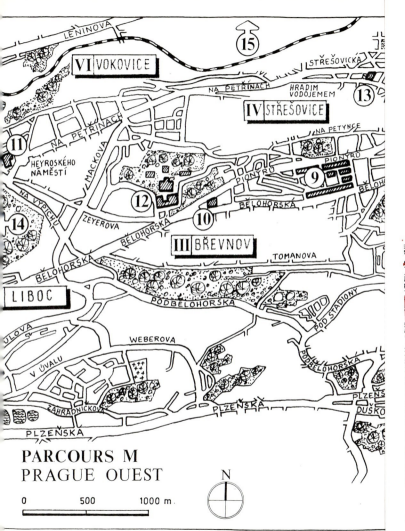

PARCOURS M
PRAGUE OUEST

0   500   1000 m

M

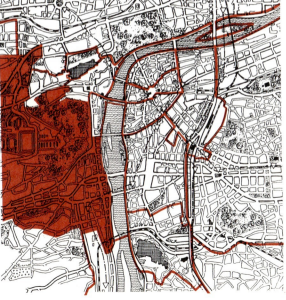

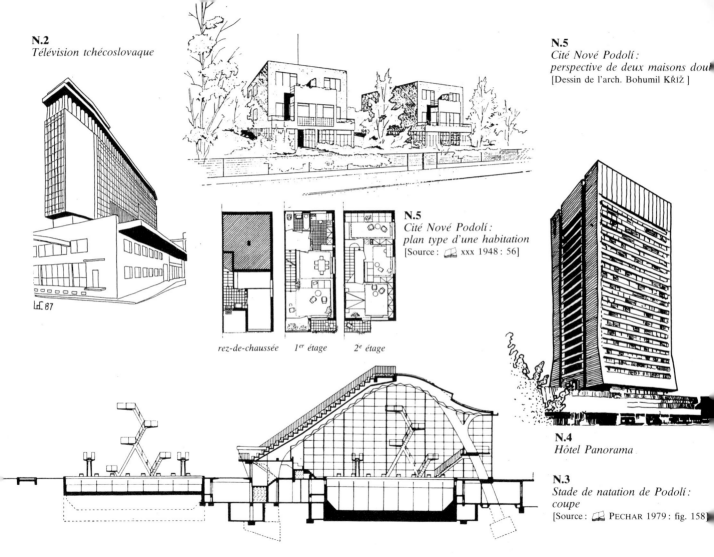

N.2
Télévision tchécoslovaque

N.5
Cité Nové Podolí :
perspective de deux maisons dou[bles]
[Dessin de l'arch. Bohumil KŘÍŽ]

N.5
Cité Nové Podolí :
plan type d'une habitation
[Source : xxx 1948 : 56]

rez-de-chaussée   1er étage   2e étage

N.4
Hôtel Panorama

N.3
Stade de natation de Podolí :
coupe
[Source : PECHAR 1979 : fig. 158]

PARCOURS N

PRAGUE-SUD
Podolí, Hlubočepy, Zbraslav

N.I PODOLÍ

Podolí, village connu dès le XIIIe siècle pour la pratique de la pêche et le flottage du bois sur les bords de la Vltava, allait devenir au XIXe siècle un centre industriel spécialisé dans la calcination de la chaux. Aujourd'hui, l'ouverture du tunnel de Vyšehrad et la construction de l'autoroute ont fait de Podolí une banlieue résidentielle et un centre de délassement sportif.

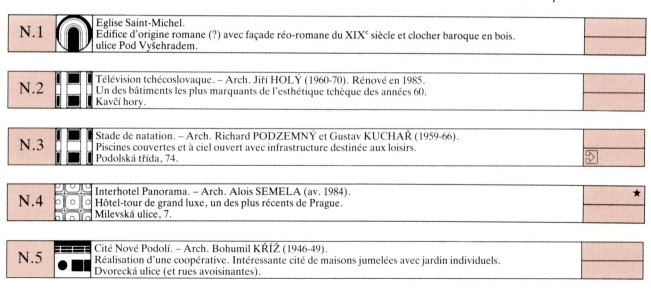

N.1 — Eglise Saint-Michel. Edifice d'origine romane (?) avec façade néo-romane du XIXe siècle et clocher baroque en bois. ulice Pod Vyšehradem.

N.2 — Télévision tchécoslovaque. — Arch. Jiří HOLÝ (1960-70). Rénové en 1985. Un des bâtiments les plus marquants de l'esthétique tchèque des années 60. Kavčí hory.

N.3 — Stade de natation. — Arch. Richard PODZEMNÝ et Gustav KUCHAŘ (1959-66). Piscines couvertes et à ciel ouvert avec infrastructure destinée aux loisirs. Podolská třída, 74.

N.4 — Interhotel Panorama. — Arch. Alois SEMELA (av. 1984). Hôtel-tour de grand luxe, un des plus récents de Prague. Milevská ulice, 7.

N.5 — Cité Nové Podolí. — Arch. Bohumil KŘÍŽ (1946-49). Réalisation d'une coopérative. Intéressante cité de maisons jumelées avec jardin individuels. Dvorecká ulice (et rues avoisinantes).

N.6
Immeuble-tour Motokov

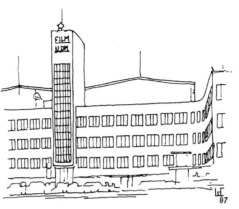

N.7 [c]
Studios cinématographiques de Barrandov

N.7 [b]
Tour de Barrandov

ul. Skalní, 10
(arch. V. GRÉGR, 1931-32)

Barrandovská ul., 60
(arch. L. MAYER & H. ABELES, 1933-34)

ul. Lumièrů, 41
(arch. M. URBAN, 1931)

N.7[a]
Cité résidentielle de Barrandov : quelques villas

N.6	Immeuble-tour Motokov (Commerce extérieur)	1975-77	Zdeněk KUNA, Zdeněk STUPKA, Milan VALENTA, Jaroslav ZDRAŽIL, Olivier HONKE-HOUFEK	★★
	Na strži, 63			

Cette remarquable construction destinée au Commerce extérieur est représentative des nouvelles tendances esthétiques de l'architecture officielle à Prague.

N.II HLUBOČEPY

Sur les bords de la Vltava, Hlubočepy, dont la fondation remonte au XIIIe siècle, est depuis toujours un lieu touristique recherché des Pragois.

N.7	Complexe de Barrandov	1927-37	Max URBAN, Josef BAREK	★★
	Filmařská ulice, Barrandovská ulice, Kříženeckého náměstí			

■ **[a] Cité résidentielle de Barrandov** (★). Arch. Max URBAN et Josef BAREK (1928-37). — Quartier de maisons unifamiliales de luxe, implantées sur un coteau dominant la Vltava, dans un environnement qui s'inpire des cités-jardins anglaises. (Maisons par les arch. M. URBAN, A. GRÉGR, A. HOUBA, R. STOCKAR.)

■ **[b] Tour de Barrandov** (★★). Barrandovská ulice, ...čp 171. Arch. Max URBAN (1927). — Ancienne tour ayant servi de phare, aujourd'hui aménagée en café avec restaurant en terrasses donnant sur un **stade de natation** (arch. Václav KOLATOR, 1929-30).

◣ Vue remarquable sur la Vltava (★★★).

■ **[c] Ateliers et studios cinématographiques de Barrandov** (★), Kříženeckého náměstí, 322.čp... Arch. Max URBAN (1931-33). — Vaste ensemble de bâtiments dont le caractère fonctionnel est exprimé par une architecture de qualité sans compromis.

N.III ZBRASLAV

La ville de Zbraslav, située à 12 km du centre-ville, fait aujourd'hui partie de l'agglomération pragoise. Son accès se fait, soit par

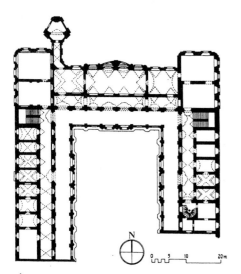

N.8
Abbaye de Zbraslav :
plan
[D'après : QUEYSANNE 1986 : 81]

N.8
Abbaye de Zbraslav :
cour d'honneur

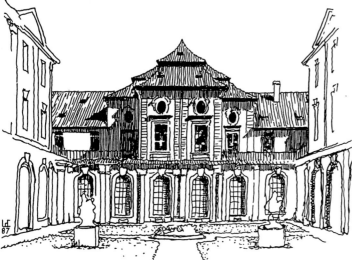

N.8
Abbaye de Zbraslav :
vues intérieures

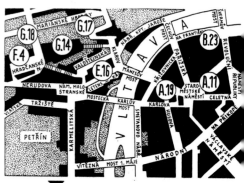

	GALERIE NATIONALE	F.4 ART EUROPEEN
	A.11 ART GRAPHIQUE	G.14 ART TCHEQUE ANCIEN
	A.19 PEINTURE TCHEQUE XXᵉ	G.17 EXPOSITIONS DIVERSES
	B.23 ART TCHEQUE XIXᵉ	G.18 EXPOSITIONS DIVERSES
	E.16 EXPOSITIONS DIVERSES	■ N.8 SCULPTURE TCHEQUE

bateau de plaisance à partir de l'embarcadère du pont Palacký (cf. I.24), soit par la route Strakonická qu'emprunte l'autobus de Zbraslav à partir de la gare de Smíchov (à proximité de la station de métro Smíchovské nádraží).

N.8	Abbaye cistercienne de Zbraslav	ca 1700-27	J.B. SANTINI AICHL, F.M. KAŇKA ; aménagement : D. JURKOVIC (XXe s.)	★★★ ★★★
	à 12 km du centre de Prague par la route 4			

Monastère cistercien construit en 1291 sur l'emplacement de l'ancien château royal de chasse des princes de Bohême. L'ensemble fut détruit lors de la guerre de Trente Ans et reconstruit par SANTINI dans le style "baroco-gothique" qui lui est propre.

Le plan enserre une cour d'honneur, faisant office de cloître, dont les murs sont habilement articulés par un jeu de pilastres et de larges fenêtres. Celles du rez-de-chaussée sont soulignées par une corniche que soutiennent d'imposantes consoles qui sont aussi les clefs d'arc des baies. Les trois ailes sont ponctuées en leur milieu de pavillons couverts de toitures à la manière des pagodes, qui accentuent le caractère mobile et ondulant de la composition d'ensemble.

A l'intérieur, on remarquera particulièrement la grande salle avec sa façade bombée vers le jardin, la petite annexe sur plan hexagonal, les escaliers éclairés par des jeux de lumière naturelle et, surtout, les couloirs dédoublés du cloître qui constituent un espace d'une extraordinaire fluidité. Cette double galerie, couverte d'un côté de voûtes à pendentifs et de l'autre d'une voûte en berceau, est partout animée de mezzanines à échappées multiples, d'ouvertures et d'entailles qui favorisent les jeux de pénombre et de lumière. [📖 QUEYSANNE 1986:80-89]

Dans plusieurs salles, les plafonds sont recouverts de peintures dues à V.V. Reiner et F.X. Palko.

NG L'ensemble des bâtiments de l'abbaye abrite la collection de sculptures tchèques des XIXe et XXe siècles de la Galerie Nationale, qui compte, entre autres, des œuvres marquantes de Jan Štursa (1880-1925), Bohumil Kafka (1878-1942), Stanislav Sucharda (1866-1916), Otto Gutfreund (1899-1927), Vincenc Makovský (1900-1966) (★★★★).

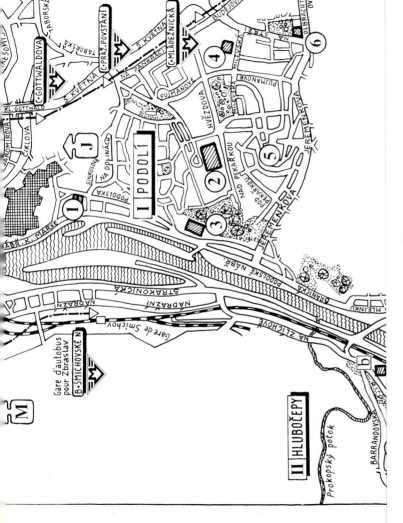
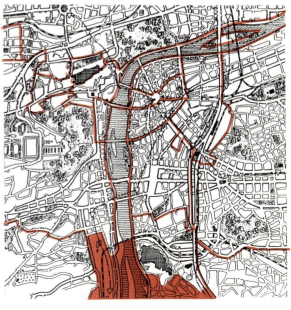

N

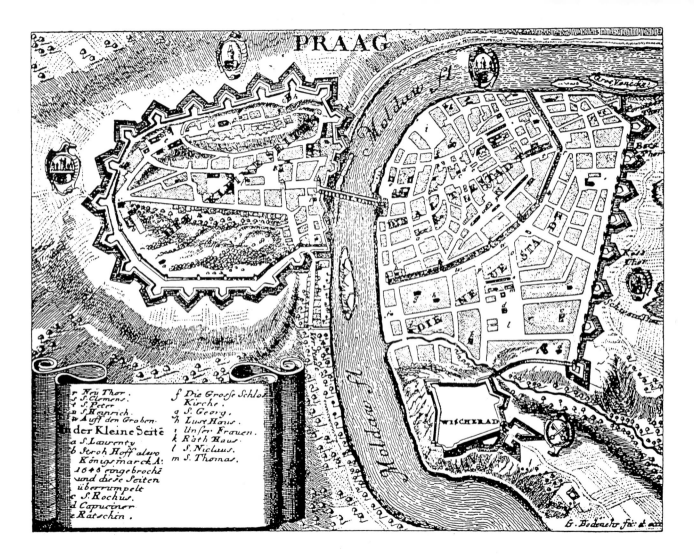

INDEX DES LIEUX

Abbaye, voir: Couvent.
Académie
  arts du théâtre et du cinéma (– des), C.X:2.
  Sciences (archives de l'– des), A.VII:2.
  Straka (ancienne –), E.VI:(128).
  – tchécoslovaque des Sciences, I.III:3/5.
Agence de voyages Sportturist, I.III:33.
Aile thérésienne, au Château, G.11[9]; G.13[b].
Amitié tchéco-soviétique (Union d'), C.X:16/18.
Ambassade
  Autriche (– d'), F.II:4.
  France (– de), D.9.
  Grande-Bretagne (– de), E.17.
  Italie (– d'), E.7.
  Japon (– du), D.12.
  Pays-Bas (– des), D.14.
  Pologne (– de), E.12.
  R.D.A. (– de la), E.IV:32.
  R.F.A. (– de la), E.5.
  Roumanie (– de), E.8.
  Suisse (– de), F.I:1.
  U.S.A. (– des), E.4.
  Yougoslavie (– de), D.2.
Appartements (immeuble à), A.5; A.6; B.II:11, 9; B.7; B.8; B.V:19, 15, 12, 8, 9, 7, 5, 3; B.VI:19, 10, 12, 14; B.26; B.27; C.14; I.I:(761); I.II:32; I.IV:26, 20, 2; I.V:17, 18; I.IV:33; J.3.
Platýz (maison), C.IV:21; I.III:37.

[Appartements (immeuble à)]
  – avec bureaux, voir: Bureaux.
  – et magasins, voir: Bureaux.
  – avec magasins, B.17; B.26; H.I:17, 8, 7; I.I:17; I.2; I.VI:14.
  Diamant (maison), I.25.
  – Molochov, L.8.
  – Oko, L.12.
Arc cubiste, à la maison Diamant, I.25.
Architectes tchèques (Union des), E.V:5.
Archives
  Académie des Sciences (– de l'), A.VII:2.
  Etat (– centrales de l'), D.VII[b]:2.
  Ville (– de la), A.18.
Assemblée fédérale de la ČSSR, H.15.
Assurances
  Adriatica (ancien siège des –), I.II:34.
  Praha (ancienne compagnie d'–), I.7.
Avenue, voir: Třída.
Baba (quartier), L.29.
Banque
  Assurances tchèques (ancienne – des), I.IV:32.
  – commerciale tchécoslovaque, H.I:14.
  Etat de Tchécoslovaquie (– d'), H.I:24/26; H.I:3/5.
  – hypothécaire (ancienne –), H.V:13.
[Banque]
  Investissement (ancienne – d'), H.1.
  Legio (ancienne –), H.25.
  morave (ancienne –), H.9.
  nationale (ancienne –), H.18.
  populaire (ancienne –), H.6.
  provinciale (ancienne –), H.2.
  Vienne (ancienne – de), H.I:3/5.
Barrandov, N.7.
Basilique
  – Saint-Georges, G.14[1].
  – Saint-Laurent, J.I[d].
Bâtiment dit "municipal", au Château, G.8; G.III.
Belvédère
  Petřín (– de), M.7.
  – royal, G.17.
Bibliothèque
  – conventuelle, Břevnov, M.12.
  Etat (– d'), Á.21.
  Masaryk, au Château, G.3.
  – municipale populaire, A.19.
  – nouvelle, Strahov, F.9[h].
  – théologique, Strahov, F.9[g].
  – universitaire (ancienne –), A.21.
Brasserie
  – "Aux oursons", C.V:7.
  – Černý, I.V:14/15.
  – U Fleků, I.15.
  – U Schnellů, E.IX:2.
  – U Tomáše, E.V:12.
Břevnov, M.III.
Bubeneč, L.II.

Bureaux (immeuble de), I.VI:2.
  – Aeroflot, H.II:13.
  – avec magasins
    – Bat'a, H.II:6.
    – Lindt, H.II:4.
    – Práce, H.II:17.
    – Universal, H.4.
  – et appartements, H.IV:11; I.VI:18.
  – avec magasins
    – Olympic, I.VI:16.
    – U Stýblů, H.8.
  – Koospol, M.15.
  – Motokov, N.6.
  – Prago-Export, I.II:34.
Cabaret "Au cerf d'or", A.II:11.
Café
  – "Au serpent d'or", A.VII:18.
  Barrandov (– de la tour de), N.7[b].
  Evropa (– de l'hôtel), H.7.
Maison de la Municipalité (– de la), A.2.
Caisse d'épargne
  ancienne –, I.III:3/5.
  municipale (ancienne –), C.9.
Carolinum, C.6.
Casa d'Italia, E.III:40.
Cathédrale Saint-Guy, G.10.
Caveau royal, à la Cathédrale, G.10[10].
Centre d'information, au Château, G.II.
Čertovka, D.I.
Chambre des vieux registres provinciaux, au Château,

G.11[20].
Chancellerie de Bohême, au Château, G.11[7].
Chapelle
  Bethléem (– de), C.17.
  glaces (– des), au Clementinum, A.21.
  "italienne" (– dite), A.17; A.21.
  Kámen (– de la maison), à l'hôtel de ville de la Vieille-Ville, A.9[3].
  saint Adalbert (– du tombeau de), à la Cathédrale, G.10.
  – Saint-Jean-Népomucène, à la basilique Saint-Georges, G.14[7].
  – Saint-Venceslas, à la Cathédrale, G.10[6].
  – Sainte-Anne, au couvent Saint-Georges, G.14[9].
  – Sainte-Croix, au Château, G.9.
  – Sainte-Ludmila, à la basilique Saint-Georges, G.14[4].
  – Saints-Côme-et-Damien, I.22[c].
  – Tous-les-saints (– de), G.11[10].
  – Vlašský, E.III:34.
Château d'eau
  –, Bubeneč, L.11.
  Nouvelle-Ville (– de la), I.12.
  Vieille-Ville (– de la), C.IX.
Château de Prague, G.
Cimetière
  juif (ancien –), B.3.
  Vyšehrad (– de), J.I[g].
Cinéma
  – Alfa, H.8.

[Cinéma]
- Oko, L.12.

Cité
- juive, B.
- résidentielle
  - Baba, L.29.
  -, Barrandov, N.7[a].
  -, Břevnov, M.9.
  - Invalidovna, K.18.
  - Nové Podolí, N.5.

Saint-Gall (ancienne –), C.II ; C.III ; C.IV.

Clementinum, A.21.

Collège des jésuites (ancien)
-, Malá Strana, E.I:25.
-, Mové Město, I.V:36.
-, Staré Město, C.13.

Colonne
Diable (– du), J.I[f].
Peste (– de la)
  -, Hradčanské nám., F.I.
  -, Malostranské nám., E.I.

Cour
Château de Prague (– du), G.I ; G.II ; G.III.
- intérieure, voir : *Pavlač*.

Couvent (ancien)
Agnès-la-Bienheureuse (– d'), B.23.
augustins (– des), E.9.
barnabites (– des), F.I:3.
bénédictins (– des), Břevnov, M.12.
bénédictines (– des), au Château, G.14[8].
carmes (– des), C.8.
Chevaliers à l'Etoile Rouge (– des), A.23.
Chevaliers de l'Ordre de Malte (– des), D.IV:4 ; D.7.
cisterciens (– des), Zbraslav, N.8.
dominicaines (– des), C.22.
Emmaüs (– dit " d'), voir : Couvent Na Slovanech.

[Couvent (ancien)]
- Na Slovanech, dit " d' Emmaüs ", I.22.
- paulinien, A.III:7.
- prémontrés (– des), Strahov, F.9.
- Sainte-Marie-Madeleine, D.VII[b]:2.
- servites (– des), A.III:27/28 ; C.1.
- théatins (– des), E.6.

Cristaux de Bohême, voir : Musée des Arts décoratifs.

Crypte
basilique Saint-Georges (– de la), G.14.
cathédrale Saint-Guy (– de la), G.10[10].
église du Sacré-Cœur (de l'), K.11.

Dejvice, L.III.

Eaux (ancienne Compagnie des – de la Vieille-Ville), C.24.

Ecole
Arts et Métiers (haute – des), B.III:3.
-, Nad Štolou, L.7.
- primaire
  -, Břevnov, M.9.
  -, Dejvice, L.26.
- secondaire, Dejvice, L.26.
- tchèque des hautes études techniques, C.VIII:5 ; I.V:13.

Týn (– du), A.12.

Ecuries (anciennes), au Château, G.7.

Eglise
- carpatique Saint-Michel, M.5.
Na slupi (– dite " de), voir : Eglise Notre-Dame.
Nativité (– de la), F.8[d].

[Eglise]
- Notre-Dame-de-la-Victoire, D.19.
- Notre-Dame des Elisabéthines, J.II:8.
- Notre-Dame-des-Neiges, I.1.
- Notre-Dame, dite " de Na slupi ", J.II:2.
- Notre-Dame-du-Perpétuel-Secours-chez-les-Théatins, E.6.
- Notre-Dame-du-Týn, A.13.
- Notre-Dame-sous-la-Chaîne, D.7.
Sacré-Cœur (– du), K.11.
- Saint-Adalbert, I.14.
- Saint-Antoine, L.13.
- Saint-Barthélemy, C.12.
- Saint-Benoît, F.I:3.
- Saint-Castule, B.24.
- Saint-Charles-Borromée, E.III:36.
Saint-Charles-Borromée (ancienne –), I.17.
- Saint-Clément, A.VII ; A.21.
Saint-Esprit (– du), B.15.
- Saint-Etienne, I.26.
- Saint-François-Séraphin, A.23.
- Saint-Gall, C.4.
- Saint-Georges, voir : Basilique.
- Saint-Gilles, C.19.
- Saint-Guy, voir : Cathédrale.
- Saint-Henri, H.19.
- Saint-Ignace, I.20.
- Saint-Jacques, A.15.
- Saint-Jean-du-Lavoir, D.17.
- Saint-Jean-Népomucène, Hradčany, F.6.
- Saint-Jean-Népomucène-sur-le-Rocher, I.21.

[Eglise]
- Saint-Joseph, E.10.
- Saint-Laurent, voir : Basilique.
- Saint-Laurent de Petřín, M.6.
- Saint-Martin-dans-le-Mur, C.11.
Saint-Michel (– carpatique), Petřín, M.5.
- Saint-Michel des servites, C.1.
- Saint-Nicolas de la Vieille-Ville, A.10.
- Saint-Nicolas de Malá Strana. E.1.
- Saint-Nicolas, Vršovice, K.2.
- Saint-Pierre, H.26.
- Saint-Roch, F.9[b].
- Saint-Sauveur, au Clementinum, A.22.
- Saint-Sauveur, au couvent d'Agnès-la-Bienheureuse, B.23.
- Saint-Sauveur, Salvátorská ul., B.12.
- Saint-Simon, B.22.
- Saint-Thomas, E.9.
- Saint-Venceslas, Nové Město, I.16.
- Saint-Venceslas, Smíchov, M.2.
- Saint-Venceslas, Vršovice, K.5.
- Sainte-Anne, C.22.
- Sainte-Catherine, I.28.
- Sainte-Croix, H.I.
- Sainte-Ludmila, K.8.
- Sainte-Marguerite, M.12.
- Sainte-Marie-Madeleine, D.VII[b]:2.
- Sainte-Ursule, I.8.
- Saints-Cyrille-et-Méthode, Karlín, K.16.

[Eglise]
- Saints-Cyrille-et-Méthode, Nové Město, I.17.
- Saints-Pierre-et-Paul, J.I[e].
Vierge (– de la), au couvent Na Slovanech, I.22.
Vierge-et-de-Charlemagne (– de la), I.30.
Vierge-Marie (– de la), F.9[c].
" Enfant Jésus de Prague ", D.19.

Escalier
- extérieur
bastion (– du Jardin sur le), au Château, G.5.
Château (vieil – d'accès au), G.VI.
Fürstenberg (– des jardins), E.12.
Pálffy (– des jardins), E.14.
1er Mai (– du pont du), I.11.
Vierge-et-de-Charlemagne (*Scala Santa* de l'église de la), I.30.
Vieux palais royal (– d'accès au), au Château, G.11[1].
Vieux palais royal (– hélicoïdal du), au Château, G.11[8].
Vrtba (– des jardins), D.20.
- intérieur
" A la cigogne " (– de la maison), C.21.
Buquoy (– du petit palais), D.10.
Cathédrale (– hélicoïdal du portail sud de la), G.10[36].
Cavaliers (– des), au Château, G.11[12].

[Escalier]
Černín (– d'honneur du palais), F.7.
Château (– à travers l'aile sud du), G.12.
Château (– Pacassi, au), G.3.
immeuble à appartements (– ovoïde de l'), Široká ul., B.VI:11.
immeuble à appartements (– semi-circulaire de l'), U Prašné brány, A.6.
maltais (– du Palais), D.11.
Musée national (– du), H.11.
Saint-Georges (– baroque de la basilique), G.14[3].
Sylva-Taroucca (– du palais), H.3.
Thun-Hohenstein-Kolovrat (– du palais), E.7.
Valdštejn (– ovale du palais), E.16.
Vieux palais royal (– des Cavaliers, au), au Château, G.11[2].
Etablissement des Grandes Dames, au Château, G.15·
Etudiant de Prague, au Clementinum, A.21.
Expo'58
pavillon de l'–, L.21.
restaurant Praha- –, L.5.

Faculté, voir: Université.
Faisanderie, au Jardin royal, G.VII.
Fédération syndicale mondiale, H.13.
Fontaine
Aigle (– de l'), au Château, G.11[1].
– baroque, au Château, G.II.

[Fontaine]
– chantante, au Belvédère royal, G.17.
François Ier (– du monument à), C.X.
Lion (– au), au Château, G.9.
Pálffy (– du palais), E.14.
Saint-Georges (– de), au Château, G.III.
Samson (–de), au Château, G.13[b].
–, Uhelný trh, C.IV.
Funiculaire de Petřín, D.VII[a]; . M.II.

Galerie
– d'art de la Bohême centrale, C.20.
– centrale, au Clementinum, A.21.
– Mánes, I.12.
– Nationale
art européen (– d'), F.4.
art graphique (– d'), A.11.
art tchèque ancien (– d'), G.14.
art tchèque du XIX[e] siècle (– d'), B.23.
expositions temporaires de la –, E.16 ; G.17 ; G.18.
peinture tchèque du XXe siècle (– d'), A.19.
sculpture tchèque des XIXe et XXe siècles (– de), N.8.
peinture du Château de Prague (– de), G.7.
– Rodophe, au Château, G.6.
Gare
– centrale, H.17.
Holešovice (– de), L.23.
Prague-centre (– de), H.23.
Smíchov (– de), M.I.
Ghetto juif, B.

Gouvernement de la ČSSR (bureau du), E.VI:(128).
Gymnase
– français, L.25.
– jésuites (ancien – des), E.I:17.

Hall de sports
– Č.S.T.V., L.19.
– Sparta, L.10.
Halles de la Vieille-Ville, C.III[a]:10.
Hlubočepy, N.II.
Holešovice, L.II.
Hôpital
Clinique "sous Petřín", E.III:36/38.
Frères-de-Saint-Jean-de-Dieu (– des), B.22.
– Na slupi des Dames élisabéthines, J.II:6.
Polyclinique de la faculté de médecine, I.V:32/33.
– Vlašský, E.III:34.
Horloge astronomique, A.9.
Hospice
Invalides (– des), K.17.
prêtres (ancien – des vieux), I.18.
Hôtel
– "A la licorne d'or", D.IV:11.
– Adria, H.II:26.
– Ambassador, H.II:5.
– "Aux bains", D.IV:6.
– "Aux trois autruches", D.3.
– Axa, H.VII:40.
Central (ancien –) (?), H.VI:10.
– Centrum, H.VII:31.
Evropa (grand –), H.7.
– Intercontinental, B.20.
– International, L.28.
– Jalta, H.II:45.

[Hôtel]
– Olympik, K.19.
– Palace, H.IV:(897).
– Panorama, N.4.
– Paříž, A.4.
Parkhotel, L.17.
– Tatran, H.II:22.
Hôtel de ville
Hradčany (ancien – de), F.IV:1.
– juif, B.9.
Malá Strana (– de), E.3.
Malá Strana (ancien – de), E.I:2.
Nouvelle-Ville (– de la), I.19.
Vieille-Ville (– de la), A.9.
Vieille-Ville (nouvel – de la), A.20
Hrad, voir: Château de Prague.
Hradčany, F.

Ile
Kampa (– de), D.I.
– Střelecký, I.11.
– Štvanice (– de), L.14 ; L.15.
Immeuble
– à appartements, voir: Appartements.
– de bureaux, voir: Bureaux.
Impluvium, au Palais présidentiel, G.3.
Institut
agriculture (– de formation en), K.10.
chimie macromoléculaire (– de), M.11.
pensions (ancien – général des), K.14.
Invalidovna, K.18.

Jardin
bastion (– sur le), G.5.
Belvédère (– du), G.17.

[Jardin]
Břevnov (– du couvent de), M.12.
– Černín, F.7.
– Fürstenberg, E.12.
– Kinský, M.II ; M.4.
– Kolovrat-Černín, E.13.
– Ledebour-Trauttmansdorff, E.15.
– Pálffy, E.14.
Paradis (– du), G.13[a].
remparts (– sur les), G.13[b].
– royal, G.VII.
Séminaire (– du), M.II.
Strahov (– du), F.9 ; M.II.
– Thun, E.17.
– Valdštejn, E.16.
– Vězníkovský, E.X:20.
– Vrtba, D.20.
– zoologique, L.IV.
Josefov, B.

Kampa (île de), D.I.
Karlín, K.IV.
Karlov, I.30.
Klárov, E.VII.

Laterna Magika, I.4.
Letná, L.I.
Liboc, M.V.
Logements
ensemble de –, voir: Cité résidentielle.
immeuble de –, voir: Appartements.
Lorette (Notre-Dame-de-), F.8.

Magasin
grand –
– Družba, H.II:21.
– Kotva, H.27
– Kotva (ancien –), H.27.
– Máj, I.5.
– Novák (ancien –), H.10.
tissus (Maison des), H.I:4.

[Magasin]
  instruments de musique (– d'), I.I:17.
  jouets (– de), H.I:15; I.III:28.
  livres pour enfants Albatros (– de), I.III:29.
Maison
  Artistes (– des), B.1.
  Bailli (vieille – du), C.10.
  Chœur Hus (– du), K.3.
  Conseil central des syndicats (– du), K.14.
  culture (– de la)
    cheminots (– des), K.7.
    – cubaine, I.III:31.
    – municipale, A.2.
    – polonaise, H.II:19.
    soviétique (– et de la science), C.8.
  édition (– d')
    – Albatros, I.III:29.
    – Laichter, K.5.
    – Schönfeld, C.22.
    – Štenc, B.13.
    – Topič, I.6.
  Enfants (– des)
    –, Nové Město, H.I:15.
    –, au Château, G.VI:4.
    familiale,
      A.III:22; A.IV[b]:7; A.V:2, 4, 13, 10, 5, 6; A.VI:(19), (20), (21), (22), A.VII:25, 21, 4; B.XII:4; C.III[a]:22, 20, 18, 16, 8, 6, 4; C.IV:8, 9, 10; C.VIII:14, 15; D.4; D.5; D.III:5, 11, 13, 2, 4, 6, 8, 10, 12, 20, 22, 24; D.VII:26; E.III:26; E.X:13; F.III:1, 3; F.VI:25, 24, 22, 8; H.II:8; H.V:10, 11, 12; J.4; J.5; L.1; L.2.
    – à patronyme
      – Balling, L.29[23].
      – Bautz, L.29[20].

[Maison]
  – Bělehrádek, L.29[30].
  – Bílek, L.3.
  – Bouda, L.29[8].
  – Čeněk, L.29[14].
  – Dovolil, L.29[10].
  – Glücklich, L.29[20a].
  – Granovský, A.14.
  – Hain, K.20.
  – Herain, L.29[22].
  – Heřman, L.29[24].
  – Janák, L.29[33].
  – Jiroušková, L.29[11].
  – Joska, L.29[7].
  – Kámen, à l'hôtel de ville de la Vieille-Ville, A.9[1].
  – Kaňka, I.III:16.
  – Koštál, L.29[9].
  – Kříž, à l'hôtel de ville de la Vieille-Ville, A.9[6].
  – Kytlica, L.29[31].
  – Laichter, K.12.
  – Letošník, L.29[12].
  – Lindová, L.29[19].
  – Linhart, L.27.
  – Lisý, L.29[6].
  – Lom, L.29[21].
  – Lužná, L.29[16].
  – Maule, L.29[32].
  – Mikkeš, à l'hôtel de ville de la Vieille-Ville, A.9[7].
  – Moravcová, L.29[18].
  – Müller, M.13.
  – Munk, L.29[1].
  – Palička, L.29[25].
  – Peřina, L.29[2].
  – Poláček, L.29[17].
  – Řezáč, L.29[3].
  – Richter, A.V:11.
  – Rotlev, au Carolinum, C.6.
  – Schönfeld, C.22.

[Maison]
  – Sixt, A.II:2.
  – Špišek, L.29[27].
  – Šramek-Menhart, A.II:17.
  – Štenc, B.13.
  – Štěpán, A.III:26.
  – Šternberk, E.I:19.
  – Štorch, A.III:16.
  – Sukova, L.29[13].
  – Sutnar, L.29[29].
  – Teufl, C.2.
  – Uhlíř, L.29[28].
  – Valkoun, E.IV:14.
  – Vaváček, L.29[5].
  Vratislavský (ancienne –), C.VII:16.
  – Wiehl, H.II:34.
  – Zadák, L.29[15].
  – Zaorálek, L.29[4].
  film (– du), I.II:28.
  – Hlahol, I.IV:16.
  industries d'art (– des), I.III: 36.
  jardinier royal (– du), au Jardin royal, G.VII.
  Jeu de paume (– du)
    ancienne –, C.VII:6.
    grande –, au Jardin royal, G.16.
    petite –, au Jardin royal, G.VII.
  Jeunes pionniers Julius Fučík (– centrale des), K.1.
  – Koruna, H.I:4><6.
  Municipalité (– de la), A.2.
  – Peterka, H.6.
  – Platýz, voir: Appartements.
  – slave, H.I:22.
  – surnommée
    – " A l'aigle rouge ", Celetná ul., A.II: 21.
    – " A l'aigle rouge ", Nerudova ul., E.IV:6.

[Maison]
  – " A l'âne près du berceau ", E.IV: 25.
  – " A l'ange d'or ", Celetná ul., A.II:29.
  – " A l'ange d'or ", Staroměstské nám., A.III:29.
  – " A l'arbre d'or ", B.25.
  – " A l'Enfant Jésus ", E.II:19.
  – " A l'étoile bleue ", A.III:25.
  – " A la bague d'or ", A.IV[b]:6.
  – " A la balance d'or ", Havelská ul., C.III[b]:3.
  – " A la balance d'or ", Vlašská ul., E.III:2.
  – " A la botte blanche ", D.I[a]:13.
  – " A la cigogne ", C.21.
  – " A la clef d'or ", E.IV:27.
  – " A la cloche ", A.III:13.
  – " A la coupe d'or ", E.IV:16.
  – " A la croix d'or ", C.IV:4.
  – " A la licorne blanche ", A.III:15.
  – " A la licorne d'or ", Lázeňská ul., voir: Hôtel.
  – " A la licorne d'or ", Staroměstské nám., A.III:20.
  – " A la minute ", A.8.
  – " A la paume ", C.VII:6.
  – " A la rose noire ", H.I:12.
  – " A la table de pierre ", E.I:28.
  – " A la Vierge noire ", A.7.
  – " Au cerf d'or ", E.IX:4
  – " Au cerf noir ", A.IV[a]:2.
  – " Au châtaignier ", M.10.

[Maison]
  – " Au coq ", à l'hôtel de ville de la Vieille-Ville, A.9[8].
  – " Au cygne d'or ", E.VIII:10.
  – " Au fer à cheval d'or ", E.IV:34.
  – " Au lion d'or ", Malostranské nám., E.I:10.
  – " Au lion d'or ", Na Kampě, D.I[a]:7.
  – " Au persil ", E.I:1.
  – " Au petit mouton de pierre ", A.III:17.
  – " Au puits d'or ", A.16.
  – " Au raisin d'or ", D.I[a]:2.
  – " Au renard bleu ", D.I[a]:1.
  – " Au serpent d'or ", voir : Hôtel.
  – " Au soleil noir ", A.II:8.
  – " Au vautour ", voir: Restaurant.
  – " Aux bains ", voir: Hôtel.
  – " Aux deux hérissons ", C.16.
  – " Aux deux ours d'or ", C.3.
  – " Aux deux soleils ", E.IV:47.
  – " Aux deux tourterelles ", D.15.
  – " Aux oursons ", voir: Brasserie.
  – " Aux trois autruches ", voir: Hôtel.
  – " Aux trois lions d'or ", C.IV:1.
  – " Aux trois petits violons ", E.IV:12.
  – " Aux trois rois ", A.II:3.
  – " Aux trois roses blanches ", A.V:3.

[Maison]
- "Chez Saint-Jean-Népomucène", E.IV:18.
- "Chez Salomon", A.II:23.
- Diamant, I.25.
- Faust, I.V:40.
- U Bruncvíka, C.III[b]:5.
- U české orlice, A.II:30 ; C.7.
- U Glaubiců, E.I:5.
- U Petzoldů, E.I:23.
- U Splavinů, E.I.:22.
- U Vejvodů, C.VII:4.
- U Zelenků, E.X:19.
- "vénitienne" (- dite), C.20.
- syndicale (ancienne -), C.V:11.
- tissus (- des), voir: Grand magasin.
- Topič, I.6.
- U Halanků, C.18.
- U hybernů, A.3.
Union internationale des étudiants (- de l'), B.11.
Veneur (- du), au Jardin royal, G.VII.
Maisonnette jardinière (ancienne), D.I[b]:7.
Malá Strana, D ; E.
Manège royal, G.18.
Marché, voir : Trh.
Mémorial
Juifs de Bohême (- du martyre des), B.11.
- national, K.15.
Métro (station de)
- Fučíkova, L.24.
- Gottwaldova, J.1.
- Malostranská, E.11.
- Můstek, H.II.
- Muzeum, H.11.
Ministère
Affaires étrangères (- des), F.2 ; F.7.

[Ministère]
Commerce extérieur (- du), H.IV:20.
Commerce intérieur (- du), A.III:5/6.
Energie (- de l'), H.12.
Enseignement (- de l'), D.VII[b]:8.
Industries de consommation (- des), H.25.
Transports (- des), H.I:33.
Moldau, voir : Vltava.
Monastère, voir : Couvent.
Monolithe de granit, au Château, G.III.
Monument
Charles IV (- à), C.X.
Étudiant de Prague, A.21.
Hus (- à Jan), A.III.
Palacký (- à František), I.23.
Steepling (- à Josef), A.21.
Venceslas (- à saint), H.II.
victimes de la Première Guerre mondiale (- aux), G.III.
Žižka (- à Jan), K.15.
Moulin
- Hut', D.I.
- Odkolek, D.I.
- Štěpánovský, D.I.
Mozarteum, I.3.
"Muraille de la Faim", M.II.
Musée
Argenterie des synagogues de Bohême (- de l'), B.10.
Arts décoratifs (- des), B.2.
- astronomique, A.21.
- Dušek-Mozart, M.3.
- Dvořák, I.29.
- ethnographique Náprstek, C.18.
- instrumental, D.7.
juif (- national), B.4 ; B.6.
- Klement Gottwald, C.9.
- Lénine, H.22.

[Musée]
Littérature nationale (- de la), F.9[d].
- militaire, F.1.
- Mozart, voir : Musée Dušek-Mozart.
- national, H.11.
Prague (- de la ville de), H.24.
- Smetana, C.24.
- technique et agricole, L.6.

Nábřeží
Gottwaldovo -, I.IV.
Jaroše (- kapitána), E.VI.
Smetanovo -, C.X.
Náměstí
Betlémské -, C.VI.
Dražického -, D.II.
Hradčanské- [place de Hradčany], F.I.
Jungmannovo -, I.I.
Karlovo - [place Charles], I.V.
- Krasnoarmějců, B.III.
Křižovnické - [place des Chevaliers de la Croix], A.IX
Loretánské - [place de Lorette], F.V.
Malé - [Petite place], A.V.
Malostranské - [place de Malá Strana], E.I.
Maltézské -, D.VI.
- Maxima Gorkého [place Maxime Gorki], H.V.
- Na Kampě, D.I[a].
Pohořelec [place de], F.VI.
- primátora dr. V. Vacka, A.VIII.
- Republiky, A.I.
Říjnové revoluce [place de la Révolution d'Octobre], L.III.
Staroměstské - [place de la Vieille-Ville], A.III.

[Náměstí]
- U svatého Jiří [place Saint-Georges], G.IV.
Václavské - [place Venceslas], H.II.
Valdštejnské -, E.VII.
Velkopřevorské -, D.V.
Národní divadlo, voir : Théâtre National.
Národní galérie, voir : Galerie Nationale.
Nouvelle-Ville, H ; I.
Nové Město, voir : Nouvelle-Ville.
Nové Podolí, N.5.
Novotného lávka [passerelle Novotný], C.IX.

Orangerie, au Jardin royal, G.VII.
Oratoire royal, à la Cathédrale, G.10[12].
Ostensoir de Lorette, F.8[c].

Palais
- Adrie, I.4
congrès (- des), L.18.
culture (- de la), J.2.
foires (- des), L.16.
Justice (- de), A.II:36.
- Koruna, H.5.
- Lucerna, H.9.
- résidentiel, D.16 ; H.IV:9.
- archiépiscopal, F.5.
Bretfeld (ancien -), E.IV:33.
Buquoy (petit -), D.10.
- Buquoy-Valdštejn, D.9.
Burgrave (ancien - du), au Château, G.VI:4.
- Černín, F.7.
- Clam-Gallas, A.18.
- Colloredo-Mansfeld, A.VII:2.

[Palais]
- Desk-Zemstých, C.VIII:7.
- Dietrichstein, F.IV:7.
- Fürstenberg, E.12.
- Golz-Kinský, A.11.
Gryspek (ancien -), voir : Palais archiépiscopal.
- Hložek, F.II:4.
- Hradce-Slavata, E.18.
- Hrzan, D.8 ; F.IV:9.
Hrzan (ancien -), A.II:12.
- Hvězda (?), H.II:36.
- Kaiserstein, E.I:23.
- Kinský, voir : Palais Golz-Kinský.
Kinský (ancien -), H.22.
Kolovrat (ancien -), C.5.
- Kolovrat-Černín, E.13.
- Kounic, D.6.
- Lažanský, C.X:2.
- Ledebour-Trauttmansdorff, E.15.
- Liechtenstein, E.I:13.
Liechtenstein (ancien -), D.I[b]:4.
- Lobkowicz, E.5.
- Lobkowicz, au Château, G.VI:1.
Lobkowicz (ancien -), voir : Palais Schwarzenberg-Lobkowicz.
- Louis, au Château, G.11[7] ; G.11[19].
- maltais, D.11.
- Martinic, F.IV:4.
Martinic (ancien -), F.3.
- Michna de Vacínov, D.18.
Millesimo (ancien -), A.II:13.
- Morzin, E.8.
- Muscon, D.VII[b]:16.
- Nostic, D.14.

335

[Palais]
- Pachta, Anenské nám., C.23.
- Pachta, Celetná ul., A.II:31.
- Pachta (ancien –), A.II:36.
- Pálffy, E.14.
- Petschek, H.IV:20.
- Porges de Portheim, I.III:38.
- Pötting, A.VII:8.
- présidentiel, G.3.
- Příchovský, H.I:22.
- Rohan, D.VII[b]:8.
- royal, G.3.
- royal (Vieux –), G.11.
- Rožmberk, G.VI:(2).
- Schönborn-Colloredo, E.4.
- Schwarzenberg (ancien –), F.I:1.
- Schwarzenberg-Lobkowicz, F.1.
- Smiřický-Montágů, E.2.
- Sporck, D.VII[b]:14.
- Šternberk, F.4.
- Straka, D.13.
- Sweerts-Sporck, H.VI:5 ; H.VI:3.
- Sylva-Taroucca, H.3.
- Thun (ancien –), E.17.
- Thun-Hohenstein, D.VII[b]:18.
- Thun-Hohenstein, dit "toscan", F.2.
- Thun-Hohenstein-Kolovrat, E.7.
- "toscan" (– dit), voir : Palais Thun-Hohenstein.
- Turba, D.12.
- Valdštejn, E.16.
- Věžníkovský, E.X:20.
- Vrtba, D.20.
- Vrtba-Thun-Taxis, E.V:5.

[Palais]
- Wallenstein, voir : Palais Valdštejn.
Panorama de la bataille de Lipany, L.22.
Panthéon du Musée National, H.11.
Parc
- Julius Fučík, L.II.
Letná (– de), L.I.
Petřín (– de), M.II.
Vyšehrad (– de), J.I[f].
Passerelle Novotný, voir : Novotného lávka.
Patinoire PKOJF, L.20.
Pavillon
Expo'58 (– de l'), L.21.
- Hanavský, L.4.
plaisance (– de)
- Hvězda, M.14.
- Michna de Vacínov, voir : Villa Amerika.
- Portheimka, M.1.
- royal, voir : Belvédère royal.
- Šternberk, voir : Villa Troja.
Pavlač
"Au cerf d'or" (– du cabaret), A.II:11.
"Au persil" (– de la maison), E.I:1.
Bailli (– de la vieille Maison du), C.10.
Teufl (– de la maison), C.2.
Petřín, M.II.
Pharmacie (ancienne)
Malá Strana (– de), E.IV:34.
Vieille-Ville (– de la), A.8.
Piscine
–, Barrandov, N.7[b].
–, Podolí, N.3.
- municipale, Malá Strana, E.VI: (377).
Place, voir : Náměstí.

Pohořelec, F.VI.
Podolí, N.I.
Pont
- Charles, D.1.
- Hlávka, L.14.
- Jirásek, I.13.
- Klement Gottwald, J.1.
- Palacký, I.24.
1er Mai (– du), I.11.
- Mánes, B.III.
poudres (– aux), G.5 ; G.VI.
- Svatopluk Čech, B.21.
Portail, A.IV[a]:10 ; A.V:11 ; E.X:13 ; I.I:(761).
banque Legio (– de la), H.25.
Banque nationale (– de l'ancienne), H.18.
basilique Saint-Georges (– sud de la), G.14[6].
cathédrale Saint-Guy (– ouest de la), G.10.
cathédrale Saint-Guy (– sud de la), dit " Porte d'Or ", G.10[36].
couvent de Břevnov (– du), M.12.
couvent de Strahov (– du), F.9[a].
église Notre-Dame-des-Neiges (– de l'), I.I.
église Notre-Dame-du-Týn (– nord de l'), A.13 ; A.IV[a].
hôtel de ville de la Vieille-Ville (– de l'), A.9[5].
immeuble à appartements (– de l'), Široká ul., B.VI:9.
maison "Aux deux ours d'or" (– de la), C.3.
maison Diamant (– de la), I.25.
Maison du Bailli (– de la vieille), C.10.
maison Faust (– de la), I.V:40.

[Portail]
palais Černín (– du), F.7.
palais Clam-Gallas (– du), A.18.
palais Hrzan (– du), D.8.
Palais maltais (– du), D.11.
palais Millesimo (– de l'ancien), A.II:13.
palais Morzin (– du), E.8.
palais Nostic (– du), D.14.
palais Thun-Hohenstein (– du), F.2.
palais Thun-Hohenstein-Kolovrat (– du), E.7.
Porte
- Leopold, J.I[b].
- Malá Strana (– de), D.2.
- Mathias, au Château, G.2.
- Or (– d'), à la Cathédrale, G.10[36].
- Táborská, J.I[a].
Poste
Malá Strana (ancienne – de), D.VI:8.
Prague-centre (– de), H.IV: (909).
Presbytère Saint-Adalbert, I.14.
Prévôté (Vieux), au Château, G.III.
Puits, Malé nám., A.V.

Quai, voir : Nábřeží
Quartier
- juif, B.
- Na Františku, B.X.
Saint-Etienne (– de), I.VII.

Radiodiffusion tchèque (ancien siège de la), H.14.
Réfectoire (ancien)
abbaye de Strahov (– d'été de l'), F.9[f].
abbaye de Strahov (– d'hiver de l'), F.9[e].
Clementinum (– du), A.21.

Restaurant
- "Au vautour", A.II:22.
Barrandov (– de la tour de), N.7[b].
Evropa (– de l'hôtel), H.7.
Maison de la Municipalité (– de la), A.2.
- Moskva, H.I:29.
- Praha-Expo'58, L.5.
Réverbère
–, Jungmannovo nám., I.I.
–, pont du 1er Mai, I.11.
–, pont Svatopluk Čech, B.21.
Rotonde
- Saint-Longin, I.27.
- Saint-Martin, J.I[c].
- Sainte-Croix, C.15.
Rudolfinum, B.1.
Rue, voir : Ulice.
Ruelle, voir : Ulička.

Sacristie (vieille), à la Cathédrale, G.10[25].
Sala terrena
Břevnov (– du couvent de), M.12.
Ledebour-Trauttmansdorff (du palais), E.15.
Valdštejn (– du palais), E.16.
Vrtba (– du palais), D.20.
Salle
Actes (– des), au Carolinum, C.6.
- Brožík, au Château, G.3.
- capitulaire, au couvent de Strahov, F.9[d].
- Charles, au Château, G.11[16].
concert (– de)
- , à la Maison de la Municipalité, voir : Salle Smetana.
- , au Palais de la culture, J.2.

[Salle]
— , au palais Valdštejn, voir : Salle des fêtes.
— , au Rudolfinum, voir : Salle Dvořák.
Conseil (— du), à l'hôtel de ville de la Vieille-Ville, A.9.
Conseil aulique (— du), au Château, G.11[9].
Diète (— de la), au Château, G.11[11].
— Dvořák, au Rudolfinum, B.1.
— espagnole, au Château, G.6.
fêtes (— des), au palais Valdštejn, E.16.
— Georges, à l'hôtel de ville de la Vieille-Ville, A.9.
glaces (— des), au Château, G.3.
gymnastique (— de)
— "Bohemians", K.13.
Spartak (— de l'Union sportive), K.4.
mariages (— des), à l'hôtel de ville de la Nouvelle-Ville, I.19.
— mathématique, au Clementinum, A.21.
— Mozart, au Clementinum, A.21.
musique (— de), au Château, G.3.
Nouveaux registres provinciaux (— des), au Château, G.11[15].
— philosophique de la nouvelle bibliothèque, au couvent de Strahov, F.9[h].
— Plečnik, au Château, G.4.
Séances (— des), à l'hôtel de ville de la Vieille-Ville, A.9.

[Salle]
— Smetana, à la Maison de la Municipalité, A.2.
— Soběslav, au Château, G.11[18].
— thérésienne, au couvent de Břevnov, M.12.
trésor de Lorette (— du), F.8[c].
trône (— du), au Château, G.3.
— Venceslas IV, au Château, G.11[21].
— Vladislav, au Château, G.11[6].
Salon des Dames, au Château, G.3.
Sanctuaire Notre-Dame-de-Lorette, F.8.
Santa Casa, F.8[b].
Sécurité publique (siège central de la), C.V;11.
Séminaire
jésuites (ancien — des), C.VIII:5.
Vlašský, E.III:34.
Slavín, J.I[g].
Smíchov, M.I.
Spartakiades (grand stade des), M.8.
Stade
natation (— de), Podolí, N.3.
— Sparta, L.9.
Spartakiades (grand — des), M.8.
tennis (— central de), L.15.
Staré Město, voir : Vieille-Ville.
Station de métro, voir : Métro.
Strahov, F.9.
Střelecký (île), I.11.
Strešovice, M.IV.
Studios cinématographiques, Barrandov, N.7[c].
Štvanice (île de), L.14.

Synagogue
— Espagnole, B.16.
— Haute, B.6.
— Jubilaire, H.20.
— Klaus, B.4.
— Maisel, B.10.
— Pinkas, B.11.
— Vieille-Nouvelle, B.5.

Télévision tchécoslovaque, N.2.
Temple du Chœur Hus, K.6.
Tennis (stade central de), L.15.
Théâtre
Albatros (— pour enfants), I.II:29.
— Disk, A.VII:8.
Laterna Magika, I.4.
Maison des Enfants (— de la), H.I:15.
— Na Vinohradech, K.9.
— National, I.10.
National (nouveau —), I.9.
Nostic (ancien —), voir : Théâtre Tyl.
— Semafor, H.8.
— Smetana, H.16.
— Tyl, C.5.
Tombeau
Jan Vratislav de Mitrovice (— de), à l'église Saint-Jacques, A.15.
Jean Népomucène (— de saint), à la Cathédrale, G.10[16].
Tycho Brahé (— de), à l'église Notre-Dame-du-Týn, A.13.
Tour
Barrandov (— de), N.7[b].
— -beffroi
hôtel de ville de la Vieille-Ville (— de l'), A.9[2].
—, place Gorki, H.21.
— blanche, au Château, G.V.
— Daliborka, au Château,

G.V.
[Tour]
hôtel de ville de la Nouvelle-Ville (— de l'), I.19.
— noire, au Château, G.VI.
observatoire (— de l'), au Clementinum, A.21.
pont (— de)
Malá Strana (— de), D.2.
Vieille-Ville (— de la), A.24.
— poudrière, A.1.
Saint-Adalbert (—, près de l'église), I.14.
— Saint-Pierre, H.26.
Transport (administration des Entreprises de — de la Ville), L.14.
Trh
Ovocný —, C.II.
Uhelný —, C.IV.
Třída
Dlouhá —, B.XI.
Haštalská —, B.XII.
Husova —, C.VIII.
Jungmannova —, I.II.
Národní —, I.III.
Pařížská —, B.IX.
— Politických vězňů, H.IV.
Troja, L.IV.
Tunnel
Letná (— de), L.I.
Vyšehrad (— de), N.I.
Týn, A.14.

Ulice
Celetná —, A.II.
Dušní —, B.VIII.
Havelská —, C.III[b].
Hybernská —, H.VI.
Jilská —, C.VII.
Jiřská —, C.IV.
Kanovnická —, F.II.
Kaprova —, B.I.

[Ulice]
Karlova —, A.VII.
Karmelitská —, D.VII[b].
Kožná —, C.I[b].
Lázeňská —, D.IV.
Letenská —, E.V.
Loretánská —, F.IV.
Maislova —, B.V.
Melantrichova —, C.I[a].
Míšeňská —, D.II.
Mostecká —, D.III.
— Na Perštýně, C.V.
— Na poříčí, H.VII.
— Na příkopě, H.I.
— Na slupi, J.II.
Nerudova —, E.IV.
— Nový Svět, F.III.
Rytířská —, C.III[a].
Salvátorská —, B.VII.
Široká —, B.VI.
Sněmovní —, E.VIII.
Spálená —, I.VI.
Thunovská —, E.X.
Tomášská —, E.IX.
— Tržiště, E.II.
Týnská —, A.IV[b].
— U radnice, A.VI.
— U Sovových mlýnů, D.I[b].
— U starého hřbitova, B.IV.
— Újezd, D.VIII[a].
— V kotcích, C.III[c].
Valdštejnská —, E.VII.
Valentinská —, B.II.
Vinohradská —, H.III.
Vlašská —, E.III.
Ulička
Průchodní —, C.13.
Týnská —, A.IV[a].
— U zlaté studně [ruelle "Au puits d'or"], G.V.
Zlatá — [ruelle d'Or], G.V.
Université
— Charles, C.6.
faculté de droit de l' —, B.19.

[Université]
  faculté de mathématique et de physique de l'–, E.I:25.
  faculté de philosophie de l'–, B.III:2.
	[Université]
	  faculté des sports de l'–, D.18.
	  nouvelle –, L.III.
	  Vieille-Ville, A ; B ; C.
	Villa
		[Villa]
		– Amerika, I.29.
		– Bertramka, M.3.
		  Gröbe (ancienne –), K.1.
		– Kinský, M.4.
		– Šternberk, voir: Villa
			Troja.
			– Troja, L.30.
			Vinohrady, K.II.
			Vltava, A ; B ; C ; D ; I ; J ; L ; N.
			Vokovice, M.VI.
			Vršovice, K.I.
				Vyšehrad, J.I.
				Vysočany, K.V.
				
				Zbraslav, N.III.
				Žižkov, K.III.

La plus ancienne "vue" de Prague :
panorama avec la Vltava, Malá Strana et le Château, vus depuis Vyšehrad
[Gravure sur bois de Michael WOLGEMUT et Wilhelm PLEYDENWURFF, *in*: Hartmann SCHEDEL, *Liber chronicarum*, Nuremberg, 1493]

INDEX DES ARCHITECTES

(L'ordre alphabétique, conçu pour le lecteur francophone, ne tient pas compte de la place qu'occupent dans l'alphabet tchèque les mots commençant par Č, CH, Ř, Š et Ž.)

AICHBAUER, Jan Jiří (1685 - 1737)
■ 1734 : église de la Nativité, F.8[d].
ALBRECHT, Jiří
■ 1967-72 : Assemblée fédérale de la ČSSR, voir : Atelier GAMA.
ALLIPRANDI, Giovanni Battista (Laino ?, ca 1665 - Litomyšl, ca 1720)
Après un apprentissage à Vienne chez Francesco MARTINELLI, cet architecte italien travailla à son compte en Bohême.
■ 1696-1702 : palais Černín, F.7. (★★★)
■ 1698-1707 : ancien palais Šternberk (réalisation, avec J.B. SANTINI AICHL), F.4. (★★)
■ 1700 : maison *U Petzoldů* (palais Kaiserstein), E.I:23.
■ 1702 : ancien palais Hrzan, A.II:12. (★)
■ 1703-13 : palais Lobkowicz, E.5. (★★★)
■ 1715 : Colonne de la Peste, Malá Strana, E.I.
Arras, MATHIEU d', voir : MATHIEU.
Atelier 5
■ 1983-85 : K. KOUTSKÝ et J. KOZEL : patinoire *PKOJF*, L.20.
Atelier GAMA
■ 1967-72 : K. PRAGER, avec J. ALBRECHT et J. KADEŘÁBEK : Assemblée fédérale de la ČSSR, H.25. (★★)

Atelier PÚP
■ 1960-67 : J. POLÁK, avec e.a. J. NOVOTNÝ, S. HORÁK, F. ŠMOLÍK et F. URBÁNEK : cité résidentielle Invalidovna, K.18.
AVOSTALIS de SALA Ulrico (Savosa, ? - ?, 1597)
Originaire du Tessin, cet architecte italien de la Renaissance tardive, formé chez Bonifác WOHLMUT et Gian Battista AVOSTALIS, devint à partir de 1575 l'architecte impérial au service, d'abord de Maximilien II, puis de Rodolphe II.
■ 1557-63 : Belvédère royal (avec P. della STELLA et B. WOHLMUT), G.17. (★★)
■ 1562-64 : Palais archiépiscopal (réalisation), F.5. (★★)
■ 1565-69 : grande maison du Jeu de paume (avec B. WOHLMUT), G.16.
■ 1575 : chapelle du tombeau de saint Adalbert, à la Cathédrale, G.10.
■ 1576 (?) : anciennes écuries, au Château, G.7. (★)
■ 1589 : maison "Au cygne d'or", E.VIII:10. (★)

BABUŠKA, Milan
■ 1938-41 : Musée technique et agricole, L.6.

BALCÁREK, Ferdinand (1904 - 1964)
■ 1926-66 : grand stade des Spartakiades (avec K. KOPP et A. DRYÁK), M.8.
BALŠÁNEK, Antonín (Český Brod, 1865 - Prague, 1921)
Architecte et dessinateur, d'abord adepte de la néo-Renaissance, qui réalisa par la suite quelques œuvres Jugendstil remarquables.
■ 1895-98 : Musée de la ville de Prague (avec A. WIEHL), H.24.
■ 1901 : pont du 1er Mai, I.11. (★)
■ 1903-11 : Maison de la Municipalité (avec O. POLÍVKA et J. CHOCHOL), A.2. (★★★★)
BAREK, Josef
■ 1928-37 : cité résidentielle de Barrandov (avec M. URBAN), N.7[a]. (★)
BARVITIUS, Antonín Viktor (1823 - 1901)
Architecte et peintre néo-renaissant.
■ 1871-81 : Maison centrale des Jeunes pionniers Julius Fučík, K.1.
■ 1881-85 : église Saint-Venceslas, Smíchov, M.2. (★)
BAYER, Pavel Ignác (1656 - 1733)
■ 1722 : église Saint-Gall (façade) (avec J.B. SANTINI AICHL), C.4. (★★)
■ 1730-36 : église Saints-Cyrille-et-Méthode, Nové Město (avec K.I. DIENZENHOFER),

I.17. (★★)

BĚLSKÝ, Quido
- 1897 : maison *U České orlice* (réalisation), A.II:30 ; C.7.

BENDELMAYER, Bedřich (1872 - 1932)
Elève puis collaborateur de F. OHMANN. Un des plus éminents représentants à Prague de la Sécession.
- 1898-1902 : ancien hôtel Central (avec F. OHMANN et A. DRYÁK), (?)H.VI:10. (★★)
- 1903-04 : immeuble à appartements, U Prašné brány, A.6. (★★)
- 1903-06 : grand hôtel *Evropa* (avec A. DRYÁK), H.7. (★★★)
- 1911-12 : palais Hvězda, (?) H.II:36.
- ? : immeuble à appartements, Maislova ul., B.7.

BENŠ, Adolf (Pardubice, 1894 - Prague, 1982)
- 1926-35 : administration des Entreprises de transport de la Ville de Prague (avec J. KŘÍŽ), L.14. (★)

BÍLEK, František (Chýnov, 1872 - Chýnov, 1941)
Sculpteur et dessinateur représentatif du symbolisme.
- 1911-12 : maison personnelle avec atelier, L.3. (★)

BLAŽEK, Zdeněk
- 1928-34 : maison Lužná, à Baba, L.29[16].

BLECHA, Matěj (1861 - 1919)
- 1906 : immeuble à appartements, Široká ul., B.VI:11. (★★)
- 1910-12 : maison Diamant (avec L. SKŘIVÁNEK et A. PFEIFFER), I.25. (★)

- 1912-16 : Ancienne Banque morave, H.9. (★★)

BOŘKOVEC, Aleš
- 1961-65 : hall de sports Sparta (avec V. JEŽEK), L.10.

BOSSI, Domenico de (Monte, ? - Prague, ? av. 1628)
Maître-maçon italien, établi à Prague sans doute dès 1590.
- 1608-17 : chapelle Vlašský, E.III:34.

BRAUN
- 1878 : maison Mikkeš, A.9[7].

BUBENÍČEK, Karel
- 1968-74 : hôtel Intercontinental (avec K. FILSAK et J. ŠVEC), B.20.

CAMPIONE de BOSSI, Giovanni (? - 1622)
- 1617-22 : hôtel de ville de Malá Strana, E.3. (★)

CANEVALE, Giacomo Antonio (1644? - ?)
- 1694-1700 : Manège royal, au Château (réalisation), G.18. (★)

CANEVALE, Giovanni Domenico (ca 1637 - 1685)
- 1684 : ancien couvent paulinien, A.III:7. (★)

CANEVALE, Marcantonio (Lanzo d'Intelvi, 1652 - Prague, 1711)
Architecte italien actif à Prague à partir de 1674.
- 1698-1704 : église Sainte-Ursule, I.8. (★★)

CARATTI, Francesco (Bissone, ? - Prague, 1677/79)
On sait très peu de choses au sujet de cet architecte italien originaire du Tessin, si ce n'est qu'il aurait passé la majeure partie de sa vie à Vienne. C'est dans cette ville qu'il aurait reçu sa formation, mais son activité n'y est nullement attestée, au contraire de ses nombreuses œuvres en Bohême, où il a, avec d'autres, introduit le style baroque monumental d'inspiration romaine qui se développait au XVIIe siècle en Italie, spécialement en Lombardie.
- 1631-44 : palais Michna de Vacínov (aile baroque), D.18. (★)
- 1653 : Clementinum (bâtiment ouest), A.21. (★★★)
- 1653-59 : église du Saint-Sauveur (porche), A.22.
- 1656-78 : église Sainte-Marie-Madeleine (avec K. DIENZENHOFER), D.VII[b]:2.
- 1660-70 : (attr.) palais Nostic, D.14. (★★)
- 1664 : fontaine de l'Aigle, au Château, G.11[1].
- 1669-77/79 : palais Černín, F.7. (★★★)

ČENSKÝ, Alois Jan (Beroun, 1868 - Prague, 1954)
- 1905-09 : Théâtre Na Vinohradech, K.9. (★)

ČERNÝ, František M. (1903 - 1978)
- 1965-68 : église du couvent "d'Emmaus", Na Slovanech (reconstruction), I.22

CHOCHOL, Josef (Písek, 1880 - Prague, 1946/56)
Après des études à Vienne chez Otto WAGNER par lequel il fut — très brièvement — influencé à ses débuts, Josef CHOCHOL devint par la suite l'un des promoteurs du cu-

bisme tchèque, au sein duquel ses réalisations sont au nombre des œuvres marquantes, avant de subir fortement, à partir des années 20, l'influence du constructivisme russe (voir son projet, non réalisé, pour le Théâtre Libéré à Prague, 1927).
- 1903-11 : Maison de la Municipalité (avec A. BALŠÁNEK et O. POLÍVKA), A.2. (★★★★)
- 1911-13 : immeuble à appartements, Vyšehrad, J.3. (★★★)
- 1912-13 : maison pour trois familles, Vyšehrad, J.5.
- 1912-13 : maison unifamiliale, Vyšehrad, J.4. (★★)

Collectif V.P.Ú.
- 1951-56 : hôtel International (avec F. JEŘÁBEK), L.28.

CUBR, František (1911 - 1976)
- 1957-60 : pavillon de l'Expo'58 (avec J. HRUBÝ et Z. POKORNÝ), L.21. (★)
- 1957-60 : restaurant Praha-Expo'58 (avec J. HRUBÝ et Z. POKORNÝ), L.5.
- 1964 : anciennes écuries, au Château (aménagement en galerie de peinture) (avec J. HRUBÝ), G.7. (★)
- 1970-75 : couvent des bénédictines, au Château (aménagement en galerie d'art) (avec J. PILAŘ). G.14. (★★★)

DIENZENHOFER, Kilián Ignác (Prague, 1689 - Prague, 1751)
Un des plus grands architectes de Bohême. Il y porta le style baroque à son sommet en lui imprimant profondément sa marque personnelle. On pense qu'il a effectué son apprentissage chez son père Kryštof, dont il acheva plusieurs œuvres — mais qu'il ne tarda pas à surpasser, tant par la qualité que par la quantité de sa production. De 1707 à 1717, puis de nouveau en 1725, il semble avoir séjourné à Vienne où il a peut-être suivi l'enseignement de Lukas von HILDEBRANDT. Il travailla surtout à Prague, essentiellement à partir de 1717, où il construisit une série d'églises remarquables. A partir de 1730, il s'attela à des édifices particulièrement imposants, comme l'hospice des Invalides. Les œuvres de la fin de sa vie, dont le palais Sylva-Taroucca est l'un des rares témoins à Prague, attestent l'extrême raffinement atteint par cet artiste de génie en pleine possession de ses moyens. (Hors de Prague, son œuvre est également considérable.) [NORBERG-SCHULZ 1968 ; VILÍMKOVÁ 1986]
- 1715-20 : pavillon de plaisance Michna de Vacínov (villa Amerika), I.29. (★★)
- 1718-22 : chapelle Saint-Jean-Népomucène, à la basilique Saint-Georges (avec K. DIENZENHOFFER et F.M. KAŇKA), G.14[7]. (★)
- 1720-23 : sanctuaire Notre-Dame-de-Lorette (façade) (avec K. DIENZENHOFER), F.8[a]. (★★★)
- 1720-28 : église Saint-Jean-Népomucène, Hradčany, F.6. (★★)
- 1723-25 : église Notre-Dame des Elisabéthines, J.II:8. (★)
- 1723-31 : église Saint-Thomas, E.9. (★★)
- 1724-31 : hôpital des Dames élisabéthines, Na slupi, J.II:6.
- 1725-28 : pavillon Portheimka, M.1. (★★)
- 1725-31 : église Saint-Barthélemy, C.12.
- 1726 : maison " Au cerf d'or ", E.IX:4. (★)
- 1729-39 : église Saint-Jean-Népomucène-sur-le-Rocher, I.21. (★★★★)
- 1730-36 : église Saints-Cyrille-et-Méthode, Nové Město (avec P.I. BAYER), I.17. (★★)
- 1730-37 : hospice des Invalides, Karlín, K.17. (★)
- 1732-37 : église Saint-Nicolas de la Vieille-Ville, A.10. (★★★★)
- 1736 : séminaire des jésuites (façade), C.VIII:5.
- 1736 : hospice des vieux prêtres, I.18.
- 1737 : salle des Nouveaux registres provinciaux, au Château, G.11[15].
- 1737-38 : église Sainte-Catherine (avec F.M. KAŇKA), I.28. (★★)
- 1737-52 : église Saint-Nicolas de Malá Strana (avec K. DIENZENHOFER), E.1. (★★★★)
- 1739-42 : couvent et église Sainte-Marguerite, Břevnov (avec K. DIENZENHOFER), M.12. (★★★)
- 1743-51 : palais Sylva-Taroucca (avec A. LURAGO), H.3. (★★)
- 1747-51 : sanctuaire Notre-Dame-de-Lorette (cloîtres), F.8[c].
- 1750 : palais Pachta, A.II:31. (★)
- ? : palais Golz-Kinský (conception), A.11. (★★★)
- ? : maison, Míšeňská ul., D.5.

■ ? : maison "Aux deux tourterelles", D.15.

DIENZENHOFER, Kryštof (Aibling, 1655 - Prague, 1722)
Sans doute l'un des six (?) frères de cette illustre famille d'architectes d'origine bavaroise. A une certaine date, ils se seraient rendus à Prague, mais tous, à l'exception de Kryštof, seraient rapidement retournés dans leur pays natal. Celui-ci, dont l'activité en Bavière se résumerait à sa collaboration avec Georg à l'abbaye de Waldsassen, se fixa définitivement en Bohême vers 1685. Dans le cadre de la germanisation que lui imposèrent à l'époque les Habsbourg, cette région fut le théâtre d'une extraordinaire floraison de l'art baroque. Kryštof fut, avec son fils Kilián Ignác, un des grands maîtres de ce style, développant un jeu de formes géométriques complexes, inspiré de BORROMINI et de GUARINI. [📖 VILIMKOVÁ 1986]
■ 1700-13 : église Sainte Marie-Madeleine (avec F. CARATTI), D.VII[b]:2.
■ 1700-22 : couvent et église Sainte-Marguerite (avec K.I. DIENZENHOFER), M.12. (★★★)
■ 1703-17 : église Saint-Nicolas de Malá Strana (avec K.I. DIENZENHOFER), E.1. (★★★★)
■ 1704 : maison Valkoun (remaniement), E.IV:14.
■ 1716-22 : sanctuaire Notre-Dame-de-Lorette (façade), F.8[?]. (★★★)
■ 1718-22 : chapelle Saint-Jean-Népomucène, à la basilique Saint-Georges (avec K.I.

DIENZENHOFER et F.M. KAŇKA), G.14 [7]. (★)
■ ? : maison, Míšeňská ul., D.4.

DROBNÝ, Zdeněk (°1934)
■ 1978 : station de métro Malostranská (jardin), E.11. (★)

DRYÁK, Alois (Olšany, 1872 - Prague, 1932)
■ 1897-1912 : monument Palacký (avec S. Sucharda), I.23. (★)
■ 1898-1902 : ancien hôtel Central (avec F. OHMANN et B. BENDELMAYER), (?) H.VI:10. (★★)
■ 1903-06 : grand hôtel *Evropa* (avec B. BENDELMAYER), H.7. (★★★)
■ 1925 : ancienne maison syndicale, C.V:11.
■ 1926-66 : grand stade des Spartakiades (avec F. BALCÁREK et K. KOPP), M.8.

DU PREE, František Ignác
■ 1741-42 : église Saint-Michel des servites (remaniement), C.1.
■ ? : couvent des servites (cloître), C.1 ; A.III : 27/28.
■ ? : palais Colloredo-Mansfeld, A.VII:2.

DUŠEK, Jiří
■ 1980-84 : station de métro Fučíkova, voir : Metroprojekt K.U.O.

EDEL, Zdeněk
■ 1959-68 : Parkhotel (avec J. LAVIČKA), L.17. (★)

EISLER, Johnny
■ 1970-75 : grand magasin Máj, voir : Stavoprojekt SIAL 02.

ENGEL, Antonín (1879 - 1958)
■ 1922-32 : place de la Révolution d'Octobre, L.III.

FANTA, Josef (Sudoměřice, 1856 - Prague, 1954)
D'abord élève puis collaborateur de J. ZÍTEK, ensuite assistant dès 1881 de J. SCHULZ, cet architecte, dont les premières œuvres relèvent de l'historicisme de ses maîtres, subit, après 1900, l'influence de la Sécession, comme en témoignent ses meilleures réalisations.
■ 1901-09 : Gare centrale, H.17. (★★)
■ 1903-06 : maison Hlahol, I.IV:16.
■ ap. 1945 : maison Wiehl (reconstruction de la façade), H.II:34.

FELLNER, Ferdinand (1847 - 1916)
L'association de F. FELLNER et H. HELMER, dont le siège était à Vienne, fut, entre 1875 et 1914, le plus important bureau d'architecture de théâtres d'Europe, auteur de plus de 70 projets, dont une cinquantaine furent réalisés, principalement dans l'Empire austro-hongrois, mais aussi à Berlin, Odessa, Wiesbaden, Zurich, Sofia et New York.
■ 1888 : Théâtre Smetana (avec H. HELMER), H.16. (★★★)

FENCL, Ferdinand
■ 1947-52 : polyclinique de la faculté de médecine, I.V:32/33.

FENCL, Vladimír (°1940)
■ 1975-77 : immeuble Koospol (avec S. FRANC et J. NOVÁČEK), M.15. (★)

FERSTEL, Heinrich von (Vienne, 1828 - Vienne, 1883)
Avec von SCHMIDT, HASENAUER et HANSEN, von FERSTEL fut l'un des quatre grands architectes de la *Ringstrasse* viennoise. Ardent partisan, comme SEMPER, du style néo-Renaissance, il est l'auteur de très nombreux bâtiments publics importants à Vienne (dont la Banque nationale austro-hongroise, son chef-d'œuvre).
- 1867-68 : Galerie Rodolphe, au Château (aménagement : conception), G.6. (★★)

FIALA, Karel
- ? : chambre des Vieux registres provinciaux, au Château (aménagement), G.11[20]. (★)

FILSAK, Karel (°1917)
- 1968-74 : hôtel Intercontinental (avec J. ŠVEC et K. BUBENÍČEK), B.20.

FIRBAS, K.
- ? : centre d'information, au Château, G.II.

FISCHER, Georg (1768 - 1828)
Architecte viennois qui enseigna à Prague où il fut l'un des rares représentants du style Empire.
- 1810 : maison *U hybernů*, A.3. (★)
- 1816-24 : église Sainte-Croix, H.I. (★)

FISCHER von ERLACH, Johann Bernhard (Graz, 1656 - Vienne, 1723)
Le plus grand architecte baroque autrichien. Formé en Italie, sans doute auprès de Carlo FONTANA, il s'installe en 1685 à Vienne, où il devient architecte de la Cour en 1704. Auteur de plusieurs églises à Salzbourg et à Vienne, il a également projeté nombre de palais, dont le Clam-Gallas à Prague, l'une de ses rares œuvres majeures hors d'Autriche. Son style est une synthèse d'éléments du baroque (BERNINI, BORROMINI, da CORTONA), du baroque tardif (FONTANA) et du premier classicisme (MATHEY et d'autres). En dépit de cette approche éclectique, les chefs-d'œuvre de FISCHER von ERLACH, comme Saint-Charles-Borromée ou Schönbrunn à Vienne, témoignent d'une authentique originalité. Son traité, *Entwurf einer historischen Architektur* (Vienne, 1721), est le premier en Occident à inclure (et illustrer) l'architecture égyptienne et la chinoise.
- 1669 : ostensoir aux diamants, Lorette, F.8 [c].
- 1713-19 : palais Clam-Gallas, A.18. (★★)
- 1714 : tombeau de Jan Vratislav de Mitrovice (avec F.M. Brokof), A.15. (★★★)

FISCHER von ERLACH, Josef Emanuel (Vienne, 1693 - Vienne, 1742)
Fils de Johann Bernhard dont il acheva plusieurs œuvres.
- 1733-36 : tombeau de saint Jean Népomucène, à la Cathédrale (avec J. Würth), G.10 [16].

FIŠER, Jaroslav
- 1928-34 : maison Joska, à Baba (avec K. FIŠER), L.29[7].

FIŠER, Karel
- 1928-34 : maison Joska, à Baba (avec J. FIŠER), L.29[7].

FONTANA, O.
- 1601 : anciennes écuries, au Château, G.7. (★)

FRAGNER, Jaroslav (1898 - 1967)
Fondateur, avec K. HONZÍK, E. LINHART et V. OBRTEL, du groupe dit " des Quatre Puristes ". Ses œuvres de la fin des années 20 et du début des années 30, principalement des usines, sont représentatives de son style dépouillé. Après la Seconde Guerre mondiale, il se consacra à la reconstruction de plusieurs monuments historiques.
- 1946-50 : Carolinum (restauration et rénovation), C.6.
- 1950-52 : chapelle de Bethléem (reconstruction), C.17.
- 1960-69 : Carolinum (restauration et rénovation), C.6.
- 1965 : aménagements au Château, G.II.
- 1967 : fontaine au Lion, au Château (avec V. Makovský), G.9.

FRANC, Stanislav (°1928)
- 1966-69 : maison d'édition Albatros (avec L. HANF), I.III:29.
- 1975-77 : immeuble Koospol (avec V. FENCL et J. NOVÁČEK), M.15. (★)

FUCHS, Josef (1894 - 1979)
- 1924-28 : Palais des foires (avec O. TYL), L.16. (★★)
- 1928-34 : maison Munk, à Baba, L.29[1].

GARGIOLI, Giovanni (? - 1585)
- 1597-98 : Galerie Rodolphe, au Château (avec A. VALENTI), G.6. (★★)

GILLAR, Jan (Příbor, 1904 - Prague, 1967)
- 1931-35 : école primaire et gymnase français, Dejvice, L.25. (★)

GOČÁR, Josef (Semín, 1880 - Jičín, 1945)
Avec P. JANÁK et J. CHOCHOL, Josef GOČÁR fut un représentant éminent de la génération de l'avant-garde cubiste, dont l'exemple prépara le fonctionnalisme tchèque. De 1923 jusqu'à sa mort, il enseigna l'architecture à l'Académie des Beaux-Arts de Prague ; avec P. JANÁK et O. NOVOTNÝ, ce sont les plus importants architectes-pédagogues de la génération post-KOTĚRA. Personnalité à la créativité multiforme, GOČÁR fut partisan à ses débuts des théories cubistes, qu'il tenta ensuite de concilier avec une certaine tradition nationale, avant de réaliser dans les années 20-30 plusieurs édifices en style fonctionnaliste.
- 1911-12 : maison "A la Vierge noire", A.7. (★★★)
- 1911-12 : maison pour deux familles, L.1.
- 1922-25 : Banque Legio (avec J. Štursa et O. Gutfreund), H.25. (★★)
- 1924-26 : Institut de formation en agriculture, K.10. (★)
- 1926-28 : (?) immeuble commercial Bat'a (avec L. KYSELA et le bureau d'études Bat'a), H.II:6.
- 1927-33 : église Saint-Venceslas, Vršovice, K.5. (★)
- 1928-34 : maison Glücklich, à Baba, L.29[20a].
- 1928-34 : (?) maison Bělehrádek, à Baba, L.29 [30].
- 1928-34 : maison Kytlica, à Baba, L.29[31].
- 1928-34 : maison Maule, à Baba, L.29[32].
- 1933 : maison Lom, à Baba, L.29[21].

GOLDSCHMIED de HERZ, Juda
- 1625 : synagogue Pinkas (remaniement), B.11.

GRÉGR, Vladimír (1902 - 1943)
- 1928-37 : maison(s?), à Barrandov, N.7[a].

GROTTE, Alfréd
- 1893-1905 : synagogue Maisel, B.10.

GRUEBER, Bernard (1807 - 1882)
- 1858-63 : église Notre-Dame dite " de Na slupi " (restauration), J.II:2.

HAFFENECKER, Antonín (1725 - 1789)
- 1753-75 : Palais royal (réalisation) (avec A. KUNZ et A. LURAGO), G.3. (★)
- 1760 : palais Nostic (portail), D.14. (★★)
- ca 1780 : palais Sweerts-Sporck, H.VI:3.
- 1781-83 : Théâtre Tyl, C.5. (★★)

HAFFENECKER, Tomáš
- 1728-31 : ancien couvent des Chevaliers de l'Ordre de Malte, D.IV:4.

HANF, Luděk
- 1966-69 : maison d'édition Albatros (avec S. FRANC), I.III:29.

HAUSKNECHT, Henri (1774 - 1823)
- 1813-25 : maison Platýz, I.III:37 ; C.IV:11. (★)

HAVEL, Václav (1861 - 1921)
- 1907-21 : palais Lucerna, H.9.

HAVLÍČEK, Josef (Prague, 1899 - Prague, 1961/62)
Partisan de la doctrine des C.I.A.M. et des thèses de LE CORBUSIER, Josef HAVLÍČEK a construit, surtout dans les années 30, d'importants bâtiments qui comptent parmi les meilleurs exemples à Prague du fonctionnalisme.
- 1929-33 : maison du Conseil central des syndicats (ancien Institut général des pensions) (avec K. HONZÍK), K.14. (★★★)
- 1936-37 : immeuble collectif Molochov, L.8. (★)

HEGER, Filip
- 1798 : palais Příchovský, H.I:22. (★)

HELMER, Hermann Gottlieb, voir : FELLNER, Ferdinand
- 1888 : Théâtre Smetana (avec F. FELLNER), H.16. (★★★)

HEYTHUM, Antonín (1901 - 1954)
Architecte et scénographe.
- 1928-34 : maison Lisý, à Baba (avec E. LINHART), L.29[6].

HIESER, Otto
- 1891 : pavillon Hanavský, L.4. (★)

HILBERT, Kamil (Louny, 1869 - Prague, 1933)
- 1899-1929 : cathédrale Saint-Guy (achèvement), G.10. (★★★★)
- 1904-05 : immeuble à appartements, Gottwaldovo nábř., I.IV:26.
- 1905 : hôtel de ville de la Nouvelle-Ville (restauration) (avec A. WIEHL), I.19. (★)

HILSKÝ, Václav (°1909)
- 1937-39 : groupe de 600 logements, Břevnov (avec R. JASENSKÝ, V. JECH et K. KOŽELKA), M.9. (★)

HLAVATÝ, Josef
■ 1960-63 : Maison des Enfants, au Château, G.VI:4.

HOFMAN, Vlatislav (Jičín, 1884 - Prague, 1964) Architecte, peintre, graphiste et scénographe. Théoricien du cubisme, il fonda, avec J. CHOCHOL, P. JANÁK et J. GOČÁR, les "Ateliers d'Art de Prague" voués à la création de mobilier cubiste.
■ 1913 : réverbère cubiste, I.I. (★★)
■ 1929-33 : pont Jirásek (avec F. MENCL), I.13.

HOLÝ, Jiří
■ 1960-70 : bâtiment de la télévision tchécoslovaque, N.2.

HONKE-HOUFEK, Olivier (°1925)
■ 1975-77 : immeuble-tour Motokov (avec Z. KUNA, Z. STUPKA, M. VALENTA et J. ZDRAŽIL), N.6. (★★)

HONZÍK, Karel (1900 - 1966) Formé à l'Université Technique de Prague (où il deviendra professeur en 1945), fondateur avec E. LINHART, J. FRAGNER et V. OBRTEL du groupe dit "des Quatre Puristes", Karel HONZÍK s'engagea, à partir de 1935 environ, dans une activité théorique et littéraire, développant les idées proches à bien des points de vue du bioréalisme de l'Américain Richard NEUTRA.
■ 1929-33 : maison du Conseil central des syndicats (ancien Institut général des pensions) (avec J. HAVLÍČEK), K.14. (★★★)

HORÁK, Stanislav
■ 1960-67 : cité résidentielle Invalidovna, voir : Atelier PÚP.

HOŘOVSKÝ, Žalman, dit "Munka"
■ 1535 : synagogue Pinkas, B.11.

HOUBA, A.
■ 1928-37 : maison(s?), à Barrandov, N.7[a].

HRUBÝ, Josef (°1906)
■ 1957-60 : pavillon de l'Expo'58 (avec F. CUBR et Z. POKORNÝ), L.21. (★)
■ 1957-60 : restaurant Praha-Expo'58 (avec F. CUBR et Z. POKORNÝ), K.5.
■ 1964 : anciennes écuries, au Château (aménagement en galerie de peinture) (avec F. CUBR), G.7. (★)

HUBÁČEK, Karel (°Prague, 1924)
■ 1982s. : Palais des foires (rénovation), voir : Stavoprojekt SIAL 02.

HUBIČKA, Stanislav (°1930)
■ 1965-73 : pont Klement Gottwald (avec S. KOBR et V. MICHÁLEK), J.1.
■ 1974 : maison de l'Union internationale des étudiants (avec V. POKORNÝ), B.18.

HUMMEL, Mathias
■ 1791 : palais Liechtenstein (façade), E.I:13.

JÄGER, František Josef (1731 - 1793)
■ ap. 1763 : palais Smiřický-Montágů (reconstruction), E.2. (★)
■ 1767-68 : palais Turba, D.12. (★)
■ 1772 : maison "A la table de pierre", E.I:28.
■ ? : (attr.) maison "A la botte blanche", D.I [a]:13.

JANÁK, Pavel (Prague, 1882 - Prague, 1956) Formé à l'école viennoise d'Otto WAGNER, Pavel JANÁK perçut rapidement dans le rationalisme de celui-ci un risque d'uniformisation. En 1911, il fonda avec d'autres architectes — notamment GOČÁR et CHOCHOL —, des peintres et des sculpteurs, un groupe d'artistes qui prépara et publia les manifestes du cubisme. JANÁK fut l'inspirateur et le principal théoricien de ce mouvement ; il voyait l'architecture comme la spiritualisation de la matière par une approche poétique de la forme — qui se concrétisa en un développement tridimensionnel des façades. Un moment, il s'éloigna sensiblement de ces principes dans ses œuvres plus académiques du rondocubisme, avant de subir l'influence bénéfique de l'architecture en brique de l'Ecole d'Amsterdam, et de développer son propre style fonctionnaliste. Fervent admirateur de Jože PLEČNIK, il lui succéda par deux fois. D'abord, en 1921, à l'Ecole des Arts décoratifs, où il se révéla un pédagogue remarquable. Ensuite, en 1936, au poste d'architecte en chef du Château. Il se consacra alors, jusqu'à la fin de sa vie, à la restauration d'importants monuments de Prague.
■ 1909-13 : pont Hlávka, L.14.
■ 1923-25 : palais Adrie (avec J. ZASCHE), I.4. (★)
■ 1928-34 : quartier Baba (conception générale), L.29. (★★★)
■ 1928-34 : maison Dovolil, à Baba, L.29[10].
■ 1928-34 : maison Lindová, à Baba, L.29[19].

- 1928-34 : palais Černín (restauration), F.7. (★★★)
- 1929-35 : temple du Chœur Hus, K.6.
- 1931-32 : hôtel Tatran, H.II:22. (★)
- 1932 : maison personnelle, à Baba, L.29[33].
- 1948-52 : pavillon de plaisance Hvězda (restauration), M.14. (★★)
- 1948-54 : Manège royal (reconstruction et rénovation), G.18. (★)
- 1950 : grande maison du Jeu de paume (restauration), G.26.
- 1952-55 : Belvédère royal (restauration), G.17. (★★)

JAROLIM, J.
- 1926-29 : immeuble *U Stýblů* (avec L. KYSELA), H.8.

JASENSKÝ, Rudolf
- 1937-39 : groupe de 600 logements, Břevnov (avec V. HILSKÝ, V. JECH et K. KOŽELKA), M.9. (★)

JECH, V.
- 1937-39 : groupe de 600 logements, Břevnov (avec V. HILSKÝ, R. JASENSKÝ et K. KOŽELKA), M.9. (★)

JEŘÁBEK, František
- 1951-56 : hôtel International (avec le collectif V.P.Ú.), L.28.

JEŽEK, Vladimír (°1926)
- 1961-65 : hall de sports Sparta (avec A. BOŘKOVEC), L.10.

JIRSÁK, Zbyněk
- 1936-45 : salle de gymnastique "Bohemians" (avec F. MAREK), K.13.

JURKOVIČ, Dušan (Turá Lúka, 1868 - Bratislava, 1947)
Par l'interprétation empreinte de folklore régional qu'il fit du style de la Sécession tchèque, cet architecte fut le principal artisan du renouveau de l'architecture slovaque à la fin du siècle passé.
- ? : abbaye de Zbraslav (aménagement), N.8. (★★★)

KADEŘÁBEK, J.
- 1959-60 : restaurant Moskva, H.I:29.
- 1967-72 : Assemblée fédérale de la ČSSR, voir : Atelier GAMA.

KALES, Josef
- 1982-86 : stade central de tennis (avec J. NOVOTNÁ), L.15.(★★★).

KAŇKA, Fantišek Maxmilián (Prague, 1674 - Prague, 1766)
Formé probablement en Italie, KAŇKA travailla essentiellement à Prague dans un style baroque très proche de celui des DIENZENHOFER avec lesquels il collabora à plus d'une occasion. Il fut également à maintes reprises le collaborateur de SANTINI AICHL, dont il acheva plusieurs œuvres après la mort de celui-ci.
- 1709-27 : abbaye de Zbraslav (avec J.B. SANTINI AICHL), N.8. (★★★)
- 1714-24 : couvent des augustins, Karlov, I.30.
- 1717-23 : palais Černín (transformations), F.7. (★★★)
- 1718 : Carolinum (remaniement), C.6.
- 1718-22 : chapelle Saint-Jean-Népomucène, à la basilique Saint-Georges (avec K. et K.I. DIENZENHOFER), G.14[7]. (★)
- 1719 : palais Buquoy-Valdštejn (reconstruction), D.9. (★★)
- ca 1720 : palais et jardins Vrtba, D.20. (★★)
- 1724-48 : Clementinum (avec A. LURAGO), A.21. (★★★)
- 1737-38 : église Sainte-Catherine (avec K.I. DIENZENHOFER), I.28. (★★)

KAVALÍR, František
- 1928-34 : maison Letošník, à Baba, L.29[12].
- 1928-34 : maison Uhlíř, à Baba, L.29[28].

KERHART, František
- 1928-34 : maison Peřina, à Baba, L.29[2].
- 1928-34 : maison Koštál, à Baba, L.29[9].
- 1928-34 : maison Jiroušková, à Baba, L.29[11].
- 1928-34 : maison Bautz, à Baba, L.29[20].
- 1928-34 : (?) maison Bělehrádek, à Baba, L.29[30].

KERHART, Vojtěch
- 1928-34 : maison Řezáč, à Baba, L.29[3].
- 1928-34 : maison Moravcová, à Baba, L.29[18].

KIRSCHNER, Ferdinand
Architecte viennois.
- 1866-68 : Salle espagnole (aménagement : réalisation), G.6. (★★)

KLENKA z VLASTIMILU, Richard (Prague, 1873 - Prague, 1954).
- 1911 : immeuble à appartements, Maislova ul. (avec F. WEYR), B.8. (★★)

KOBR, Svatopluk (°1929)
- 1965-73 : pont Klement Gottwald (avec S. HUBIČKA et V. MICHÁLEK), J.1.

KOCH, Henri
- 1827-31 : villa Kinský, M.4.

KOLÁTOR, Václav (1899-1946)
- 1929-30 : stade de natation, à Barrandov, N.7[b].

KOPP, Karel (1903 - 1956)
- 1926-66 : grand stade des Spartakiades (avec F. BALCÁREK et A. DRYÁK), M.8.

KOTĚRA, Jan (Brno, 1871 - Prague, 1923)
Jan KOTĚRA fit ses études à Vienne chez Otto WAGNER. L'influence de la Sécession viennoise est nettement perceptible dans la première partie de son œuvre (1898-1905), mais elle se combine à celle de l'art folklorique tchèque et de la littérature anglaise. En 1903, il se rend aux U.S.A. où il visite l'Exposition universelle de Saint-Louis et prend connaissance des premières œuvres de Frank Lloyd WRIGHT. Il voyage également en Hollande et en Angleterre. Tels sont les points de départ de la deuxième période de sa carrière (1906-12), la plus fructueuse, durant laquelle il introduit en Bohême l'architecture de brique et la conception dynamique de l'espace propre à WRIGHT. L'œuvre de KOTĚRA couvre non seulement tous les domaines de l'architecture, de la villa à la cité-jardin en passant par de grands édifices universitaires, mais aussi le mobilier, la verrerie et l'équipement industriel (trams) ; il s'illustra en outre comme peintre et comme graphiste. Enseignant, il a formé deux générations d'architectes : les cubistes (GOČÁR, NOVOTNÝ) à l'Ecole des Arts décoratifs et, à l'Académie des Beaux-Arts, les constructivistes (FUCHS, KREJCAR, BENŠ). Aussi est-il juste de dire, avec Henry VAN DE VELDE, que Jan KOTĚRA fut « l'initiateur en Bohême de l'architecture nouvelle ».
- 1898-1910 : maison Peterka (ancienne Banque populaire), H.6. (★★)
- 1909-10 : maison de l'éditeur Laichter, K.12. (★★)
- 1911-13 : Mozarteum, I.3. (★)
- 1919 : faculté de droit de l'Université Charles (conception), B.19. (★)
- 1921-23 : immeuble, třída Politických vězňů, H.IV:11.

KOULA, Jan (Český Brod, 1855 - Prague, 1919)
Architecte, dessinateur et théoricien
- 1906-08 : pont Svatopluk Čech (avec J. SOUKUP), B.21. (★★)

KOULA, Jan Emil (1896 - 1975)
- 1928-34 : maison Poláček, à Baba, L.29[17].

KOUTSKÝ, Karel
- 1983-85 : patinoire *PKOJF*, voir : Atelier 5.

KOZEL, Jan
- 1983-85 : patinoire *PKOJF*, voir : Atelier 5.

KOŽELKA, Karel
- 1937-39 : groupe de 600 logements, Břevnov (avec V. HILSKÝ, R. JASENSKÝ et V. JECH), M.9. (★)

KRÁLÍK, Josef (°1941)
- 1969-81 : Palais de la culture (avec J. MAYER, V. USTOHAL, A. MAREK et A. VANĚK), J.2. (★)

KRANNER, Josef Ondřej (1801 - 1871)
- 1840 : piscine municipale, Malá Strana, E.VI:(377).
- 1871 : cathédrale Saint-Guy (achèvement), G.10. (★★★★)
- ? : monument à François Ier, C.X.

KRÁSNÝ, Václav
- 1958-62 : hall de sports Č.S.T.V., L.19.

KREJCAR, Jaromír (Hundsheim, 1895 - Londres, 1949)
Après un apprentissage de maçon et une activité de chef de chantier jusqu'en 1918, Jaromír KREJCAR entreprend à Prague des études d'architecture (sous la direction de J. KOTĚRA) à la fin desquelles il entre dans l'atelier de J. GOČÁR chez qui il travaille jusqu'en 1923, année où il devient architecte indépendant. Avec le théoricien Karel TEIGE, il est un des animateurs du groupe d'avant-garde *Devětsil* ; il édite, à partir de 1922, *Život II*, organe par le biais duquel les idées puristes et constructivistes pénètrent en Tchécoslovaquie. Il participe à plusieurs concours et réalise, entre 1923 et 1927, l'immeuble Olympic qui le rendra immédiatement célèbre. De 1933 à 1935, il séjourne en U.R.S.S. où il travaille avec Moisej GINZBURG, un des leaders du constructivisme russe. De retour en Tchécoslovaquie, il remporte le concours pour le pavillon de l'Exposition de 1937 à Paris, mais poursuit son activité sans le même élan. Après la Seconde Guerre mondiale, il enseigne quelque temps à Brno. En 1948, il part enseigner à l'*Architectural Association School* à Londres, où il

meurt l'année suivante. [📖URLICH 1987]
- 1923-27 : immeuble Olympic, I.VI:16. (★)

KŘÍŽ, Bohumil
- 1946-49 : cité Nové Podolí, N.5.

KŘÍŽ, Josef
- 1926-35 : Administration des Entreprises de transport de la Ville de Prague (avec A. BENŠ), L.14. (★)

KROHA, Jiří (Prague, 1893 - Prague, 1974)
Théoricien, architecte et scénographe. Représentant majeur de l'avant-garde culturelle et politique tchèque. Son œuvre, localisée en majeure partie à Brno, compte un grand nombre de logements, problème auquel il a consacré plusieurs études théoriques inspirées du socialisme soviétique. Ses réalisations des années 1918-22 se rattachent au mouvement cubiste pragois. Par la suite, il évolua vers une conception dynamique personnelle du fonctionnalisme.
- 1952-54 : Palais des congrès (remaniement) (avec P. SMETANA), L.18.

KUČA, O.
- 1978 : station de métro Malostranská, E.11. (★)

KUČEROVA-ZÁVESKÁ, Hana
- 1928-34 : maison Suková, à Baba, L.29[13].
- 1928-34 : maison Balling, à Baba, L.29[23].

KUCHAŘ, Gustav
- 1959-66 : stade de natation, Podolí (avec R. PODZEMNÝ), N.3.

KUNA, Zdeněk (°1926)
- 1975-77 : immeuble-tour Motokov (avec Z. STUPKA, M. VALENTA, J. ZDRAŽIL et O. HONKE-HOUFEK), N.6. (★★)

KUNZ, Anton
- 1753-75 : Palais royal (réalisation) (avec A. HAFFENECKER et A. LURAGO), G.3. (★)

KYSELA, Ludvík (1883 - 1960)
Au sein de l'avant-garde animée par Karel TEIGE dans les années 20 et 30, Ludvík KYSELA fut, avec J. KREJCAR, E. LINHART et O. STARÝ, l'un des promoteurs du fonctionnalisme à Prague. [📖PODESTA 1937 ; URLICH 1987:74]
- 1924-26 : immeuble commercial Lindt, H.II:4. (★)
- 1926-28 : (attr.) immeuble commercial Bat'a (avec J. GOČÁR (?) et le bureau d'études Bat'a), H.II:6.
- 1926-29 : immeuble *U Stýblů* (avec J. JAROLIM), H.8.
- 1928 : Maison des Enfants, H.I:15.

LAVIČKA, Jiří
- 1959-68 : Parkhotel (avec Z. EDEL), L.17. (★)

LHOTA, Karel
- 1929-31 : maison Müller (avec A. LOOS), M.13. (★★)

LINHART, Evžen (1898 - 1949)
Membre fondateur du groupe dit "des Quatre Puristes", puis de la section d'architecture de *Devětsil*, Evžen LINHART introduisit en Tchécoslovaquie, avec la construction de sa maison familiale, les idées fonctionnalistes de LE CORBUSIER, auxquelles il resta fidèle dans toutes ses œuvres.
- 1926-28 : maison personnelle avec atelier, L.27. (★)
- 1928-34 : maison Lisý (avec A. HEYTHUM), L.29[6].
- 1936-37 : école secondaire, Dejvice, L.26. (★)

LOOS, Adolf (Brno, 1870 - Vienne, 1933)
Adolf LOOS est l'un des initiateurs majeurs du Mouvement moderne. Son influence fut due, pour une large part, à ses pamphlets virulents dans lesquels il ne cessa de vitupérer l'ornement, davantage qu'à ses quelques œuvres dont la renommée mit un certain temps à franchir les frontières autrichiennes. Longtemps méconnue, l'œuvre de LOOS, qui fut certes à plus d'un égard un architecte plutôt traditionnel et conservateur, est plus justement appréciée aujourd'hui qu'on a mis en lumière son principal apport : considérer l'espace de la maison comme une totalité au sein de laquelle chaque pièce est fortement individualisée *(Raumplan)*.
- 1929-31 : maison Müller (avec K. LHOTA), M.13. (★★)

LUCCHESE
- 1560 : Bâtiment dit "municipal", au Château, G.8. (★)

LURAGO, Anselmo Martino (Côme, 1701/02 - Prague, 1765)
La plus grande partie de la carrière de cet architecte italien eut pour cadre Prague, où il fut longtemps le collaborateur de K.I. DIENZENHOFER, dont il acheva de nombreuses constructions.
- 1739 : maison, Malá Strana, E.III:26.

- 1743-51 : palais Sylva-Taroucca (avec K.I. DIENZENHOFER), H.3. (★★)
- 1747-49 : palais Černín (entrée). F.7. (★★★)
- 1748 : Clementinum, A.21.
- 1753-75 : Palais royal (réalisation) (avec A. KUNZ et A. HAFFENECKER), G.3. (★)
- 1755 : église Saint-Nicolas de Malá Strana (tour), E.1. (★★★)
- 1755 : établissement des Grandes Dames, au Château (réalisation), G.15.
- 1755-65 : palais Golz-Kinský (réalisation), A.11. (★★★)
- 1756-63 : chapelle Sainte-Croix, au Château (réalisation), G.9.

LURAGO, Carlo (Laino, 1615/18 - Passau, 1684)
Cet architecte italien originaire du Tessin, ami d'Antonín AICHL (le grand-père de SANTINI), fut surtout actif à Prague.
- 1638-48 : église Saint-Sauveur (transformation), A.22.
- ca 1660 : ancien palais Kinský, H.22. (★)
- 1660-62 : couvent des Chevaliers à l'Etoile Rouge, A.23.
- 1665-70 : église Saint-Ignace, I.20. (★★)
- 1677 : palais Lobkowicz, au Château, G.VI:1.
- 1679-89 : église Saint-François-Séraphin (réalisation), A.23. (★★)
- ? : église Notre-Dame-sous-la-Chaîne (chœur), D.7.

LURAGO, Antonio Giovanni
- 1716-27 : ancien palais Thun (façade), E.17.

LURAGO, Martin
- 1671-1738 : ancien couvent des carmes (réalisation). C.8.

MACHOŇ, Ladislav (Prague, 1888 - Prague, 1973)
Architecte et scénographe. Après avoir été l'élève de J. SCHULZ et de J. FANTA, il travailla, à partir de 1909, avec J. KOTĚRA.
- 1928-34 : maison Špišek, à Baba, L. 29[27].
- 1928-29 : faculté de droit de l'Université Charles (réalisation), B.19.(★)

MACHONIN, Vladimír
- 1972-74 : grand magasin Kotva (avec V. MACHONINOVÁ), H.27.

MACHONINOVÁ, Věra
- 1972-74 : grand magasin Kotva (avec V. MACHONIN), H.27.

MANDEL, Cyril
- 1964-69 : stade Sparta (avec V. SYROVÁTKA), L.9.

MAREK, A.
- 1969-81 : Palais de la culture (avec J. MAYER, V. USTOHAL, J. KRÁLÍK et A. VANĚK), J.2.(★)

MAREK, František
- 1936-45 : salle de gymnastique "Bohemians" (avec Z. JIRSÁK), K.13.

MAREK, Jan
- 1980-84 : Station de métro Fučíkova, voir : Metroprojekt K.U.O.

MARTINELLI, Domenico (Lucca, 1650 - Lucca, 1718)
Cet architecte italien eut une carrière très cosmopolite. A partir de 1678, il travailla chez Carlo FONTANA à Rome, où il enseigna la perspective à l'Académie Saint-Luc de 1683 à 1689 et de 1705 à 1716. Mais il construisit surtout en Europe centrale où, avec J.B. FISCHER von ERLACH, autre élève de FONTANA, il propagea les idées italiennes.
- 1698-1707 : palais Šternberk (conception), F.4.(★★)

MASÁK, Miroslav
- 1970-75 : grand magasin Máj, voir : Stavoprojekt SIAL 02.
- 1982s. : Palais des foires (rénovation), voir : Stavoprojekt SIAL 02.

MAŠEK, Karel Vítězslav (Komořany, 1865 - Prague, 1927)
Architecte, peintre et illustrateur. Après des études à Munich et à Paris, il fit l'essentiel de sa carrière à Prague, principalement comme décorateur.
- 1908 : immeuble à appartements, Široká ul., B.VI:9.(★★)

MATHEY, Jean-Baptiste (Dijon, ca 1630 - Paris, ca 1695)
Peintre et architecte bourguignon. Formé sans doute à Rome (chez Carlo FONTANA ?), où il aurait été en relation avec Nicolas Poussin, il est appelé en 1675 à Prague par le comte archevêque Valdštejn. C'est là qu'il réalisa la plus grande partie de son œuvre, ne se rendant plus en France que pour des voyages d'études. En dépit de ses origines françaises, MATHEY contribua à introduire en Bohême le style baroque romain.
- 1675-94 : Palais archiépiscopal (recons-

truction), F.5.(★★)
- 1679-85 : villa Šternberk, dite "Troja", L.30.(★★)
- 1679-89 : église Saint-François-Séraphin (conception), A.23.(★★)
- 1680-98 : abbaye de Strahov (réfectoire d'été), F.9[f].(★★★)
- ca 1682 : (?) palais Buquoy-Valdštejn, D.9.(★★)
- 1689-91 : palais Thun-Hohenstein, F.2. (★★)
- 1691-1717 : (?) église Notre-Dame-du-Perpétuel-Secours-chez-les-Théatins (avec J.B. SANTINI AICHL), E.6.
- 1694 : Manège royal, au Château (conception), G.18.(★)

MATHIEU d'Arras (? - 1352/53 ?)
Architecte d'origine française qui diffusa en Europe l'art gothique de son pays. Invité à Prague par Charles IV, il y entreprit l'édification de la Cathédrale, à laquelle il travailla jusqu'à sa mort.
- 1344-52/53 : cathédrale Saint-Guy, G.10. (★★★★)

MAYER, Jaroslav (°1925).
- 1969-81 : Palais de la culture (avec V. USTOHAL, A. MAREK, J. KRÁLÍK et A. VANĚK), J.2.(★)

MENCL, František (1879 - 1960)
- 1929-33 : pont Jirásek (avec V. HOFMAN), I.13.

Metroprojekt K.U.O.
- 1980-84 : J. DUŠEK et J. MAREK : station de métro Fučíkova, L.24.

MICHÁLEK, Vojtěch (°1931)
- 1965-73 : pont Klement Gottwald (avec S. HUBIČKA et S. KOBR), J.1.

MIKŠ, František
- 1908-14 : église Saint-Antoine, L.13.

MOCKER, Josef (Cítoliby, 1835 - Prague, 1899)
Josef MOCKER est surtout connu pour ses nombreuses restaurations de monuments historiques médiévaux.
- 1873-99 : cathédrale Saint-Guy (achèvement), G.10.(★★★★)
- 1874-78 : Tour de pont de la Vieille-Ville (restauration), A.24.(★★)
- 1875-86 : Tour poudrière (restauration et achèvement), A.1.(★★)
- 1879 : tour-beffroi, M. Gorkého nám. (remaniement), H.21.
- 1888-93 : église Sainte-Ludmila, K.8.

MONTOYER, Louis-Joseph (Mariemont, 1749? - Vienne, 1811?)
Architecte belge. Vers 1778, il s'établit à Bruxelles où il réalise, dans un style néo-classique sobre et élégant, un grand nombre de travaux importants, dont l'achèvement de l'église Saint-Jacques-sur-Coudenberg. Après les invasions françaises de 1792 et 1794, il se réfugie à Vienne où il réalisera plusieurs édifices importants.
- 1807(?) : palais Rohan (intérieur), D.VII[b]:8.

MÜNZBERGER, Bedřich (Prague, 1846 - Prague, 1928)
- 1876-78 : pont Palacký (avec J. REITER), I. 24.

- 1891 : Palais des congrès (avec F. PRÁŠIL), L.18.(★★)

NACHÁZEL
- 1986-87 : ancien palais Kinský (restauration), H.22.(★)

NIKLAS, J.
- 1882 : synagogue Espagnole, B.16.(★)

NOVÁČEK, Jan
- 1975-77 : immeuble Koospol (avec V. FENCL et S. FRANC), M.15.(★)

NOVOTNÁ, Jana
- 1982-86 : stade central de tennis (avec J. KALFS), L.15.(★★★)

NOVOTNÝ, Jiří (°1911)
- 1960-67 : cité résidentielle Invalidovna, voir : Atelier PÚP.

NOVOTNÝ, Otakar (Benešov, 1880 - Prague, 1959)
Après avoir été l'élève de J. KOTĚRA, Otakar NOVOTNÝ a apporté une contribution personnelle à toutes les phases de l'architecture moderne en Tchécoslovaquie, de la Sécession au fonctionnalisme en passant par le cubisme et le rationalisme. Sa période la plus intéressante se situe entre 1908 et 1914 quand, sous l'influence de BERLAGE et de l'Ecole hollandaise, il introduisit en Bohême un style rationaliste représenté par plusieurs maisons en briques (la plus remarquable étant la maison Štenc).
- 1908-11 : maison Štenc, B.13.(★★)
- 1917-19 : immeuble collectif avec magasins, Bílkova ul., B.17.(★★)
- 1923-25 : galerie Mánes, I.12.(★★)

OEMICHEN, Caspar
- 1598-1604 : ancien hôtel de ville de Hradčany, F.IV:1.

OHMANN, Friedrich (Lemberg, auj. Lvov en Ukraine, 1858 - Vienne, 1927)
Formé à Vienne, entre autres par KÖNIG dont il devint l'assistant, Friedrich OHMANN se rendit ensuite à Prague où il enseigna à l'Ecole des Arts et Métiers. Sous l'influence de la Sécession viennoise, son architecture éclectique — fondamentalement historiciste — gagna en souplesse et en fluidité. Cet architecte, sans doute le meilleur dessinateur de sa génération, devint ainsi l'auteur des premières œuvres "Sécession" à Prague.
- 1896-97 : maison Štorch, A.III:16.
- 1897 : maison *U české orlice* (conception), A.II:30 ; C.7.
- 1898-1902 : ancien hôtel Central (avec B. BENDELMAYER et A. DRYÁK), (?) H.VI:10.(★★)

ORSI de ORSINI, Giovanni Domenico (? - 1679)
Architecte d'origine italienne.
- 1626-31 : sanctuaire Notre-Dame-de-Lorette, (bâtiment frontal et *Santa Casa*) F.8[a,b].(★★)
- 1671-79 : abbaye de Strahov (bibliothèque théologique), F.9[g].(★★★★)
- ap. 1671 : ancien couvent des carmes (conception), C.8.
- 1673 : ancien collège des jésuites, Malá Strana, E.I:25.

OTRUBA, Jaroslav (°1916)
- 1974-78 : station de métro Muzeum (avec J. ŠPIČÁK et J. REITERMAN), H.11.

PACASSI, Niccolo (Wiener Neustadt, 1716 - Vienne, 1790)
Nommé en 1753 architecte de la Cour de Vienne, Niccolo PACASSI y réalisa pour l'impératrice Marie-Thérèse son œuvre essentielle : l'agrandissement du château de Schönbrunn construit sur les plans de J.B. FISCHER von ERLACH. Inspiré davantage par le classicisme français que par le baroque germanique, il amorça la réaction néo-classique qui allait s'imposer à Vienne et dans toute l'Europe.
- 1753-55 : palais Rožmberk (remaniement), G.VI:(2).
- 1753-75 : Palais royal (conception), G.3.(★)
- 1755 : établissement des Grandes Dames, au Château (conception), G.15.
- 1755 : façade de l'aile sud, 3e cour du Château, G.III.
- 1755-61 : Bâtiment dit "municipal", au Château, G.8.(★)
- 1756-63 : chapelle Sainte-Croix, au Château (conception), G.9.
- 1770 : cathédrale Saint-Guy (dôme de la tour sud), G.10.(★★★★)

PALIČKA, Jiří
- 1928-34 : maison personnelle, à Baba (avec M. STAM), L.29[25].

PALLIARDI, Ignác Jan Nepomuk (1737 - 1821)
- 1769 : palais Lobkowicz (2e étage), E.5.(★★★)
- 1782-92 : abbaye de Strahov (salle philosophique), F.9[h].(★★★★)
- 1784 : palais Kolovrat-Černín, E.13.(★★)
- 1787 : palais Ledebour-Trauttmansdorff, E.15.(★★)
- 1790-92 : palais Sweerts-Sporck, H.VI:5.

PÁNEK, Jan Šimon
- 1689-1702 : église Saint-Jacques, A.15.(★★)

PARLER, Jan (? - 1405/06)
Fils de Peter PARLER. Continuateur avec son frère Václav de l'œuvre paternelle.
- 1399-1405/06 : cathédrale Saint-Guy (continuation) (avec V. PARLER), G.10.(★★★★)

PARLER, Peter (Schwäbisch Gmünd, 1330/35 - Prague, 1399)
Avec son père Heinrich, Peter PARLER est le membre le plus célèbre, parmi la douzaine connue, d'une famille, originaire de Souabe, d'éminents maîtres-maçons actifs durant tout le XIVe siècle et le début du XVe. Représentants très inventifs du style gothique tardif germanique (*Sondergotik*), ils exercèrent, de Bâle à Prague, un influence prépondérante, non seulement dans le domaine de l'architecture, mais aussi — surtout Peter — dans celui de la sculpture et des arts mineurs. Après son apprentissage chez son père, Peter travailla au chœur de l'église du Sacré-Cœur à Schwäbisch Gmünd et, probablement, à Cologne. Appelé à Prague par Charles IV vers 1350, il fut incorporé à la loge de Saint-Guy, dont l'architecte, MATHIEU d'Arras, mourut en 1352 ou 1353. Il lui succéda, sans doute dès cette date, et travailla à l'édification de la Cathé-

drale jusqu'à sa mort. Il y développa avec une extrême virtuosité des voûtes aux nervures enchevêtrées d'une très grande complexité. Il exerça en outre ses talents comme ingénieur (le Pont Charles) et comme sculpteur.
- 1352/53(?)-99 : cathédrale Saint-Guy (chœur et nef), G.10.(★★★★)
- 1357s. : Pont Charles, D.1.(★★★★)
- ? -1366 : chapelle Saint-Venceslas, à la Cathédrale, G.10[6].(★★)
- 1370-87 : chapelle de Tous-les-Saints, au Château, G.11[10].
- 1380-99 : Tour de pont de la Vieille-Ville, A.24.(★★)
- 1390 : église Notre-Dame-du-Týn (portail nord), A.IV ; A.IV[a].

PARLER, Václav (ca 1360 - 1404)
Fils de Peter PARLER. Avec son frère Jan, il poursuivit l'œuvre de leur père.
- 1399-1404 : cathédrale Saint-Guy (continuation) (avec J. PARLER), G.10.(★★★★)

PAVIČEK, František (1776 - 1861)
- 1795-1810 : ancien palais Schwarzenberg, F.I :1.

PFEIFFER, Antonín (Plzeň, 1879 - Prague, 1938)
Après avoir travaillé à Budapest, à Paris (où il étudia à l'Ecole des Beaux-Arts) et à Bruxelles, cet architecte, partisan des idées modernistes de J. KOTĚRA, a réalisé à Prague plusieurs bâtiments publics et des immeubles résidentiels.
- 1910-12 : édicule de Saint-Jean-Népomucène, I.25.
- 1910-12 : (attr.) maison Diamant (avec M. BLECHA et L. SKŘIVÁNEK), I.25.(★)
- 1910-14 : palais Koruna, H.5.(★★)

PHILIPPI, Giovanni Maria
- 1602-06 : Salle espagnole, au Château, G.6.(★★)
- 1613-15 : Bâtiment dit "municipal", au Château, G.8.(★)
- 1614 : porte Mathias (réalisation), G.2.(★★)

PIERONI (ou PIERRONNI) de GALLIANO, Giovanni Battista
- 1623-30 : palais Valdštejn (réalisation), E.16.(★★★)
- 1626-27 : palais Valdštejn (sala terrena), E.16.(★★★)

PILAŘ, J.
- 1970-75 : couvent des bénédictines, au Château (aménagement en galerie d'art) (avec F. CUBR), G.14. (★★★)

PILC, V.
- 1935 : hôtel Axa, H.VII :40.(★★)

PLEČNIK, Jože (Gradišče, 1872 - Ljubljana, 1957)
Cet architecte d'origine slovène, formé dans la Vienne fin-de-siècle chez Otto WAGNER qui l'engagea dans son atelier, réalisa dans cette ville quelques bâtiments remarqués — comme la maison Zacherl (1904). Invité à Prague en 1911 par son ami Jan KOTĚRA (qui avait été son condisciple à Vienne) comme professeur à l'Ecole des Arts décoratifs, il quitta ce poste en 1921 pour enseigner l'architecture à l'Université nouvellement fondée de Ljubljana. Il réalisa dans cette ville une série d'œuvres remarquables, notamment la bibliothèque universitaire (1928-30). Parallèlement, il entreprit pour son ami le président Masaryk la restauration du Château de Prague afin d'en faire la résidence présidentielle. Convaincu de la valeur du langage de l'architecture classique, PLEČNIK demeura toute sa vie en marge des mouvements modernes. Son style, très personnel, se présente comme un "montage" éclectique d'éléments classiques et modernistes, mêlés d'emprunts à la culture populaire élégamment interprétée. C'est dans ces contradictions, qui abondent dans l'œuvre de PLEČNIK, que réside l'intérêt, voire la valeur, de celle-ci. Sa conception de l'architecture, plutôt régionaliste qu'internationale, son intérêt pour l'artisanat (qui n'exclut cependant pas, le cas échéant, le recours aux techniques les plus avancées), son goût pour les matériaux durables, son non-refus de la valeur de l'histoire, de la tradition, du souvenir : autant de facteurs qui ont concouru à ce que l'œuvre de cet architecte n'a pas reçu l'audience qu'incontestablement elle mérite. La récente tentative de la critique postmoderne d'y voir celle d'un précurseur de ce mouvement est tout aussi vaine, PLEČNIK n'étant ni moderniste ni pré-postmoderne. Au contraire, comme l'a fait remarquer Vladimír ŠLAPETA, « ce qui fait l'unité profonde de son œuvre, c'est la constance avec laquelle il plaça les valeurs morales au-dessus des considérations esthétiques. » PLEČNIK fit en effet preuve durant toute sa vie d'une rigueur quasi ascétique, dictée par une conviction religieuse profonde et authentique. Tou-

jours, il « a su résister aux préoccupations éphémères de l'instant pour se consacrer à la solution des questions suprêmes, des problèmes éternels de la création architecturale ». [📖BURKHARDT 1986]
- 1920-23 : première cour du Château (aménagement), G.1.(★)
- 1920-24 : Jardin du Paradis, au Château, G.13[a].(★★)
- 1920-24 : Jardin sur les remparts, au Château, G.13[b].(★★)
- 1921-24 : Palais présidentiel (aménagement du Palais royal), G.3.(★)
- 1926-28 : salle Plečnik, au Château, G.4.(★★)
- 1927 : Jardin sur le bastion, au Château, G.5.
- 1927-33 : église du Sacré-Cœur, K.11. (★★★)
- 1928 : monolithe de granit, au Château, G.III.
- 1928-30 : escalier à travers l'aile sud, au Château, G.12.(★★★)
- 1928-32 : troisième cour du Château (aménagement), G.12.(★★)
- 1929 : anciennes écuries, au Château (aménagement en galerie de peinture), G.7.(★)
- ? : deuxième cour du Château (pavage), G.II.(★)

PODHAJSKÝ, Josef (Vysoké Mýto, 1858 - Prague, 1912)
- 19 ? : maison, M. Gorkého nám., H.V:11.(★★)

PODZEMNÝ, Richard F. (1907 - 1987)
- 1959-66 : stade de natation, Podolí (avec G. KUCHAŘ), N.3.

POKORNÝ, Zdeněk (1909 - 1984)
- 1957-60 : pavillon de l'Expo'58 (avec F. CUBR et J. HRUBÝ), L.21.(★)
- 1957-60 : restaurant Praha-Expo'58 (avec F. CUBR et J. HRUBÝ), L.5.

POKORNÝ, Václav
- 1974 : maison de l'Union internationale des étudiants (avec S. HUBIČKA), B.18.

POLÁK, Josef
- 1960-67 : cité résidentielle Invalidovna, voir : Atelier PÚP.
- 1967-71 : Interhotel Olympik (avec J. ZELENÝ, M. REJCHL et V. ŠALDA), K.19.

POLIČANSKÝ, Karel
- 1960-63 : école, Nad Štolou, L.7.

POLÍVKA, Karel Osvald (Enže, 1859 - Prague, 1931)
D'abord assistant de J. ZÍTEK, puis collaborateur d'A. WIEHL, avec lequel il réalisa plusieurs immeubles bancaires, Osvald POLÍVKA évolua de l'historicisme à l'Art Nouveau, dont il fut l'un des plus éminents représentants.
- 1892-94 : ancienne Caisse d'Epargne municipale (avec A. WIEHL), C.9.
- 1894-96 : ancienne Banque d'Investissement, H.1.
- 1901-04 : ancien grand magasin Novák, H.10.(★★)
- 1903-11 : Maison de la Municipalité (avec A. BALŠÁNEK et J. CHOCHOL), A.2. (★★★★)
- 1905-07 : anciennes assurances Praha, I.7.(★★)

- 1910 : maison d'édition Topič, I.6.(★★)

PRAGER, Karel (°1923)
- 1958-64 : Institut de chimie macromoléculaire, M.11.
- 1967-72 : Assemblée fédérale de la ČSSR, voir : Atelier GAMA.
- 1977-83 : Théâtre National (rénovation), I.10.(★★★)
- 1977-83 : nouveau Théâtre National, I.9.(★★★)

PRÁŠIL, František (1845 - 1917)
- 1891 : Palais des congrès (avec B. MÜNZBERGER), L.18.(★★)

PTAČINSKÝ, Vilém
- 1919 : maison " Aux deux hérissons ", C.16.

RAJNIŠ, Martin
- 1970-75 : grand magasin Máj, voir : Stavoprojekt SIAL 02.

REITER, Josef V. (1840 - 1903)
- 1876-78 : pont Palacký (avec B. MÜNZBERGER), I. 24.

REITERMAN, Jan
- 1974-78 : station de métro Muzeum (avec J. ŠPIČÁK et J. OTRUBA), H.11.

REJCHL, Milan
- 1967-71 : Interhotel Olympik (avec J. POLÁK, J. ZELENÝ et V. ŠALDA), K.19.

REJSEK, Matěj (Prostějov, ca 1450 - Prague, 1506)
Cet architecte tchèque autodidacte se situe dans la tradition gothique tardive de Peter

PARLER, mais il sacrifia la recherche structurale à celle, esthétique, de l'effet décoratif.
- 1470-80 : (attr.) hôtel de ville de la Vieille-Ville (portail), A.9[5].
- 1475-89 : Tour poudrière, A.1.(★★)
- 1496 : maison "A la licorne d'or" (vestibule d'entrée), A.III:20.
- ? : église Notre-Dame-du-Týn (baldaquin), A.13.

RIED (ou RIETH ou REJT) de Piesting, Benedikt (Haute-Autriche, ca 1454 - Prague, 1534)

« Le plus grand peut-être des maîtres du gothique tardif » (Manfredo TAFURI). Ce maître-maçon germanique travailla comme maître d'œuvre royal en Bohême, où il porta à son sommet le *Sondergotik* (style gothique flamboyant d'origine germanique) et y introduisit les premiers éléments de style Renaissance. Dans les dernières années du XVe siècle, il construisit le Palais royal de Prague. De cette première construction, incendiée en 1541, ne subsistent que des parties, telle la salle Vladislav, son chef d'œuvre à Prague. Au début du XVIe siècle, RIED acheva la cathédrale Sainte-Barbara à Kutná Hora.
- 1490-93 : oratoire royal, à la Cathédrale, G.10[7].(★★)
- 1493-1502 : salle Vladislav, au Château, G.11[6]. (★★★★)
- 1500 : salle de la Diète, au Château, G.11[11]. (★★★)
- ca 1500 : Escalier des Cavaliers, au Château, G.11[12]. (★★★)
- ca 1500 : basilique Saint-Georges, au Château (portail sud), G.14[6].
- 1502-09 : salle du Conseil aulique, au Château, G.11[19].
- av. 1534 : Bâtiment dit "municipal", au Château, G.8.(★)

RODER, Pankrác
- 1580 : hôtel de ville juif, B.9.(★)

ROITH, František (Prague, 1876 - Voznice, 1942)
- 1929-38 : Banque d'Etat de Tchécoslovaquie, H.I:24/26.
- 1930 : Bibliothèque municipale populaire, A.19.

ROŠKOT, Kamil (Vlašim, 1886 - Paris, 1945)
Influencé par les conceptions rationalistes de J. KOTĚRA et, plus encore, par ses nombreux voyages en Italie et en Tunisie, Kamil ROŠKOT developpa un style puriste très personnel. Urbaniste aux positions radicales, redouté et admiré pour son intransigeance, il a, pour cette raison, rarement eu l'occasion de réaliser ses idées, bien qu'il eût gagné de nombreux concours. Il est l'auteur du pavillon de la Tchécoslovaquie aux expositions de Milan (1927), Chicago (1933) et New York (1939). [📖 ŠLAPETA 1978b]
- 1928-35 : caveau royal, à la Cathédrale, G.10[10].

ROSSI, Domenico Egidio (Fano, 1678 - Venise, 1742)
Architecte et peintre italien qui, après avoir résidé quelque temps à Bologne, travailla dans plusieurs villes d'Europe centrale, dont Prague.
- 1693 : palais Černín (intérieur et jardins), F.7.(★★★)

RÖSSNER, Karl
Architecte viennois.
- 1854-63 : église Saints-Cyrille-et-Méthode, Karlín (avec V.I. ULLMANN), K.16.

ROŠTLAPIL, Václav (Zlonice, 1856 - Prague, 1930)
- 1892-96 : ancienne Académie Straka, E.VI:(128).

ROTHMAYER, Otto (1892 - 1966)
Elève puis collaborateur de PLEČNIK, Otto ROTHMAYER se distingua par ses aménagements au Château et joua un rôle important dans l'architecture pragoise de l'entre-deux-guerres.
- 1951 : terrasse de la salle Vladislav et escalier hélicoïdal, au Château, G.11[8].(★)

SAKAŘ, Josef (Prague, 1856 - Prague, 1936)
- 1929 : faculté de philosophie de l'Université Charles, B.III:2.

ŠALDA, Vojtěch
- 1967-71 : Interhotel Olympik (avec J. POLÁK, J. ZELENÝ et M. REJCHL), K.19.

SANTINI AICHL, Jan Blažej (Prague, 1677 - Prague, 1723)
Petit-fils du maître-maçon Antonín AICHL (ami de Carlo LURAGO), fils aîné du maître-maçon Santin AICHL (qui travailla à Prague en association avec J.-B. MATHEY), Jan Blažej SANTINI AICHL fut l'un des plus importants architectes du XVIIIe siècle en Bohême et l'une des personnalités les plus créatives de son temps en Europe. SANTINI,

qui avait sans doute voyagé en Autriche et en Italie (et tiré la leçon de BORROMINI et de GUARINI), était en tout cas de retour en Bohême vers 1700. En quelque vingt ans à peine, il a donné les projets inspirés de plus d'une centaine de bâtiments. Architecte aux conceptions très originales, il reconstruisit dans un style néo-gothique baroquisé très personnel des édifices conventuels détruits par les hussites. Outre des édifices "gothiques" — non seulement ceux qu'il restaure, mais aussi ses créations originales —, il en réalisa d'autres où certaines parties baroques sont audacieusement juxtaposées à des parties gothiques. D'autres encore (comme le couvent de Zbraslav) où il s'agit plutôt de baroque gothicisé. D'autres édifices enfin, datant surtout de la fin de sa vie, qui ne sont pas concernés par l'expérience néo-gothique, où l'influence italienne se fait davantage sentir sur SANTINI : il y conduisit plus avant ses expérimentations insolites sur la géométrie ainsi que sur la lumière — qu'il traite en de subtils clairs-obscurs aux nuances raffinées. Le caractère de ces édifices proprement baroques de SANTINI, malgré d'évidentes différences par rapport à ses réalisations "gothiques", demeure toutefois fondamentalement le même : ces deux facettes de son style, baroque-gothique et gothique-baroque, ont valu à ce maître d'être surnommé « le HAWKSMOOR bohémien » (N. PEVSNER).
[📖 PEVSNER 1957 ; QUEYSANNE 1986]
■ ca 1700-1707 : ancien palais Šternberk (réalisation) (avec G.B. ALLIPRANDI), F.4.(★★)

■ ca 1700-1727 : abbaye cistercienne de Zbraslav (avec F.M. KAŇKA), N.8.(★★★)
■ 1704/05 : (attr.) maison "A l'Enfant Jésus", E.II :19.
■ 1707 : église Notre-Dame-du-Perpétuel-Secours-chez-les-Théatins (façade), E.6.
■ 1708 : église de la Vierge-et-de-Charlemagne (Scala Santa), I.30.
■ 1713-14 : palais Morzin, E.8.(★★)
■ 1715 : palais Schönborn-Colloredo (remaniement), E.4.
■ 1716 : jardins Ledebour-Trauttmansdorff, E.15.(★★)
■ 1716 - ca 1725 : palais Thun-Hohenstein-Kolovrat, E.7.(★★)

SBORWITZ, Michael
■ 198? : magasin de jouets, Národní třída, I.III :28.

SCAMOZZI, Vicenzo (Vicence, 1552 - Venise, 1616)
Vicenzo SCAMOZZI est le plus important des suiveurs immédiats d'Andrea PALLADIO, dont il acheva d'ailleurs plusieurs bâtiments. Il est l'auteur d'une œuvre nombreuse à Vicence, à Venise et dans le reste de l'Italie du Nord. Longtemps attaché, de manière rigide, aux principes maniéristes du XVIe siècle, il finit toutefois, pendant les dernières années de sa vie — qu'il passa au service des Habsbourg —, par adopter le style baroque naissant.
■ 1614 : (attr.) porte Mathias (conception), G.2.(★★)

SCHLESINGER, Jos
■ 1763 : hôtel de ville juif (remaniement), B.9.(★)

SCHMIDT, Anton (1730 - 1775)
■ 1773-75 : palais Kounic, D.6.(★★)

SCHULZ, Josef (Prague, 1840 - Prague, 1917)
Collaborateur de J. ZÍTEK, Josef SCHULZ adopta ses conceptions en faveur du style néo-Renaissance, dans lequel il réalisa à Prague plusieurs bâtiments importants.
■ 1874-90 : Rudolfinum (avec J. ZÍTEK), B.1.(★★)
■ 1881-83 : Théâtre National (reconstruction), I.10.(★★★)
■ 1885-90 : Musée national, H.11.(★★)
■ 1897-1901 : Musée des Arts décoratifs, B.2.

SCOTTI, Giuseppe Bartolomeo (1685 - 1737)
■ 1702 : palais Martinic, F.IV :4.
■ 1726-28 : Palais maltais, D.11.(★)
■ 1732 : maison "Au lion d'or", Kampa, D.I[a] :7.

SEBREGONDI, Niccolo
■ 1623-30 : palais Valdštejn (conception) (avec A. SPEZZA), E.16.(★★★)

SEMELA, Alois
■ av. 1984 : Interhotel Panorama, N.4. (★)

SKŘIVÁNEK, Ladislav (1887 - 1957)
■ 1910-12 : maison Diamant (avec M. BLECHA et A. PFEIFFER), I.25.(★)

SMETANA, Pavel
■ 1952-54 : Palais des congrès (remaniement) (avec J. KROHA), L.18.

ŠMOLÍK, František
■ 1960-67 : cité résidentielle Invalidovna, voir : Atelier PÚP.

ŠOLC, Josef
- 1936-39 : immeuble collectif et cinéma Oko (avec J. STOCKAR), L.12.(★)

SOUKUP, Jiří (1855 - 1938)
- 1906-08 : pont Svatopluk Čech (avec J. KOULA), B.21.(★★)

ŠPAČEK, František
- 1733 : église Saint-Gilles (remaniement), C.19.(★★)

SPEZZA, Andrea (? - Prague, 1628)
Architecte lombard.
- 1623-28 : palais Valdštejn (conception) (avec N. SEBREGONDI), E.16.(★★★)

ŠPIČÁK, J.
- 1974-78 : station de métro Muzeum (avec J. REITERMAN et J. OTRUBA), H.11.

ŠRÁMEK, Jan (1924 - 1978)
- 1970-77 : Gare centrale (agrandissement) (avec A. ŠRÁMKOVÁ), H.17.(★★)
- 1974-83 : immeuble Universal (avec A. ŠRÁMKOVÁ), H.4.(★)

ŠRÁMKOVÁ, Alena (°1929)
- 1970-77 : Gare centrale (agrandissement) (avec J. ŠRÁMEK), H.17.(★★)
- 1974-83 : immeuble Universal (avec J. ŠRÁMEK), H.4.(★)

SRPA, Jaromír
- 1978 : station de métro Můstek (avec Z. VOLMAN), H.II.

STAM, Martinus Adrianus, dit Mart (Purmerend, 1899 - ? , 1986)
Après des débuts comme dessinateur chez J.M. van der MEY à Amsterdam, le Hollandais Mart STAM passa la plus grande partie de sa vie à collaborer avec d'autres architectes. Invité par L. MIES van der ROHE au *Werkbund* à Stuttgart (1927), il fut engagé ensuite par H. MEYER au Bauhaus (1928-29). En 1928 également, il participa à la fondation des C.I.A.M., dont il fut un membre actif. Il accompagna alors E. MAY en Russie (1930-34), puis rentra en Hollande où il s'installa définitivement.
- 1928-34 : maison Palička, à Baba (avec J. PALIČKA), L.29[25].

STARÝ, Oldřich (1884 - 1971)
Important militant et activiste de l'avant-garde tchécoslovaque de l'entre-deux-guerres et de la période socialiste d'après-guerre, cet architecte a développé, sous l'influence à la fois des principes de la *Neue Sachlichkeit* et du fonctionnalisme, une esthétique dépouillée que l'on retrouve aussi bien dans ses maisons de Brno en 1928 que dans celles qu'il réalisa à Baba en 1932.
- 1928-34 : maison Vaváček, à Baba, L.29[5].
- 1928-34 : maison Bouda, à Baba, L.29[8].
- 1928-34 : maison Heřman, à Baba, L.29[24].
- 1928-34 : maison Sutnar, à Baba, L.29[29].
- 1934-36 : Maison des industries d'art, I.III:36.

Stavoprojekt SIAL 02
Un *stavoprojekt* (= " projet d'architecture ") est une coopérative d'architecture. Un *stavoprojekt* de moyenne dimension est composé d'une soixantaine de personnes, dont une quinzaine d'architectes, qui gèrent tous les aspects des projets. Fondé au début des années 60 par Karel HUBÁČEK, le groupe SIAL 02, actuellement dirigé par Jiří SUCHOMEL, est une coopérative de dimension modeste, officielle mais indépendante, qui se caractérise en outre par la présence en son sein d'étudiants. L'originalité de cette relation étroite avec l'école a conduit cette agence à produire également des projets théoriques et à participer à des concours internationaux en Occident (pour l'Opéra-Bastille à Paris et pour le port de Tegel à Berlin, entre autres). [📖 PODRECCA 1985]
- 1970-75 : Miroslav MASÁK, Johnny EISLER et Martin RAJNIŠ : grand magasin Máj, I.5. (★★)
- 1982s. : Miroslav MASÁK, Karel HUBÁČEK et coll. : Palais des foires (rénovation), L.16.(★★)

STELLA, Paolo della
Architecte italien de la Renaissance.
- 1537-52 : Belvédère royal (avec B. WOHLMUT et U. AVOSTALIS), G.17. (★★)

STIBRAL, Jiří (Prague, 1859 - Prague, 1939)
Architecte et illustrateur. Elève de J. ZÍTEK, dont il adopta les conceptions historicistes, il était partisan, à l'exemple d'A. WIEHL, du style néo-Renaissance tchèque, avant de subir l'influence de la Sécession.
- 1904-05 : ancienne Banque des assurances tchèques, I.IV:32.(★)

STOCKAR, Jaroslav (1886 - 1957)
- 1936-39 : immeuble collectif et cinéma Oko (avec J. ŠOLC), L.12.(★)

STOCKAR, Rudolf
- 1928-37 : maison (s?), à Barrandov, N.7[a].

STUPKA, Zdeněk (°1918)
- 1975-77 : immeuble-tour Motokov (avec Z. KUNA, M. VALENTA, J. ZDRAŽIL et O. HONKE-HOUFEK), N.6.(★★)

ŠVEC, Jaroslav
- 1968-74 : hôtel Intercontinental (avec K. FILSAK et K. BUBENÍČEK), B.20.

SYROVÁTKA, Vladimír
- 1964-69 : stade Sparta (avec C. MANDEL), L.9.

TENZER, Antonín
- 1954-57 : hôtel Jalta, H.II:45.

TIROL, Hans
- ap. 1541 : cathédrale Saint-Guy (restauration) (avec B. WOHLMUT), G.10.(★★★★)
- ap. 1541 : Bâtiment dit "municipal", au Château, G.8.(★)
- 1555-56 : pavillon de plaisance Hvězda (avec B. WOHLMUT), M.14.(★★)

TRUKSA, K.
- 1930 : Maison du Chœur Hus, K.3.

TUREK, Antonín
- 1893-94 : Maison de la culture des cheminots, K.7.

TYL, Oldřich (Ejpovice, 1884 - Prague, 1939)
Un des pionniers du constructivisme à Prague.
- 1924-28 : Palais des foires (avec J. FUCHS), L.16.(★★)
- 1928-32 : maison "A la rose noire", H.I:12.

ULLMANN, Vojtěch Ignác (1822 - 1897)
- 1854-63 : église Saints-Cyrille-et-Méthode, Karlín (avec K. RÖSSNER), K.16.
- 1858-61 : Académie tchécoslovaque des Sciences, I.III:3/5.(★)
- 1862 : ancien palais Lažanský, C.X:2.
- 1862-65 : rotonde Sainte-Croix (restauration), C.15.(★★)
- 1867 : Ecole tchèque des hautes études techniques, I.V:13.

URBAN, Max (1882 - 1959)
- 1927 : tour de Barrandov, N.7[b].(★★)
- 1928-37 : cité résidentielle de Barrandov (avec J. BAREK), N.7[a].(★)
- 1931-33 : ateliers et studios cinématographiques de Barrandov, N.7[c].(★)

URBÁNEK, F.
- 1960-67 : cité résidentielle Invalidovna, voir : Atlier PÚP.

USTOHAL, Vladimír (°1924)
- 1969-81 : Palais de la culture (avec J. MAYER, A. MAREK, J. KRÁLÍK et A. VANĚK), J.2.(★)

VACEK, J.
- 1952-53 : villa Bertramka (restauration), M.3.

VALENTA, Milan (°1938)
- 1975-77 : immeuble-tour Motokov (avec Z. KUNA, Z. STUPKA, J. ZDRAŽIL et O. HONKE-HOUFEK), N.6.(★★)

VALENTI, A.
- 1597-98 : Galerie Rodophe, au Château (avec G. GARGIOLI) G.6.(★★)

VANĚK, Antonín (°1921)
- 1969-81 ; Palais de la culture (avec J. MAYER, V. USTOHAL, A. MAREK et J. KRÁLÍK), J.2.(★)

VENTURA, Giovanni
- 1541 : ancien palais du Burgrave, G.VI : 4.

VLACH, Augustin
- 1545-63 : palais Schwarzenberg-Lobkowicz, F.1.(★★★)

VLACH, Hans
- 1545-56 : palais Rožmberk, G.VI :(2).

VOLMAN, Zdeněk
- 1978 : station de métro Můstek (avec J. SRPA), H.II.

WEYR, František (1867 - 1939)
- 1911 : immeuble à appartements, Maislova ul. (avec R. KLENKA), B.8.(★★)

WIEHL, Antonín (Plasy, 1846 - Prague, 1910)
Elève de J. ZÍTEK, auquel il doit sa vision historiciste de l'architecture, Antonín WIEHL était, comme son maître, partisan du rétablissement des styles historiques, en particulier celui de la Renaissance. Dans le cadre de la recherche, toute romantique, d'un style "national", il fut le principal promoteur du style dit "néo-Renaissance tchèque", et le créateur à Prague de l'Ecole d'architecture.
- 1877 : immeuble d'habitation, ul. Karolíny světlé (avec J. ZEYER), C.14.
- 1883 : ancienne Compagnie des eaux de la Vieille-Ville, C.24.(★)
- 1887s. : cimetière de Vyšehrad, J.I[g].(★★)
- 1889-97 : caveau Slavín, au cimetière de Vyšehrad, J.I[g].

- 1891-95 : ancienne Caisse d'épargne municipale (avec O. POLÍVKA), C.9.
- 1895-98 : Musée de la ville de Prague (avec A. BALŠÁNEK), H.24.
- 1896 : maison Wiehl, H.II:34.
- 1905 : hôtel de ville de la Nouvelle-Ville (restauration) (avec K. HILBERT), I.19.(★)

WIRCH, Jan Josef (1732 - 1787)
- 1763-65 : Palais archiépiscopal (façade), F.5.(★★)
- 1765 : (?) ancien palais Bretfeld, E.IV:33.
- ca 1765 : palais Pachta, C.23.

WOHLMUT, Bonifác (? - 1579)
Architecte originaire de Constance.
- ap. 1541 : cathédrale Saint-Guy (reconstruction) (avec H. TIROL), G.10.(★)
- 1550 : salle de la Diète, au Château (reconstruction), G.11[11].(★★★)
- 1552-69 : Belvédère royal (avec P. della STELLA et U. AVOSTALIS), G.17.(★★)
- 1555-56 : pavillon de plaisance Hvězda (avec H. TIROL), M.14.(★★)
- 1557-61 : tribune des orgues, à la Cathédrale. G.10[39].
- 1565-69 : grande maison du Jeu de paume (avec U. AVOSTALIS), G.16.
- 1567 : Bâtiment dit " municipal ", au Château, G.8.(★)

- 1575 : église de la Vierge-et-de-Charlemagne (coupole), I.30.(★)
- 1560-62 : cathédrale Saint-Guy (dôme de la tour sud), G.10.(★★★★)
- 1562 s. : Palais archiépiscopal (conception), F.5.(★★)

ŽÁK, Ladislav (1900 - 1973)
Architecte adepte du fonctionnalisme.
- 1928-34 : maison Zaorálek, à Baba, L.29[4].
- 1928-34 : maison Čeněk, à Baba, L.29[14].
- 1928-34 : maison Herain, à Baba, L.29[22].
- 1932-33 : maison Hain, K.20.(★)

ZASCHE, Josef (Jablonec, 1871 - ? , 1957)
Architecte allemand établi à Prague.
- 1906-08 : Banque d'Etat de Tchécoslovaquie, H.I:3/5.(★★)
- 1923-25 : palais Adrie (avec P. JANÁK), I.4.(★)

ZÁZVORKA, Jan (1884 - 1963)
- 1929-32 : Mémorial national, K.15.(★)

ZDRAŽIL, Jaroslav (°1935)
- 1975-77 : immeuble-tour Motokov (avec Z. KUNA, Z. STUPKA, M. VALENTA et O. HONKE-HOUFEK), N.6.(★★)

ZELENKA, František (1904 - 1944)
Architecte et scénographe.

- 1928-34 : maison Zadák, à Baba, L.29[15].

ZELENÝ, Jan
- 1967-71 : Interhotel Olympik (avec J. POLÁK, M. REJCHL et V. ŠALDA), K.19.

ZEYER, Jan (Prague, 1847 - Prague, 1905)
Architecte, historien de l'architecture, archéologue et anthropologue. Elève de J. ZÍTEK, dont il adopta les positions historicistes, il était partisan du style néo-Renaissance.
- 1877 : immeuble d'habitation, ul. Karolíny světlé (avec A. WIEHL), C.14.

ZÍTEK, Josef (1832 - 1909)
Josef ZÍTEK fut l'élève à Vienne de E. van der NÜLL et A. von SICARDSBURG, les architectes de l'Opéra, desquels il hérita une vision historiciste de l'architecture qu'il mit au service des revendications romantiques nationalistes bohémiennes : il devint ainsi l'initiateur du style néo-Renaissance tchèque auquel il sut gagner les nombreux élèves qu'il forma (A. WIEHL et J. ZEYER, e.a.).
- 1867-81 : Théâtre National, I.10.(★★★)
- 1874-90 : Rudolfinum (avec J. SCHULZ), B.1.(★★)

ZOBEL, Josef Klement
- 1796 : palais Rohan, D.VII:8.

ORIENTATION BIBLIOGRAPHIQUE

BRANDOLINI (Sebastiano)
- ★ 1985 « Stavoprojekt Liberec Studio SIAL 02 : Progetti 1972-1984. » [Stavoprojekt Liberec SIAL 02 : Projets 1972-1984.], in : *Casabella*, n° 512, avr. 1985, pp. 4-13.

BURIAN (Jiří), SVOBODA (Jiří)
- ★★ 1974 *Le Château de Prague*. Trad. du tchèque par Svatopluk Pacejka. Prague : Olympia, 1974, 114 p.

BURKHARDT (François)
- ★★ 1978 « Appunti sul cubismo nell'architettura cecoslovacca. / Notes on cubism in Czech architecture. » [Notes sur le cubisme dans l'architecture tchèque.], in : *Lotus International*, n° 20, sept. 1978, pp. 54-63.

—, LAMAROVÁ (Milena)
- ★★★ 1982 *Cubismo cecoslovacco, architecture e interni*. [Le cubisme tchécoslovaque. Architectures et intérieurs.] Milan : Electa (coll. "Saggi e Documenti"), 1982. 198 p.

—, ACHLEITNER (Friedrich), KREČIČ (Petr.) et alii
- ★★ 1986 *Jože Plečnik, Architecte. 1872-1957*. Ouvrage publié à l'occasion de l'exposition homonyme, galerie du C.C.I., 12 mars - 26 mai 1986. Paris : Centre Georges Pompidou, C.C.I., 1986. (Voir, en particulier, Vladimír ŠLAPETA : « Jože Plečnik et Prague », pp. 83-96) 191 p.

EHM (Joseph)
- ★ 1985 *Praha*. [Prague.] 2e éd. rev. et augm. Préface et notes de Josef Janáček. Résumé en français par Růžena Semrádová. Prague : Panorama, 1985. 207 p.

FERNANDEZ (Dominique)
- 1984 *Le banquet des anges. L'Europe baroque de Rome à Prague*. Paris : Plon, 1984. 396 p. (4e partie : « Prague et la Bohême », pp. 272-376.)

HLAVSA (Václav)
- 1973 *Praha v obrazech Vincence Morstadta*. [Prague dans les images de Vincenc Morstadt.] Prague : Orbis, 1973. 139 p.
- ★ 1984 *Praha očima staletí (Pražské veduty 1493-1870)*. [Prague au fil des siècles (Vues de Prague 1493-1870).] 5e éd. rev. et augm. Résumé en français : « L'image de Prague à travers les siècles », par Růžena Semrádová. Prague : Panorama, 1984. 237 p.

—, VANČURA (Jiří)
- ★★★★ 1983 *Malá Strana. Menší Město pražské*. [Malá Strana. La Ville Mineure de Prague.] Prague : SNTL-Nakladatelství technické literatury, 1983. 311 p.

KOHOUT (Jiří), VANČURA (Jiří)
    ★★★★   1986   *Praha 19. a 20. století.* [Prague, XIXe et XXe siècles.] Prague : SNTL-Nakladatelství technické literatury, 1986. 289 p.

LAMAROVÁ (Milena)
    ★★   1978   « Cubismo ed espressionismo nell'architettura e nel design. Il Gruppo Cubista di Praga./Cubism and Expressionism in architecture and design. The Prague Cubist Group. » [Cubisme et expressionnisme dans l'architecture et le design. Le Groupe Cubiste de Prague.], in : *Lotus International*, n° 20, sept. 1978, pp. 44-53.

LORENC (Vilém)
    ★★★★   1982   *Das Prag Karls IV. Die Prager Neustadt.* [La Prague de Charles IV. La Nouvelle-Ville pragoise.] Trad. du tchèque par Peter Zieschang. Stuttgart : Deutsche Verlags-Anstalt, 1982. 207 p.

—, TŘÍSKA (Karel)
    ★★★★   1980   *Černínský palác v Praze.* [Le palais Černín à Prague.] Résumé en français par Marco Micossi. Prague : Panorama, 1980. 286 p.

MARGOLIUS (Ivan)
    1979   *Cubism in Architecture and the applied Arts : Bohemia and France 1910-14.* [Le cubisme dans l'architecture et les arts appliqués : Bohême et France, 1910-14.] Newton Abbot/Londres North Pomfret : David & Charles, 1979, 128 p.

MENCL (Václav)
    ★★   1969   *Praha.* [Prague.] Prague : Odeon, 1969. 381 p., 120 photos n.b. (épuisé)

MRÁZ (Bohumír)
    ★★★   1986   *Prague, cœur de l'Europe.* Trad. du tchèque par Jean et Renée Karel. Postface de Pierre-André Touttain. Paris · Gründ, 1986. 255 p.

NORBERG-SCHULZ (Christian)
    ★   1968   *Kilian-Ignaz Dientzenhofer e il Barocco Bohemo.* [Kilián Ignác Dienzenhofer et le baroque bohémien.] Rome : Officina Edizioni, 1968.
        1979   *Architecture baroque et classique.* Paris : Berger-Levrault, 1979. 409 p.
    ★★   1981   *Genius loci. Paysage, ambiance, architecture.* Trad. Odile Seyler. Bruxelles/Liège : Mardaga, 1981. (chap. IV : « Prague », pp. 78-112.)
        1983   *Architecture du baroque tardif et rococo.* Trad. de l'anglais par Mmes Bourdu et Renaud. Paris : Berger-Levrault, 1983. 419 p.

PAUL (Alexandr), DOLEŽAL (Ivan), REICH (Jan), KARÁSEK (Oldřich)
    1985   *Pražská zastavení.* [Instantanés pragois.] Texte de Jan ŘEZÁČ. Trad. française : « L'heureux temps des promenades » par Ludmila Trousková. Légendes des photos et biographies des photographes en français. Prague : ČTK-Pressphoto, 1985. 151 p.

PAVLÍK (Milan), UHER (Vladimír)
★★ 1986 *Dialog tvarů: architektura barokní Prahy. Struktury, tvary a kompozice ve fotografii.* [Dialogue des formes: l'architecture baroque à Prague. Structures, formes et composition en photographies.] 3ᵉ éd. Résumé en français par V. Jamek. Prague: Odeon, 1986. s.p.

PECHAR (Josef)
★ 1979 *Československá architektura 1945-1977.* [Architecture tchécoslovaque 1945-1977.] Prague: Odeon, 1979. 59 p., 520 fig.

PEVSNER (Nikolaus)
1957 « Bohemian Kawksmoor », in: *Architectural Record,* n° 721, fév. 1957, pp. 112-114.

PLICKA (Karel)
1960 *Praha ve fotografii./ПРАГА В ФОТСНИМКАХ./Prag in Fotografien./Prague in Pictures./Prague en images.* Introduction de Zdeněk Wirth. Prague: Orbis, 1960. XXIV pl. coul., 193 pl. n.b., 42 p.

—, WIRTH (Zdeněk)
1961 *Prague en images,* Prague: Artia, 1961.

PODESTA (Attilio)
1937 « Architecture di Ludvík Kysela », in: *Casabella,* n° 111, mars 1937, pp. 18-23.

PODRECCA (Boris)
★ 1984 « Adolf Loos. Villa Müller. », in *Architecture. Mouvement. Continuité,* n° 3, mars 1984, pp. 51-57.
1985 « L'elemento collettivo di una continuità. » [L'élément collectif d'une continuité.], in: *Casabella,* n° 512, avr. 1985, pp. 14-17.

QUEYSANNE (Bruno), CHAUTANT (Claude), THEPOT (Patrick)
★ 1986 *J.B. Santini-Aichl: un architecte baroque-gothique en Bohême (1677-1723).* Grenoble: Ecole d'architecture ("Cahier de pensée et d'histoire de l'architecture", n° 5-6), mars 1986. 115 p.

ROLEČEK (Jaromír)
1948 *Prague.* Prague: Presidium, 1948, 111 p.

RYBÁR (Ctibor)
★★★ 1981 *Prague: Guide. Renseignements. Faits.* Trad. du tchèque par Svatopluk Pacejka. Prague: Olympia, 1981. 392 p.

SIEGEL (Jiří), dir.
★★ 1967 *Prague '67.* Préfaces de Oldřich Starý, Vilém Lorenc et Jiří Novotný. Ouvrage publié pour le 9ᵉ congrès de l'Union Internationale des Architectes. Prague: RIO, en collaboration avec l'Union des Architectes Tchécoslovaques, 1967. [256 p.] (épuisé)

ŠLAPETA (Vladimír)
- ★★ 1978a *Praha 1900-1978. Průvodce po moderní architektuře.* [Prague 1900-1978. Guide d'architecture moderne.] Prague : Národní technické muzeum, 1978, 95 p., carte.
- ★★ 1978b « Kamil Roškot. L'opera architettonica./Kamil Roškot. His architectural œuvre. » [Kamil Roškot. Son œuvre architecturale.], in : *Lotus International,* n° 20, sept. 1978, pp. 64-95.
- ★★ 1985a « Deux expériences du Werkbund tchécoslovaque. », in : *Architecture. Mouvement. Continuité,* n° 7, mars 1985, pp. 52-63.
- ★★ 1985b « Brno 1928, Praga 1932 : i quartieri-esposizione del Werkbund cecoslovacco. » [Brno 1928, Prague 1932 : les quartiers-expositions du Werkbund tchécoslovaque.], in : *Casabella,* n° 512, avr. 1985, pp. 44-53.

ŠNEJDAR (Josef) et alii
- ★★★ 1987 *Národní divadlo.* [Le Théâtre National.] Prague : Olympia, 1987. 336 p.

URLICH (Petr)
- 1987 « Jaromír Krejcar (1895-1949) : Pavillon de la Tchécoslovaquie, Exposition de 1937, Paris. », in : *Architecture. Mouvement. Continuité,* n° 16, juin 1987, pp. 72-81.

VAN DE VELDE (Henry)
- ★ 1924 « L'architecture en Tchécoslovaquie. », in : *La Cité. Architecture. Urbanisme,* vol. 5, n° 1, oct.-nov. 1924, pp. 1-9, ppll. I-VIII.

VILÍMKOVÁ (Milada)
- 1986 *Stavitelé paláců a chrámů : Kryštof a Kilián Ignác Dientzenhoferové.* [Kryštof et Kilián Ignác Dienzenhofer, bâtisseurs de palais et d'églises.] Prague : Vyšehrad, 1986, 254 p.

VLČEK (Tomáš)
- ★★ 1986 *Praha 1900. Studie k dějinám kultury a umění Prahy v letech 1890-1914.* [Prague 1900. Etude de la culture et des arts à Prague dans les années 1890-1914.] Prague : Panorama, 1986. 317 p.

VOLAVKA (Vojtěch)
- 1948 *Praha.* [Prague.] Prague : Jaroslav Podroužek, 1948. 424 p., 91 pl. h. t., 7 cartes (épuisé).

VOŠAHLÍK (Aleš), KIBIC (Karel), WAGNER (Jaroslav) et alii
- ★ 1975 *Paměť Měst. Městské památkové rezervace v českých zemích.* [La mémoire des villes. Monuments et sites urbains protégés sur le territoire tchèque.] Introduction de Vladimír Novotný. Prague : Odeon, 1975. 407 p. (Aleš VOŠAHLÍK : « Praha » [Prague], pp. 268-289.)

WITTLICH (Petr)
- ★★ 1982 *Česká Secese.* [La Sécession pragoise.] Prague : Odeon, 1982. 379 p.

ZLATNÍK (Josef), DLOUHÝ (Jaroslav), PROKOP (Vladimír) et alii
- 1928 *Ville de Prague et prévoyance sociale pour le logement.* Ouvrage publié à l'occasion du Congrès Internatioal de l'Habitation et de l'Aménagement des Villes, Paris, 1928. Prague : Melantrich, 1928. 40 p.

xxx
- 1948 *Techniques et Architecture,* 8ᵉ année, n° 3/4, 1948. Numéro spécial consacré la Tchécoslovaquie. Documents réunis et présentés par André BOUXIN et Václav RAJNIŠ.
- 1968 *Deutsche Bauzeitung E 1569 E,* n° 5, mai 1968. Numéro spécial consacré à la Tchécoslovaquie.
- 1987 « Prague, cité magique », *Critique,* n° 483-484, août-sept. 1987.

Plans et cartes

- [1984] *Prague. Plan de la ville.* (1:20 000) s. l. : Freytag & Berndt [carte établie en 1984].
- ★ [1986] *Plan de Prague.* (1:14 000 - 1:18 000, avec plan du centre, 1:10 000) 5ᵉ éd. Hambourg/Berlin/La Haye/Londres : Falk [1986].
- ★★★ 1987 *Praha. Plan de la ville.* (1:20 000) 5ᵉ éd. augm. Prague : Geodetický a kartografický podnik, 1987.
- ★★ 1987 *Praha. Plán města.*/ ППАН ГОРОДА ./*Town plan.*/*Plan de la ville.*/*Stadtplan* (1:20 000) 9ᵉ édit. Prague : Geodetický a kartografický podnik, 1987.